Stephan Michels

Shogi –
Schach der Samurai

Stephan Michels

Shogi – Schach der Samurai

Einführung in das faszinierende japanische Schach

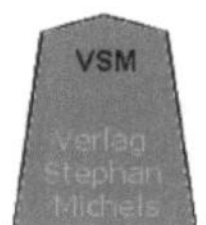

Verlag Stephan Michels
www.shogi24.com

Bibliografische Information der Deutschen Bibliothek
Die Deutsche Bibliothek verzeichnet diese Publikation in der Deutschen Nationalbibliografie; detaillierte bibliografische Daten sind im Internet unter http://dnb.d-nb.de abrufbar.

4. überarbeitete und aktualisierte Auflage 2026

Albert-Schweitzer-Str. 4
41844 Wegberg
www.shogi24.com

ISBN 978-3-981-67330-2

Inhalt

Vorwort

Shogi wird oft als japanisches Schach bezeichnet. In der Tat ist Shogi eine beinahe 1000 Jahre alte Variante des indischen Chaturanga, von dem auch unser westliches Schach abstammt. Die Gemeinsamkeiten von Schach und Shogi sind unverkennbar. Hier wie dort ist es das Ziel, den gegnerischen König mattzusetzen. Die Streitkräfte beider Seiten bestehen größtenteils aus Fußsoldaten (= Bauern). Es gibt starke Angriffsfiguren wie den Turm und den Läufer, die im Shogi und im Schach identische Zugmöglichkeiten haben. Auch der westliche Springer hat ein japanisches Pendant mit ähnlichen Eigenschaften.

Daneben gibt es aber auch Eigenschaften, die Shogi von unserem herkömmlichen Schach unterscheiden. Gelingt es einem Spieler, einen seiner Steine in die gegnerische Zone zu führen, so darf er sie „befördern", das heißt in einen bestimmten Stein mit neuen Zugmöglichkeiten verwandeln.
Die eigentliche geniale Weiterentwicklung ist jedoch, dass geschlagene Figuren des Gegners als eigene Streitkräfte grundsätzlich an beliebiger Stelle wieder eingesetzt werden dürfen. Dies bedeutet, dass auf dem Shogibrett ständig ‚Action' ist. Die Kombinationsmöglichkeiten steigen im Spielverlauf dramatisch an. Die Materialbilanz beider Spieler ist nicht unbedingt für Sieg und Niederlage ausschlaggebend. Im Gegensatz zum Endspiel des westlichen Schachs mit nur wenigen Figuren bietet Shogi meist ein furioses Finale, in dem die Festung des Königs gestürmt wird, um den Sieg zu erringen. Kein Wunder, dass nur ca. 2 % aller Shogi-Partien unentschieden enden.

Shogi wird in Japan und im asiatischen Raum von Millionen Menschen gespielt. Tageszeitungen haben tägliche Shogikolumnen, das Fernsehen berichtet von den großen Wettkämpfen. Shogi ist nicht nur ein faszinierendes Strategiespiel, sondern auch Bestandteil japanischer Kultur. Auch für westliche Anhänger intelligenter Spiele und gerade für Schachspieler ist Shogi eine faszinierende Herausforderung. Das Internet bietet unbegrenzte Möglichkeiten, gegen Spieler aller Spielstärken anzutreten. Computerprogramme, die als Freeware erhältlich sind, bieten gute Trainingsmöglichkeiten.

Dieses Buch soll einen Beitrag leisten, Ihnen einen Einstieg in das japanische Schachspiel zu ermöglichen. Neben der reinen Regelkunde bietet dieses Buch Informationen zu den Bereichen Eröffnung, Mittelspiel und Endspiel, die die Spielstärke des Anfängers steigern werden. Übungsaufgaben festigen das Wissen und eingestreute Informationen über Philosophie, Geschichte und aktuelle Entwicklungen des Shogi lockern die Lektüre auf.

Nicht zuletzt wird den Nutzungsmöglichkeiten des Computers und des Internets Rechnung getragen. Gerade durch sie hat der westliche Spieler die Möglichkeit, über Grenzen hinaus in einen geistigen Wettstreit mit Shogiliebhabern auf der ganzen Welt zu treten.

In diesem Sinne wünsche ich Ihnen spannende Partien.

Wie man dieses Buch verwendet

Vorsicht! Dieses Buch soll Sie verführen.
Es soll Sie verführen, in die faszinierende Welt des Shogi einzutauchen. Dabei soll es Sie nicht von bisher lieb gewonnenen Kombinationsspielen wegreißen, sondern Ihnen einen weiteren hochinteressanten Denksport näherbringen.
Dieses Buch ermöglicht Ihnen, möglichst schnell mit dem Spielen zu beginnen, denn so finden Sie den besten Zugang und werden die Faszination des japanischen Schachs selbst erkennen.

Aus diesem Grund ist das Buch in mehrere Hauptkapitel unterteilt, die sich jeweils mit einem Aspekt des Shogi beschäftigen. Zur Auflockerung enthalten diese Kapitel Einschübe, die sich z.B. mit der japanischen Profiszene, dem Shogileben im deutschsprachigen Raum und weiteren interessanten Themen beschäftigen.
Sie werden auch Sensei Miyamoto kennen lernen. Er ist Ihr persönlicher Shogitrainer, steht für die jahrhundertelange japanische Shogitradition und wird Ihnen viele Shogiweisheiten vermitteln, die sich im Laufe der Zeit kurz und präzise in Sprichwörtern manifestiert haben. Er gibt Ihnen auch Trainingstipps und stellt Ihnen Übungsaufgaben, um das neue Wissen zu festigen. Auf die Fallstricke, die gerade für Schachspieler tückisch sind, wird er Sie besonders hinweisen.

Die Themen Computer und Internet sind neben der Theorie ein weiterer wichtiger Bestandteil. Gerade über das Spielen mit und gegen den Computer ist es möglich, Shogi schnell kennen zu lernen und die eigene Spielstärke zu verbessern. Ich werde Ihnen vorschlagen, welche frei verfügbare Software Sie zu welchem Zweck nutzen sollten. Da die Dokumentation nicht immer optimal ist, finden Sie in diesem Buch detaillierte Beschreibungen, wie Sie verschiedene Funktionalitäten einstellen können. Auch den Zugang zu Internetservern, die als Shogiplattform dienen, werde ich Ihnen vorstellen. Nutzen Sie auch diese Möglichkeit und werden Sie Teil der weltweiten Shogigemeinde!

Wie bereits angedeutet, sollen Sie möglichst schnell eigene Erfahrung sammeln. Dazu müssen Sie nicht das gesamte Buch studiert haben. Bereits nach der Vermittlung der Regeln und kurzen Hinweisen zur Nutzung von frei zugänglicher Shogi-Software können Sie Ihre ersten Erfahrungen sammeln.

Ein Wort zur Beschriftung der Shogisteine: Auf den ersten Blick mögen einem westlichen Spieler alle Steine gleich vorkommen. Jedoch wird mit wenigen Tipps aus diesem Buch und ein bisschen Erfahrung die Unterscheidung der Spielsteine kein Problem mehr sein. Auf eine Darstellung der Steine in einer dem westlichen Auge näheren Form habe ich deshalb verzichtet, weil diese Darstellung in der Shogiwelt unüblich ist und auf Internetservern in der Regel nur die Originalbeschriftung angeboten wird.

Noch eine Abschlussbemerkung zur Sprache: Bei den japanischen Namen wird zuerst der Nachname, dann der Vorname genannt. Die japanischen Fachausdrücke werden sich in Grenzen halten. Nur dort, wo sie sich auch international eingebürgert haben, werde ich Sie Ihnen vorstellen. Auch einige englische Begriffe haben sich im Laufe der Zeit eingebürgert. Diese finden sich zum Teil in Bezeichnungen der Spielsteine, in den Partienotationen und in einigen Benennungen von

Eröffnungstypen. Diese Bezeichnungen sind mittlerweile Usus und wurden deshalb von mir übernommen.

Habe ich irgendwo geschrieben, Ziel ist es, Sie schnell an Shogi heranzuführen? Dann genug der Vorrede, los geht's!

Konnichi wa …

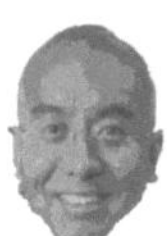

Mein Name ist Sensei Miyamoto. Ich werde mich an einigen Stellen in diesem Buch zu Wort melden, wenn es notwendig ist. Immer wenn du eines der folgenden Symbole siehst, solltest du deine Aufmerksamkeit erhöhen, denn ich gebe dir wichtige Informationen, die dich vor Fehltritten bewahren und deine Spielstärke steigern werden.

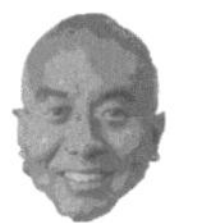

Achtung, Falle!
Wenn du ein Schachspieler bist, dann begibst du dich bereits mit einem gehörigen Erfahrungsschatz in die Shogi-Welt. Doch an einigen Stellen, musst du dein Schachdenken ablegen, um nicht in Fallen zu laufen.

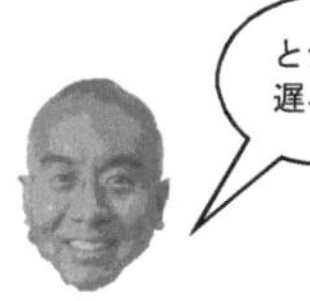

Viele grundsätzliche Strategien haben ihren Weg in Shogi-Sprichwörter gefunden. Diese griffigen Formulierungen erleichtern dir das Verstehen und Merken und dienen als Leitsätze für ein erfolgreiches Shogi-Spiel.

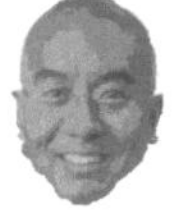
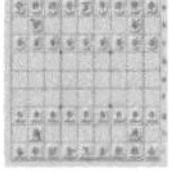

Dieses Symbol leitet entweder eine Reihe von Aufgaben ein oder gibt Tipps, wie du dein Spiel weiter verbessern kannst. Die Lösung zu den Aufgaben findest du im Anschluss. Aber bitte nicht schummeln, Sensei Miyamoto sieht alles!

Allgemeines

In diesem Kapitel geht es um die Grundlagen.

Zum einen werden die Spielregeln und die Zugmöglichkeiten der Shogisteine detailliert vorgestellt. Die japanischen Schriftzeichen auf den Steinen sollen nicht abschrecken, sondern es gibt ein paar Eselsbrücken, mit denen man sie sich schnell einprägen kann. Am besten lernt man durch das Spielen selber, und Sie werden sehr schnell in der Lage sein, die ersten Übungspartien zu absolvieren. Dafür gibt es Anleitungen zur Herstellung eines eigenen Spielplans und Hinweise zu frei verfügbarer Shogisoftware.

Sicherlich tauchen nach diesen ersten Partien Fragen auf, z.B. welche Steine sind wertvoller als andere und welcher Abtausch von Steinen ist günstig. Auch diese Fragen werden beantwortet, genau so wie die Frage, wie man den eigenen König geschickt sichert. In Beispielpartien führen japanische Shogiprofis Eröffnungsmotive vor und zeigen, wie man den eigenen König vor gegnerischen Angriffen schützt. Hier haben sich im Laufe der Jahrhunderte Formationen entwickelt, die - ähnlich wie bei der Rochade im Schach - besonderen Schutz bieten.

Auch die historischen Grundlagen sind Thema dieses ersten Teils. Die Geschichte des Shogi ist mehr als eintausend Jahre alt und vieles, was auch das heutige professionellen Shogi prägt, hat seinen Ursprung in der Vergangenheit.

Aber beginnen wir als erstes mit den Spielregeln ...

Die Spielregeln

Shogi ist ein klassisches Strategiespiel für zwei Spieler. Ziel ist es, den gegnerischen König mattzusetzen, d.h. so anzugreifen, dass er im nächsten Zug geschlagen werden könnte.

Shogi ist aber auch ein Kampfspiel. Es ist nicht erlaubt, sich auf Remis zu einigen. Die Pattregel des Schachs gibt es nicht, ebenso ist Dauerschach nicht erlaubt. Man spielt Shogi, um zu gewinnen.

Im Gegensatz zum Schach gibt es im Shogi keine Endspiele, bei denen das Material für keinen Spieler ausreicht, den Gegner mattzusetzen. Die bereits angedeutete Möglichkeit, gefangene Spielfiguren als eigene Truppen wieder einzusetzen, geben deutlich mehr Möglichkeiten für Angriff und Verteidigung.

Das Spielfeld besteht aus neun mal neun gleichfarbigen Feldern. Die Spielsteine sind fünfeckig mit einer breiten Basis und einer Spitze, die nach vorne zeigt. Die Spielsteine beider Spieler sehen gleich aus. Nur die Ausrichtung der Steine lässt erkennen, zu wessen Seite ein Stein gehört. Die Spitze eines Steines zeigt immer nach vorne.
Die Beschriftung auf der Vorderseite zeigt an, um welchen Spielstein es sich handelt. Fast alle Steine sind auf der Rückseite ebenfalls beschriftet. Diese Zeichen geben an, in was sich ein Stein nach einer Beförderung verwandelt (ähnlich der Umwandlung des Schachbauern beim Erreichen der letzten Reihe).

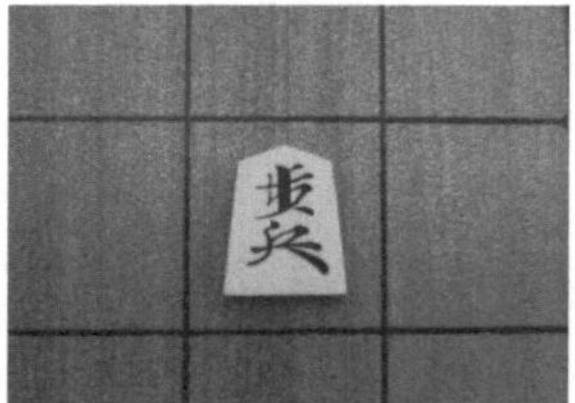

Der Bauer vor ...

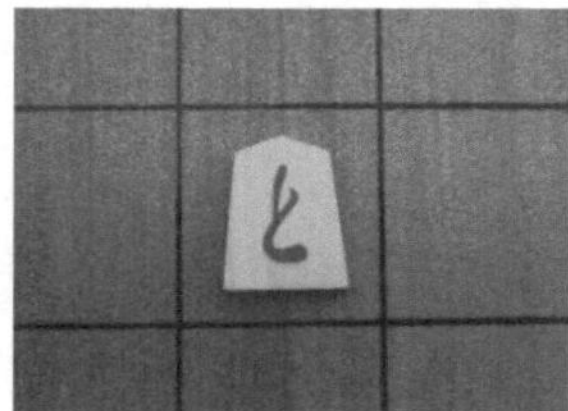

... und nach der Umwandlung.

Der Anblick der Beschriftung ist auf den ersten Blick für einen westlichen Schachspieler ungewohnt, aber keine Sorge: die Umgewöhnung ist schnell geschehen und mit ein paar Tipps aus diesem Buch auch recht einfach.

Die Startaufstellung

Die Startaufstellung für jeden Spieler ist wie folgt:

Grundreihe: Lanze – Springer – Silberner General – Goldener General – König – Goldener General – Silberner General – Springer – Lanze

Zweite Reihe: ein Läufer und ein Turm jeweils vor dem Springer

Dritte Reihe: neun Bauern

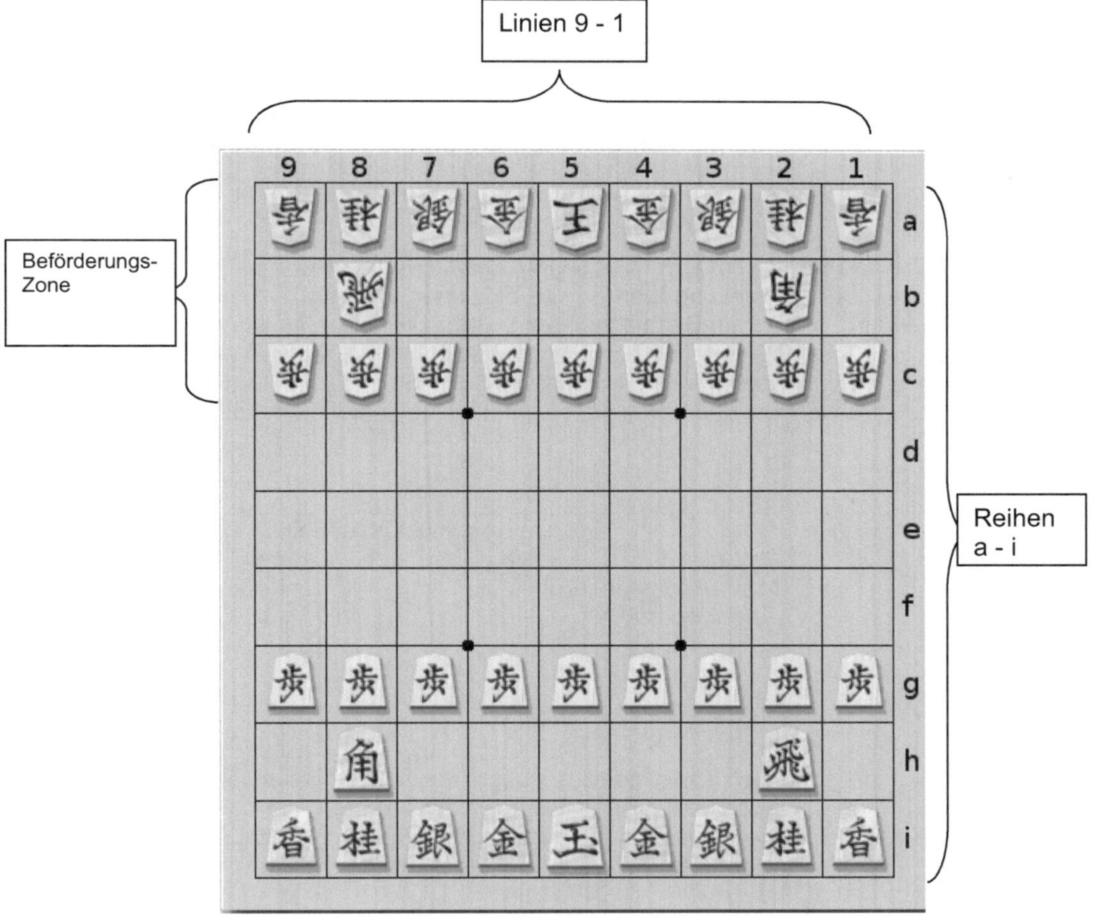

Die Startaufstellung und Beschriftung der Felder aus Sicht des beginnenden Spielers

Die drei Reihen auf Seiten des Gegners werden *Beförderungszone* genannt. Erreicht im Laufe des Spiels ein eigener Spielstein diese Zone, so **kann** er befördert werden, d.h. seine Zugmöglichkeiten ändern sich.
Die Beförderungsmöglichkeit besteht

- wenn der Spielstein in die Beförderungszone gezogen wird
- innerhalb der Beförderungszone gezogen wird oder
- aus der Beförderungszone herausgezogen wird.

Das Schlagen

Zieht ein Stein auf ein Feld, welches von einem gegnerischen Stein besetzt ist, so wird dieser Stein vom Brett genommen und danebengelegt. Er kann vom schlagenden Spieler später wieder eingesetzt werden. Die gefangenen Steine werden neben das Spielbrett gelegt und müssen für den Gegner gut sichtbar sein.

Der Spielbeginn

Der Spieler, der beginnt, wird *Sente* genannt, der Nachziehende *Gote*. Der Anzugsvorteil im Shogi fällt nicht so sehr ins Gewicht. Eine Auswertung von über 400 Turnierpartien zeigte ein Verhältnis von 57 % zu 43 % Gewinnwahrscheinlichkeit für *Sente*.

Die Spielsteine und ihre Zugmöglichkeiten

In der folgenden Aufstellung werden die einzelnen Figuren mit ihren japanischen, deutschen und englischen Bezeichnungen beschrieben. Das Notationskürzel gibt die Bezeichnung der Figuren bei der Partieaufzeichnung wieder. Wir werden diese Notation auch im weiteren Verlauf benutzen. Schließlich stehen in der letzten Spalte noch Eselsbrücken, die das Lernen der Schriftzeichen erleichtern sollen.

Der König

玉	König	King *(gyoku, osho=Königsgeneral, Juwelgeneral)*	Notationskürzel: K	Das Zeichen ähnelt einem Strichmännchen mit Krone

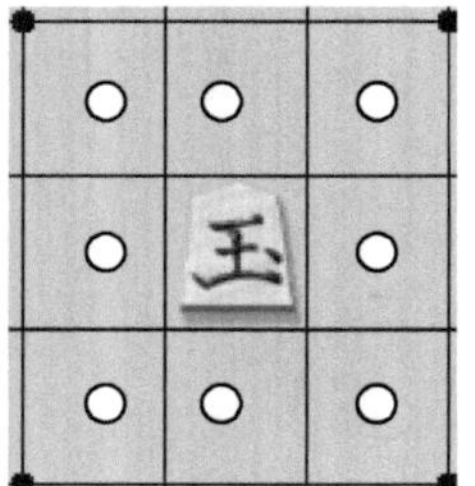

Der König geht wie beim Schach jeweils einen Schritt in jede Richtung. Er darf keine Felder betreten, auf denen er von einer gegnerischen Figur geschlagen werden könnte.
Der König kann nicht befördert werden.

Der Turm

	Turm	Rook *(hisha=fliegender Streitwagen)*	Notationskürzel: R	Rechts und links die Schnörkel weggedacht, so bleibt ein Turm übrig.

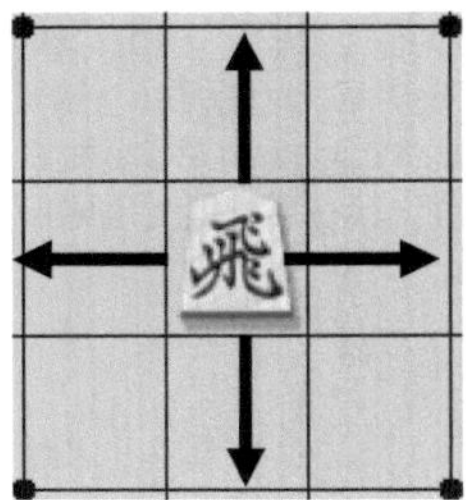

Der Turm zieht genau wie der Turm des westlichen Schachs, kann also beliebig weit horizontal und vertikal ziehen. Die Behandlung des Turms in der Eröffnungsphase klassifiziert im Shogi auch bestimmte Eröffnungssysteme. Wir werden später noch sehen, dass die Systeme grob danach unterschieden werden, ob der Turm auf der zweiten Linie stehen bleibt (Static Rook) oder ob er auf die linke Seite zieht (Ranging Rook).

Der Drache (beförderter Turm)

	Drache	Dragon *(ryuo=Drachenkönig)*	Notationskürzel: +R	Okay, hier hilft nur ein Fortgeschrittenkurs in japanisch. Fällt Ihnen eine Eselsbrücke ein?

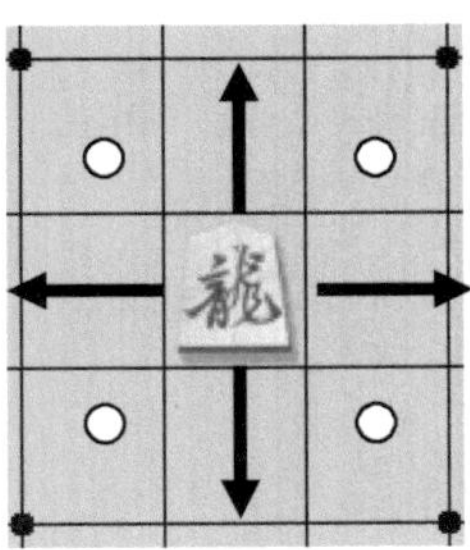

Nach der Beförderung wird der Turm zum Drachen und erhält die Möglichkeit zusätzlich jeweils **einen** Schritt diagonal zu ziehen. Der Drache ist der stärkste Stein beim Shogi und kann im gegnerischen Lager beträchtlichen Schaden anrichten.

Übrigens werden beförderte Steine häufig mit roten Schriftzeichen dargestellt.

Der Läufer

	Läufer	Bishop *(kakugyo= ‚der in die Ecke geht‘)*	Notationskürzel: B	Die diagonalen Striche ganz oben erinnern an die Zugmöglichkeiten des Läufers.

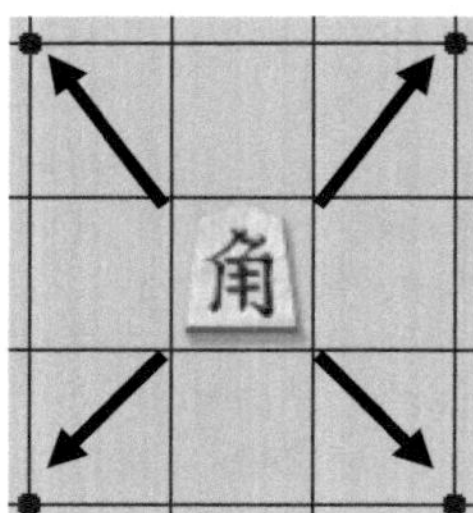

Der Läufer beherrscht alle Diagonalen und zieht somit genauso wie der Läufer des traditionellen Schachspiels. Er kann weit in das gegnerische Lager hineinzielen, wenn ihm in der Eröffnung durch Vorziehen eines Bauern eine Diagonale geöffnet wird.

Das Drachenpferd (beförderter Läufer)

	Pferd	Horse *(uma=Drachenpferd)*	Notationskürzel: +B	Das untere Zeichen ähnelt einem Huf eines großen Drachenpferdes.

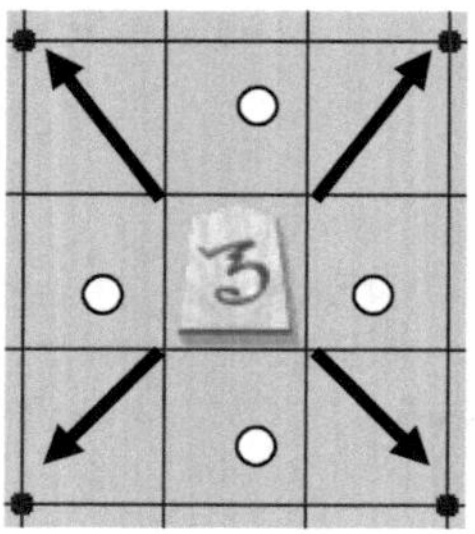

Wird der Läufer befördert, so kann er zusätzlich jeweils einen Schritt nach vorne, hinten und zu beiden Seiten gehen.

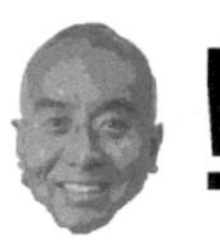

! Achtung Schachspieler: Dies bedeutet, dass er quasi die Diagonale wechseln kann!

Der Goldene General

	Goldener General	Gold *(kinsho=Goldgeneral)*	Notationskürzel: G	Das Haus mit dem großen Dach ist für den Goldenen General.

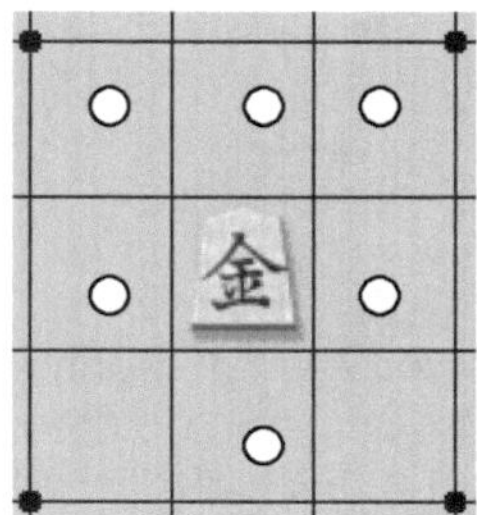

Der Goldene General zieht und schlägt jeweils einen Schritt nach vorne, diagonal vorne rechts und links, nach rechts und links sowie einen Schritt gerade nach hinten.

Achtung: Der Goldene General ist stark nach vorne, jedoch deutlich schwächer beim Rückzug. Schachspieler müssen beachten, dass nicht alle Figuren nach vorne und hinten die gleichen Zugmöglichkeiten besitzen.

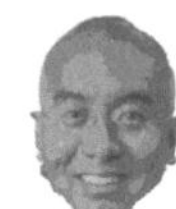

!

Der Goldene General kann nicht befördert werden.

Der Silberne General

	Silberner General	Silver *(ginsho=Silbergeneral)*	Notationskürzel: S	Das Haus mit dem kleinen Dach (links oben) ist für den ‚kleinen' Silbernen General.

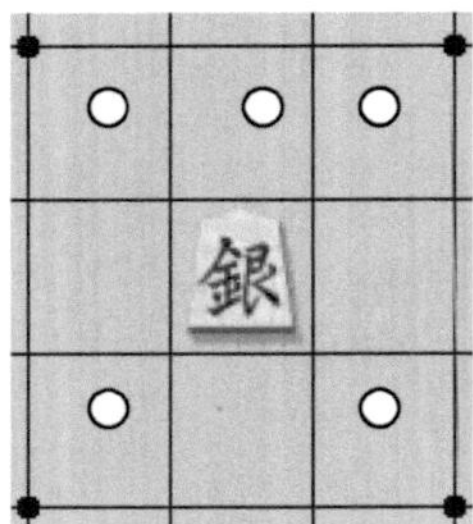

Der Silberne General zieht und schlägt jeweils einen Schritt nach vorne, diagonal vorne links und rechts, und nach hinten diagonal rechts und links. Er kann sich nicht gerade zur Seite bewegen.

Erreicht der Silberne General die Beförderungszone, so kann er (muss aber nicht) zum Goldenen General befördert werden.

Der beförderte Silberne General

	Beförderter Silberner General	Promoted Silver *(narigin=Beförderter Silber)*	Notationskürzel: +S	Nach der Beförderung bekommt der Silberne General ein großes Haus.

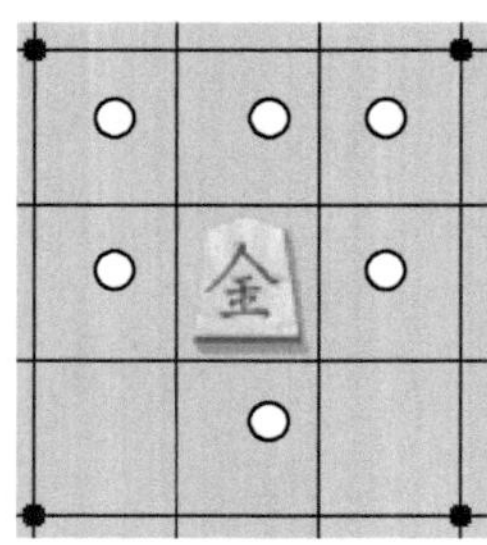

Der beförderte Silberne General hat die Zugmöglichkeiten des Goldenen Generals.

Achtung: Gerade den Silbernen General sollte man nicht ‚automatisch' befördern, wenn man die Möglichkeit dazu hat. Durch seine zwei Zugmöglichkeiten nach hinten bietet er manchmal bessere Möglichkeiten als ein Goldener General.

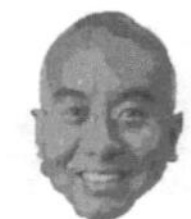

Der Springer

	Springer	Knight *(keima=Lorbeerpferd)*	Notationskürzel: N	Links der Reiter, rechts das Hindernis.

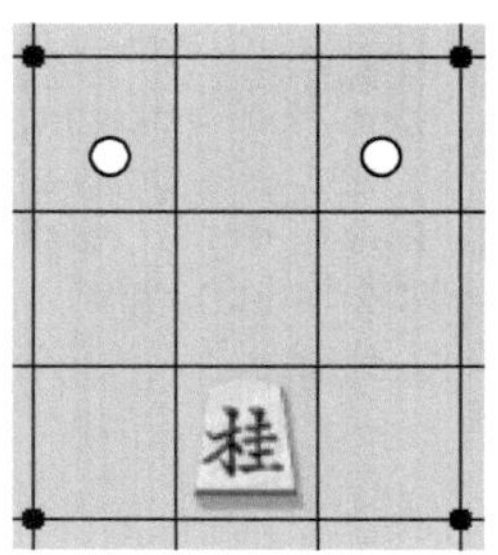

Der Springer ist der einzige Stein, der andere überspringen kann. Er agiert ähnlich wie ein Springer im Schach und springt ein Feld nach vorne und dann eines diagonal nach rechts oder links.
Achtung Schachspieler: Er kann tatsächlich nur wie oben angegeben ziehen. Er kann nicht wie der Kollege aus dem westlichen Schach zur Seite und nach hinten springen!

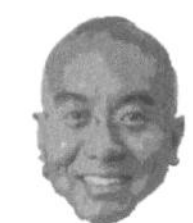

!

Der Shogi-Springer ist nicht so wendig wie der Springer im Schach. Das folgende Diagramm zeigt, welche Felder er vom Ursprungsfeld aus erreichen kann.

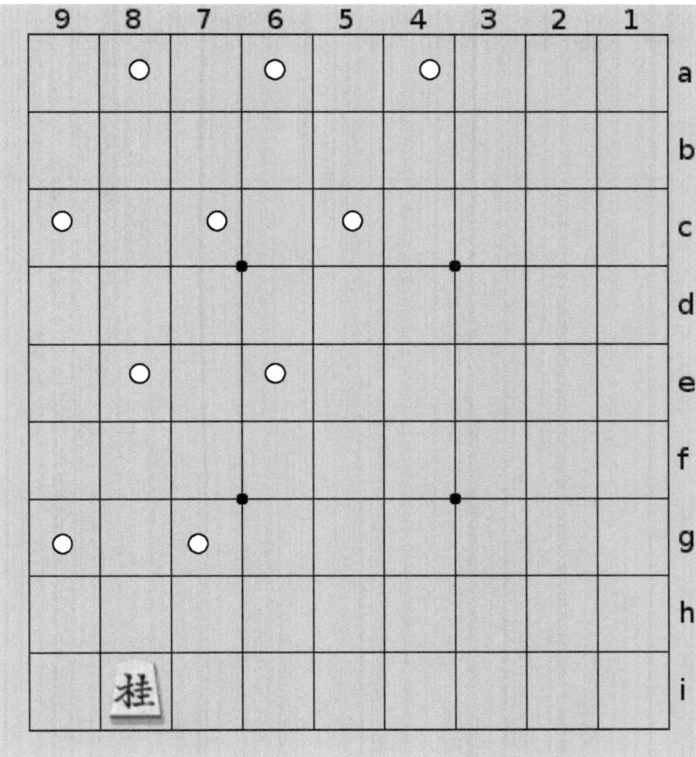

Dies mag nicht sehr beeindruckend erscheinen, jedoch kann ein Springer beim Mattangriff auf den König eine entscheidende Rolle spielen, wenn man ihn wieder auf das Spielfeld einsetzt.

Außerdem kann ein Springer befördert werden.

Der beförderte Springer

	Beförderter Springer	Promoted Knight *(narikei= Beförderter Lorbeer)*	Notationskürzel: +N	Nach der Beförderung hat auch er ein großes Dach über dem Kopf (und einen Ballen Heu)

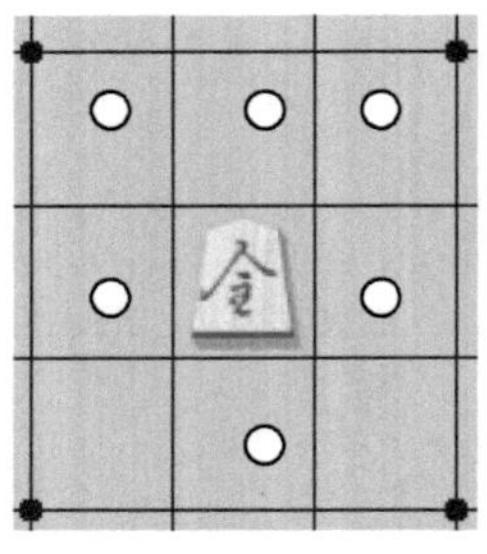

Nach der Beförderung kann der Springer die Zugmöglichkeiten eines Goldenen Generals übernehmen.

Achtung: Eingesetzt werden kann der Springer nicht auf der letzten oder vorletzten Reihe, da von dort kein legaler Zug möglich wäre. Aus dem gleichen Grund **muss** ein Springer, welcher auf die letzte oder vorletzte Reihe springt, befördert werden.

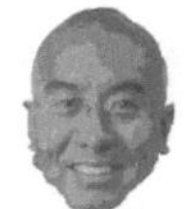

!

Die Lanze

	Lanze	Lance *(kyosha=wohlriechender Streitwagen)*	Notationskürzel: L	Mit ein bisschen Phantasie kann man eine in den Boden gerammte Lanze erkennen, die sich nach oben verjüngt.

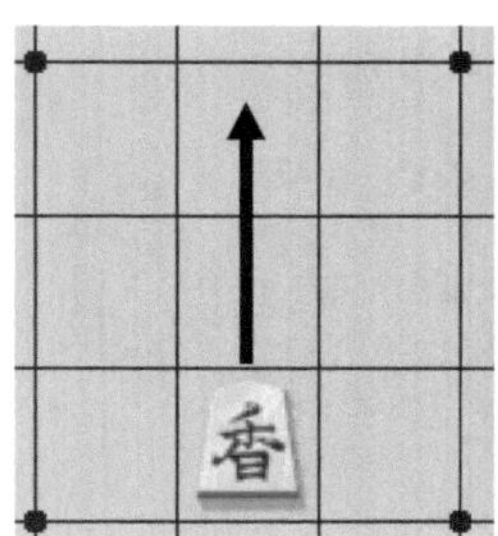

Die Lanze kennt nur einen Weg, geradeaus nach vorne. Dies macht sie anfällig, wenn der Gegner genau vor ihr einen geschützten Bauern platzieren kann. In einigen Eröffnungsmotiven kann sie jedoch zusammen mit einem Turm durchschlagskräftig ins gegnerische Lager eindringen.

Die beförderte Lanze

	Beförderte Lanze	Promoted Lance *(narikyo=Beförderter Weihrauch)*	Notationskürzel: +L	Die beförderte Lanze sieht ziemlich verbogen aus.

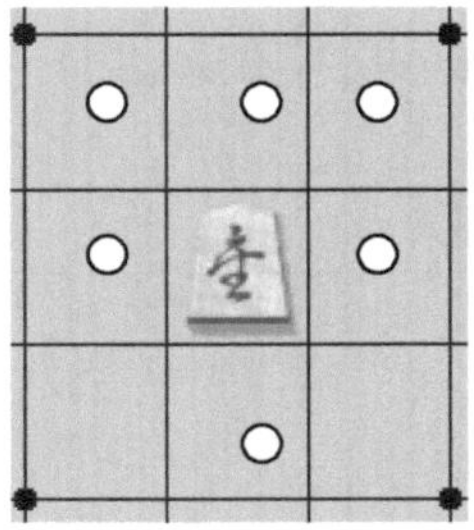

In der Beförderungszone kann die Lanze befördert werden und die Zugmöglichkeiten eines Goldenen Generals annehmen. Erreicht sie die letzte Reihe muss sie befördert werden, da sie sonst keinen legalen Zug mehr hätte. Aus diesem Grund darf eine Lanze auch nicht auf die letzte Reihe eingesetzt werden.

Der Bauer

	Bauer	Pawn *(fuhyo=Fußsoldat)*	Notationskürzel: P	Mit viel Phantasie erkennt man einen weit ausschreitenden Soldaten. Aber da jeder Spieler 9 Bauern hat, besitzt dieser Stein einen gewissen Wiedererkennungswert.

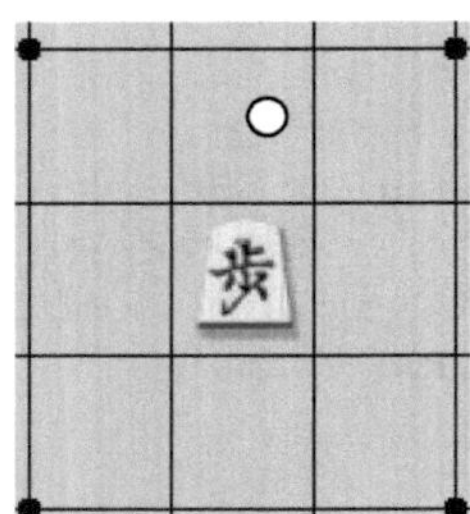

Der Bauer zieht und schlägt nur einen Schritt geradeaus.

Achtung Schachspieler! Bauern können sich also nicht gegenseitig decken. Sie dürfen auch nicht von ihrer Grundposition aus zwei Felder vorrücken. Pro Linie darf nur ein Bauer stehen. Das bedeutet, man darf keinen Bauern auf eine Linie einsetzen, auf der bereits ein eigener Bauer steht.

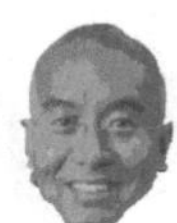

Bauern sind aber sehr nützlich, wenn man sie von der Hand einsetzen kann. Und wenn sie befördert werden, dann werden sie zu gefährlichen Angriffsfiguren.

Der beförderte Bauer / Tokin

	Beförderter Bauer / Tokin	Promoted Pawn *(tokin = ‚der zum Goldenen wird')*	Notationskürzel: +P	Das schmuckloseste Zeichen steht für den beförderten Bauern.

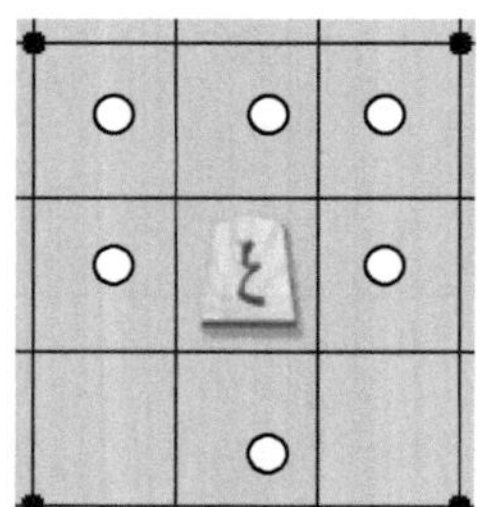

Der beförderte Bauer wird auch unter westlichen Shogispielern als Tokin bezeichnet.
Er erhält die Zugmöglichkeiten des Goldenen Generals.

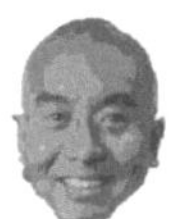

Zur Wiederholung: alle Steine (außer Turm und Läufer) haben nach einer Beförderung die Zugmöglichkeiten eines Goldenen Generals.

Folgende Darstellung zeigt die einzelnen Figuren mit japanischer Beschriftung, ihre Zugmöglichkeiten vor und nach der Beförderung in einer Zusammenfassung. Sie kann in den ersten Partien helfen, den Überblick zu bewahren.

Stein			nach Beförderung		
König K	王	王			
Turm R	飛	飛	Drache +R	龍	龍
Läufer B	角	角	Pferd +B	马	马
Goldener General G	金	金			
Silberner General S	銀	銀	Beförderter Silberner General +S	全	全

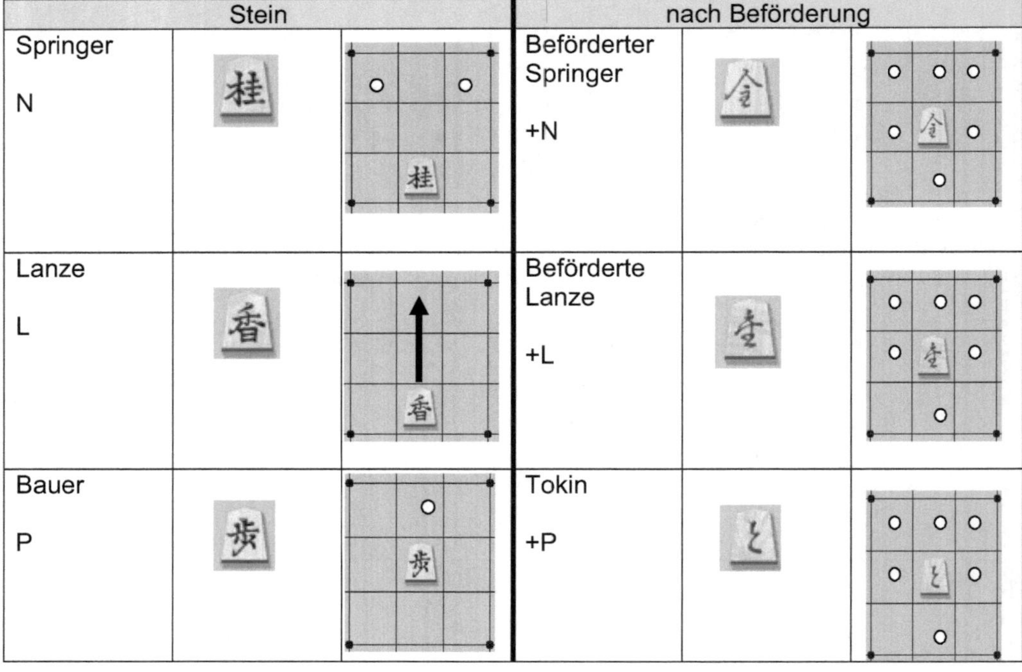

Stein			nach Beförderung		
Springer N			Beförderter Springer +N		
Lanze L			Beförderte Lanze +L		
Bauer P			Tokin +P		

Das Einsetzen (Droppen) von Steinen

Beim Einsetzen wird der eingesetzte Stein mit Spitze nach vorne und der Grundseite nach oben auf das Brett gelegt. Gefangene Steine werden also immer in ihrem Grundzustand wieder eingesetzt. Das Einsetzen eines Steins gilt als Zug! Im Folgenden wird das Einsetzen eines gefangenen Steins mit dem kurzen englischen Begriff ‚Drop' bezeichnet.

Gefangene Steine dürfen grundsätzlich überall eingesetzt werden:
Ausnahmen:

- Es dürfen keine zwei eigenen Bauern auf einer Linie stehen.
- Es darf nicht durch den Drop eines Bauern mattgesetzt werden (mit anderen Steinen ist dies jedoch erlaubt).
- Der eingesetzte Stein muss später einen gültigen Zug ausführen können (d.h., dass ein Springer zum Beispiel nicht auf die letzte oder vorletzte Reihe eingesetzt werden darf, da von dort kein gültiger Zug möglich ist).

Partieende

Die Partie endet, wenn

- einer der beiden Gegner aufgibt,
- ein König mattgesetzt wird oder
- ein ungültiger Zug ausgeführt wird.

Eine Einigung auf ein Remis ist nicht zulässig. Shogi ist ein Spiel, welches kompromisslos auf Gewinnen angelegt ist.

Es gibt zwei Ausnahmen, in denen eine Partie nicht mit dem Gewinn für einen Spieler endet.

1. *Sennichite*
Dies ist eine vierfache Stellungswiederholung, mit dem gleichen Spieler am Zug und mit gleichem Material in den Händen der Spieler.
Achtung: Dauerschach ist unzulässig. Derjenige, der mit dem Ziel einer Zugwiederholung Dauerschach gibt, verliert die Partie.

2. *Jishogi*
Diese Regel besagt, dass eine Partie dann abgebrochen werden kann, wenn beide Könige in der gegnerischen Beförderungszone sind und nach Lage der Dinge ein Mattsetzen nicht absehbar ist. Der Grund für diese Regelung liegt darin, dass Shogi ein nach vorn gerichtetes Spiel ist. Die zum Teil beförderten Streitkräfte nach hinten zu führen, um dort den gegnerischen König anzugreifen, ist sehr umständlich und in den meisten Fällen sinnlos, wenn man bedenkt, dass z.B. der Goldene General nur gerade einen Schritt nach hinten ziehen kann.
Wird die Partie nach der *Jishogi*-Regel abgebrochen, so erhält jeder Spieler für einen Turm oder Läufer fünf Punkte, für jeden anderen Stein (außer dem König) einen Punkt. Hat ein Spieler 24 Punkte oder mehr und der andere weniger als 24 Punkte, so gewinnt der Spieler mit mehr Punkten. Haben beide Spieler mindestens 24 Punkte, so wird kein Spieler als Gewinner reklamiert.

Partien, die nach der *Sennichite*- oder *Jishogi*-Regel ohne Gewinner beendet werden, werden nicht gewertet. Sie werden sofort wiederholt, mit vertauschten Farben und mit der restlichen Bedenkzeit.

Die *Sennichite*- oder *Jishogi*-Situationen sind sehr selten. Eine Auswertung von 412 Partien aus Titelkämpfen zeigte gerade 13 *Sennichite*-Ergebnisse, ein *Jishogi* kam überhaupt nicht vor.

Bedenkzeit

Bei Titelkämpfen von Profis beträgt das Zeitlimit jeweils fünf oder sogar neun Stunden für eine Partie. In letzterem Fall erstreckt sich der Kampf auch über zwei Tage. Amateure spielen ihre Turniere meist mit Bedenkzeiten von etwa 30 - 45 Minuten für eine Partie. Es gibt jedoch keine festen Vorgaben. Im Internet ist alles möglich, neben Blitzpartien können auch Partien mit langer Bedenkzeit ausgetragen werden (dies ist dort aber eher die Ausnahme).

Byoyomi

Eher unüblich ist es, Shogi mit einer festen, nicht mehr verlängerbaren Bedenkzeit zu spielen. Es gibt die *Byoyomi*-Regel, die nach Ablauf der normalen Bedenkzeit für die Partie dem Spieler jeweils eine bestimmte Zeit für jeden weiteren Zug gibt. Dies ist bei Profiwettkämpfen eine Minute pro jedem weiteren Zug. Wird diese Zeitbegrenzung nicht eingehalten, so verliert der betroffene Spieler. Amateure spielen häufig mit 30 Sekunden Byoyomi.

Furigoma

Zu Beginn eines Spiels wird ausgelost, wer beginnen darf. Dazu nimmt ein Spieler (i.d.R. der ranghöhere Spieler) seine fünf mittleren Bauern, schüttelt sie in seinen Händen und wirft sie auf oder neben das Brett. Wenn mehr Bauern oben liegen, so beginnt der Werfer, sind mehr Tokins zu sehen, so fängt der Gegenspieler an. Bleiben Steine aufrecht stehen, so werden diese nicht gezählt. Sollte es dann zu einem Gleichstand zwischen Bauern und Tokins kommen, so wird das Furigoma wiederholt.

Spielmaterial

Shogibretter und Shogisteine gibt es nicht an jeder Straßenecke zu kaufen. Im Internet bieten jedoch verschiedene Onlineshops Spielmaterial an.

Zum Hereinschnuppern in die Shogiwelt gibt es außerdem folgende sehr preisgünstige Möglichkeiten:

Für Bastelfreaks
Im Anhang sind als Muster ein Shogibrett und Shogisteine abgebildet. Einfach kopieren (am besten inklusive vergrößern), ausschneiden, zusammenkleben, loslegen.

Für Computerfans
Im Internet sind einige Programme als Freeware erhältlich. Neben der Möglichkeit gegen das Computerprogramm zu spielen, kann man teilweise das Programm auch als simples Spielbrett nutzen, Stellungen eingeben, analysieren sowie Partien nachspielen.
Empfehlenswert sind die Programme Shogidokoro und BCM Games.

Im Kapitel ‚Shogi mit dem Computer' werden einige Shogiprogramme detailliert vorgestellt. An dieser Stelle soll ein kurzer Hinweis auf zwei Freeware-Programme genügen, die wir dazu benutzen können, Shogipartien nachzuspielen.

Shogidokoro

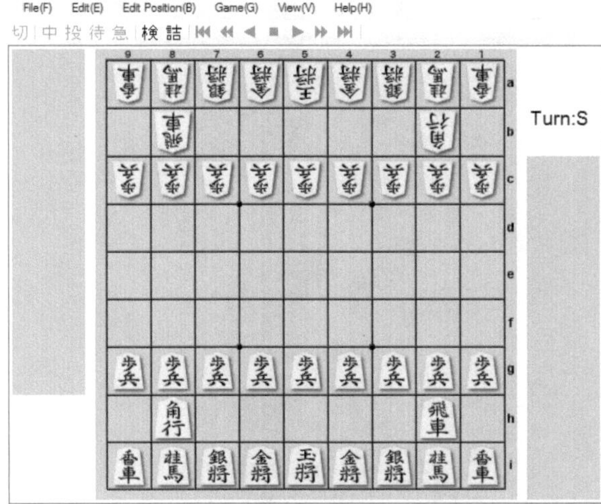

Die Startaufstellung bei Shogidokoro

Diese Software ist als einheitliche Oberfläche gedacht, um gegen verschiedene Shogiprogramme (sog. Engines) zu spielen.
Wir benutzen es an dieser Stelle nur zum Nachspielen von Partien.

Downloadlink: https://shogidokoro2.stars.ne.jp/download.html (Tipp: da die Seite in japanisch erstellt wurde, nutzen Sie die Übersetzungsfunktion Ihres Browsers).

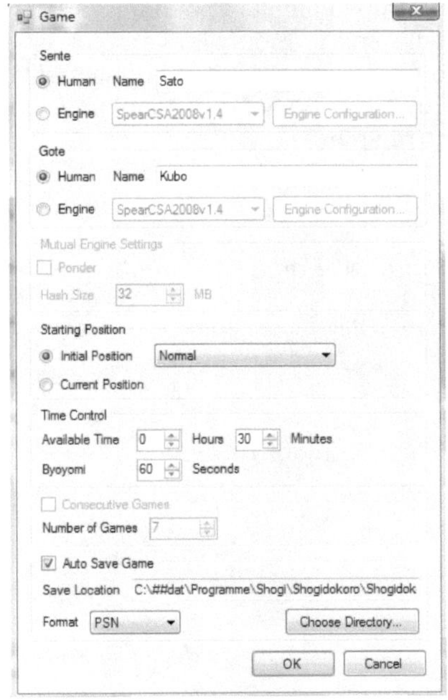

Einstellungen zum Spielen von Partien: *Menü -> Game -> Start New Game*

Bei *Sente* und *Gote* jeweils ‚Human' markieren, einen Eintrag zur Zeitkontrolle vornehmen und OK betätigen.

Weitere Einstellungen werden später erläutert.

BCM Games

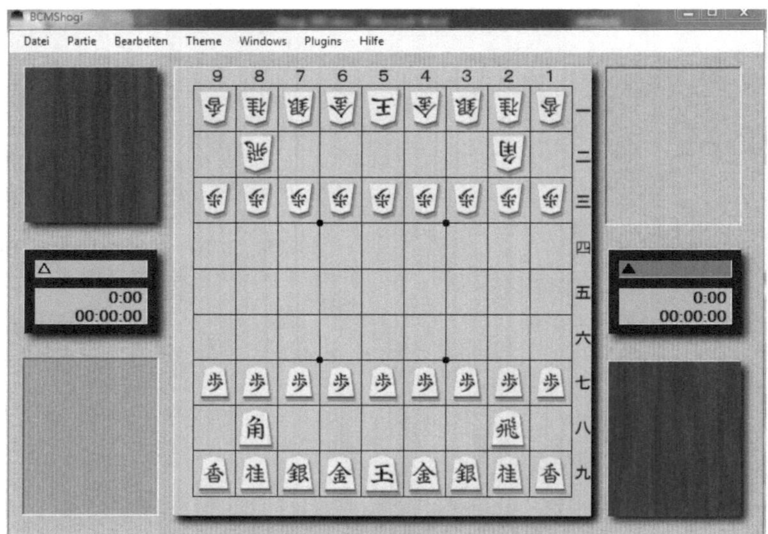

Die Startaufstellung bei BCM Games

Ebenfalls empfehlenswert ist die Software BCM Games, die für die nachträgliche Analyse von Partien konzipiert wurde, und an die man ebenfalls verschiedene Engines anschließen kann. Auch dieses Programm soll hier nur mit der Funktionalität des Spielens von Partien vorgestellt werden. Eine ausführliche Vorstellung der Funktionen, die man zum Training nutzen kann, erfolgt später.

Downloadlink: https://www.shogi24.com/links.htm

Einstellungen zum Nachspielen von Partien: *Menü -> Partie ->Partiebeginn -> Gleichauf*

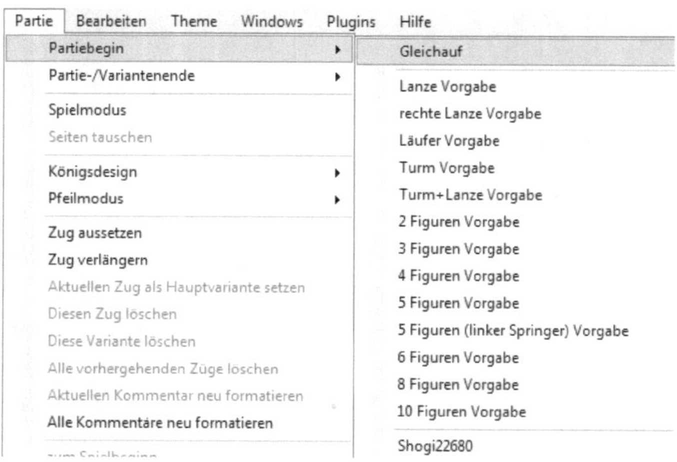

Haben Sie die Waffen gewählt?
Dann folgen im nächsten Kapitel noch ein paar Informationen, wie man Partienotationen liest.

Notation

In der westlichen Shogiliteratur hat sich zur Notation von Partien eine Schreibweise eingebürgert, die der Schachnotation sehr nahekommt.

Es beginnt *Sente*. Obwohl die Steine beider Spieler identisch sind, wird *Sente* auch häufig als ‚Schwarz' bezeichnet und der nachziehende Spieler *Gote* als ‚Weiß'. *Sente* spielt von unten nach oben und *Gote* von oben nach unten.

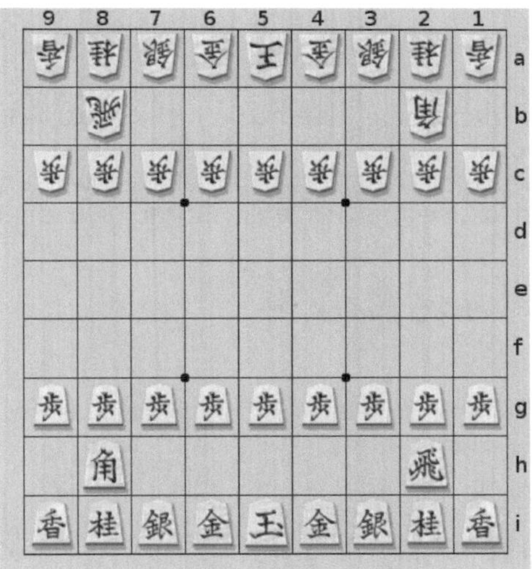

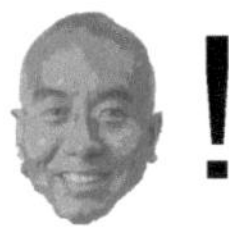

! Im Gegensatz zur Schachnotation wird bei der Bezeichnung eines Feldes zuerst die Spalte und danach die Reihe angegeben. Außerdem erfolgt die Nummerierung der Felder von rechts nach links und von oben nach unten. Sentes König steht somit auf dem Feld 5i (d.h. Spalte 5 , Reihe i).

Folgender Partieanfang soll die Notation etwas verdeutlichen:

`1. P7g-7f      P3c-3d`

Es wird immer zuerst der Stein bezeichnet, der gezogen werden soll. Dies ist auch bei Bauern (P = Pawn) der Fall.

`2. B8hx2b+`

Das 'x' zeigt an, dass der Läufer (= Bishop) einen anderen Stein schlägt. Das '+' am Ende des Zuges bedeutet, dass der Läufer befördert wird, d.h. der Stein wird umgedreht und ab dem nächsten Zug besitzt der Stein die umfangreicheren Zugmöglichkeiten eines beförderten Läufers. Sollte Sente hier auf eine Beförderung verzichten, so würde anstelle des '+' ein '=' stehen, um diesen Umstand zu verdeutlichen. Bei Läufern, Türmen und Bauern ist es jedoch sinnlos, auf eine Beförderung zu verzichten, da diese Steine neben ihren ursprünglichen Möglichkeiten neue Zugmöglichkeiten erhalten. Noch einmal zur Erinnerung: eine Beförderung ist möglich, wenn ein Stein die letzten drei Reihen (Beförderungszone) betritt, sie verlässt oder innerhalb dieser Zone zieht.

`2. ... S3ax2b`

Klar, dass der beförderte Läufer nicht lange lebt. Nun haben beide Spieler jeweils einen Läufer auf der Hand, den sie einsetzen können.

`3. B*5e B*6d`

Beide Spieler setzen die gefangenen Läufer wieder ein, was durch das '*' gekennzeichnet wird.

`4. B5ex2b+ B6dx3g+`

Das '+' zeigt wieder an, dass die Steine befördert wurden. Anders als im Schach wird das Schachsetzen des gegnerischen Königs in einer Shogi-Notation nicht gekennzeichnet. Es wird auch nicht extra darauf hingewiesen. Sieht der Gegner das Schachgebot nicht und lässt seinen König im Schach stehen, so verliert er die Partie.

`5. N2ix3g`

Der Springer (= kNight) schlägt zurück.

`5 ... P8c-8d`

Gote übersieht, dass er mit seinem Turm den beförderten Läufer hätte schlagen können und zieht den Bauern.

`6. +B2bx2a`

Dies nutzt Sente und schlägt mit seinem beförderten Läufer (gekennzeichnet als +B) den gegnerischen Springer.

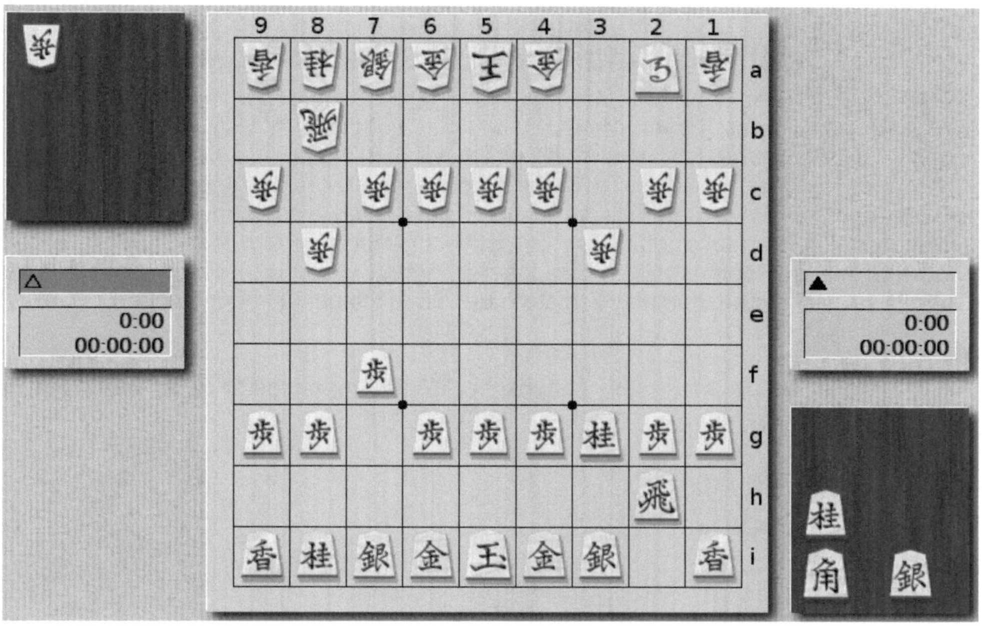

Die Schlussstellung: Rechts und links des Spielbretts sind die Steine zu sehen, die die beiden Spieler jeweils einsetzen dürfen.

Wir werden in diesem Buch die hier dargestellte Notation verwenden. Es gibt auch eine Kurzfassung der Notation, bei der - ähnlich wie beim Schach - nur der zu ziehende Stein und das Zielfeld angegeben wird. Nur in den Fällen, in denen mehrere gleichartige Steine das angegebene Zielfeld erreichen können, wird das Ursprungsfeld zusätzlich angegeben.

Der soeben dargestellte Partiebeginn sieht dann so aus:

```
1. P7f          P3d
2. Bx2b+        Sx2b
3. B*5e         B*6d
4. Bx2b+        Bx3g+
5. Nx3i         P8d
6. +Bx2a
```

Hier noch einmal das Wichtigste zur Notation in Kürze:

- Durchnummerierung der Felder von oben nach unten und rechts nach links
- Drops werden durch ‚*' (Stern) dargestellt
- Wird ein Stein befördert, so wird dies durch ein nachgestelltes ‚+'(Plus) dargestellt
- Wird ein Stein nicht befördert, obwohl dies grundsätzlich möglich wäre, so zeigt dies ein nachgestelltes ‚=' (Gleichheitszeichen) an
- Ein ‚+' vor einer Steinbezeichnung zeigt an, dass es sich um einen beförderten Stein handelt

Übungsaufgaben von Sensei Miyamoto

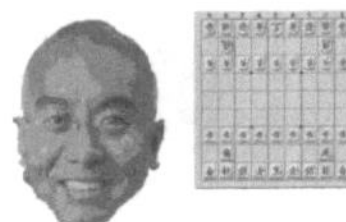

Beginnen wir mit den ersten Übungsaufgaben. In Japan werden diese Art von Mattaufgaben '*Tsume*' genannt. Es wird nur der König dargestellt, der mattgesetzt werden muss. Auf der eigenen Hand hat man nur die Steine, die angegeben sind. Alle anderen besitzt der Gegner, die dieser natürlich auch zur Verteidigung einsetzen kann. Bei einem klassischen *Tsume* muss jeder Zug ein Schachgebot sein und alle Steine auf der Hand müssen gedroppt werden. Bei unseren ersten Übungen ist dies jedoch nicht nötig. Ziel ist es, die besonderen Zugarten der Shogisteine zu verinnerlichen.

Übung 1

Durch welche Drops kann der generische König im nächsten Zug mattgesetzt werden?

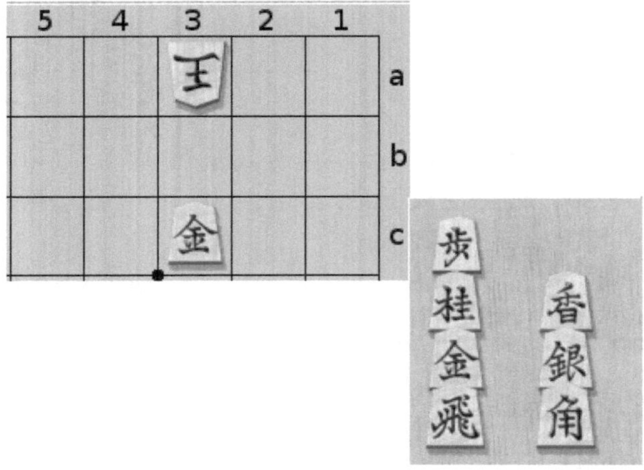

Übung 2

Die Stellung aus der ersten Übung ist nur leicht verändert worden. Durch welche Drops ist ein Matt in einem Zug möglich?

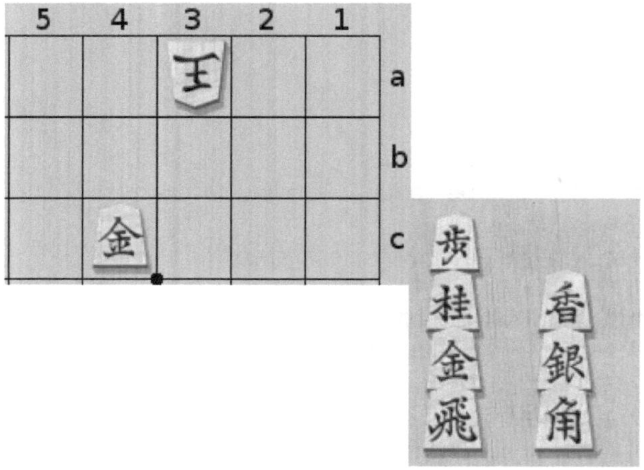

Übung 3
Diesmal haben wir keine Steine auf der Hand. Hier lautet die Aufgabe: Matt in drei Zügen. Es gibt drei verschiedene Wege.

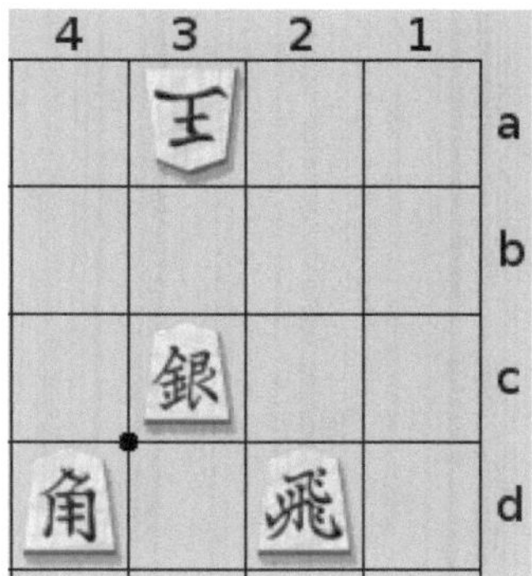

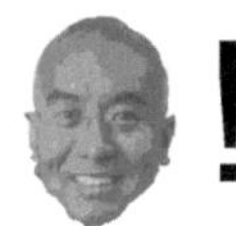

Achtung: Im Shogi wird bei dieser Art von Problemen jeder Zug von Sente und Gote gezählt. Ein ‚Matt in 3 Zügen' bedeutet also: Sente zieht, Gote zieht, Sente zieht und setzt Matt.

Übung 4
Eigentlich sieht der König hinter seinen Bauern gut geschützt aus. Trotzdem wird er in drei Zügen mattgesetzt.

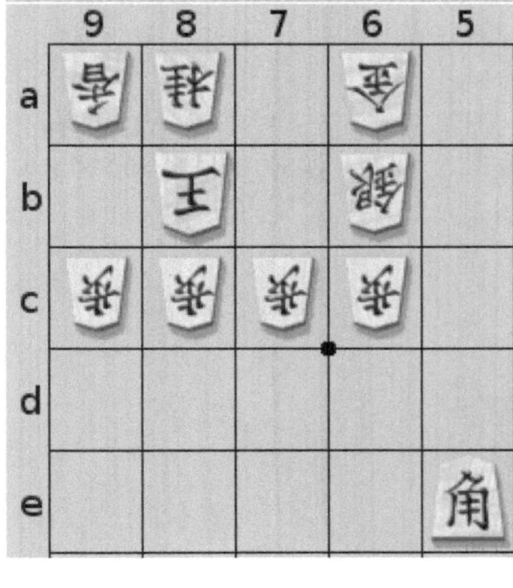

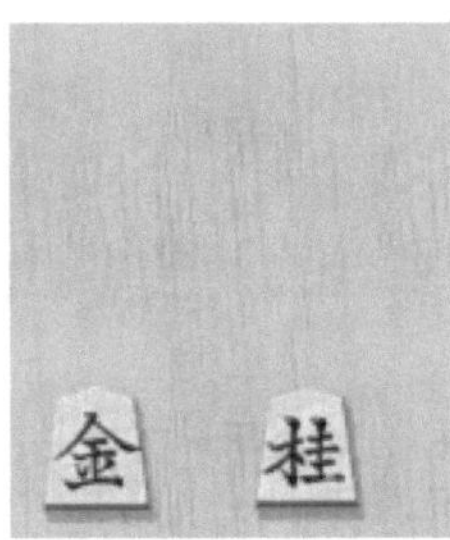

Übung 5:
Hier ist ein Matt in 3 Zügen möglich.

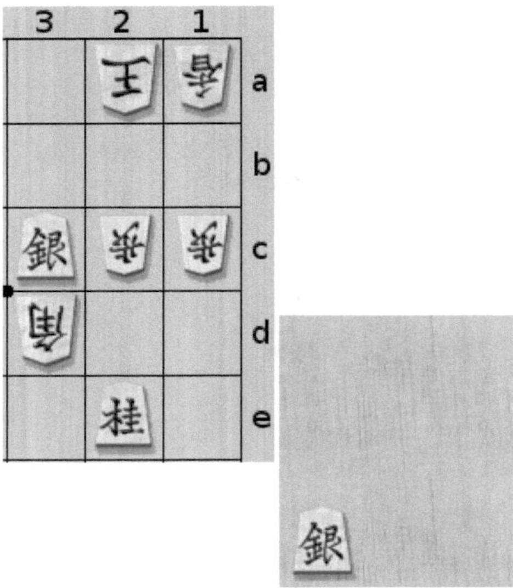

Übung 6
Keine leichte Aufgabe. Ein Matt in 7 Zügen wird gesucht. Ein Tipp: Häufig muss man einen Stein opfern, um Zugang zum gegnerischen König zu bekommen oder die Steine zu erhalten, die man zum Mattsetzen benötigt.

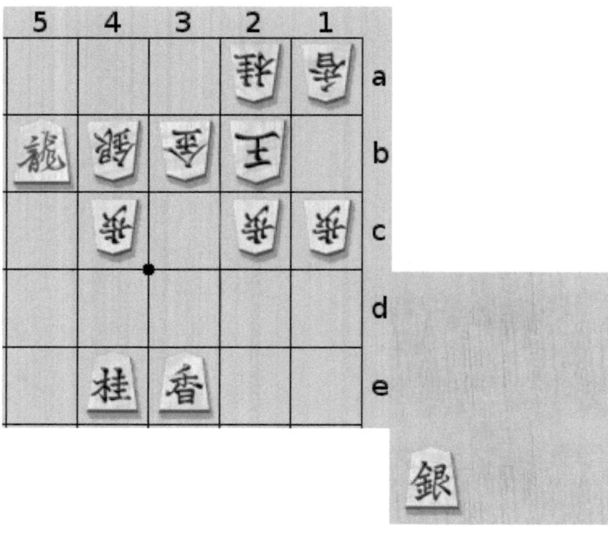

Lösungen

Zu Übung 1:
G*3b oder S*3b
Ein Drop des Turms auf z.B. R*5a führt nicht zum Matt, da Gote zur Verteidigung selber einen Stein droppen kann. Der Drop des Bauern P*3b ist hier kein zulässiger Zug. Der Bauerndrop ist zwar grundsätzlich erlaubt, sofern nicht schon ein eigener Bauer auf der gleichen Linie steht. Ein Bauerndrop, der den König matt setzt, ist jedoch verboten und führt zum Verlust der Partie.

zu Übung 2:
G*3b ist die einzige Möglichkeit. S*3b lässt dem König ein Fluchtfeld auf 2b.

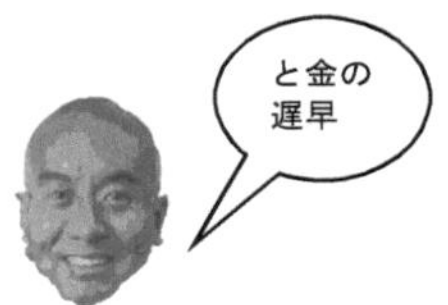

Halte einen Goldenen General bis zum Schluss auf der Hand!

Zu Übung 3:
Lösung A:
1. R2d-2b+ K3a-4a
2. +R2b-4b

Lösung B:
1. B4d-5c+ K3a-4a
2. +B5c-4b

Lösung C:
1. R2d-2a+ K3ax2a
2. S3c-2b+

Zu Übung 4:
1. N*7d K8b-7a oder K8b-9b
2. G*8b

Zu Übung 5:
1. S*2b K2a-1b
2. N2ex1c+ und Matt

Zu Übung 6:
1. L3ex3b+ K2bx3b
Falls der König nach 1b ausweicht, so wird er mit dem gerade geschlagenen Goldenen General mattgesetzt (G*2b).
2. S*4a K3b-2b
(falls 2. … K3b-2a folgt Matt mit G*3b.)
3. +R5bx4b L*3b (oder *Gote* setzt irgendeinen anderen Stein ein, da er alle nicht im Spiel befindlichen Steine auf der Hand hält)
4. +R4bx3b und Matt

Beispielpartie

Diese Partie zeigt das Duell zweier Champions. **Sato Yasumitsu** hat bisher 13 Titel bei den jährlich stattfindenden großen Shogititelkämpfen gewonnen, **Habu Yoshiharu** bereits fast 100 Titel, wobei er als erster Spieler im Jahr 1996 alle sieben großen Titel auf sich vereinen konnte.
In diesem Spiel finden wir typische Merkmale einer Shogipartie. Wir sehen, welche Maßnahmen die Spieler ergreifen, um ihre Könige zu schützen, wie sie ihre Angreifer in Stellung bringen und in das gegnerische Lager einzudringen versuchen, und wie sie versuchen, den gegnerischen König aus seiner Festung zu jagen und mattzusetzen.

Sente: Habu Yoshiharu
Gote: Sato Yasumitsu

Spiel 2 um den 56. Osho-Titel am 18. und 19. Januar 2007

```
1.   P7g-7f          P8c-8d
```

Die Bauern werden zuerst gezogen. Sie werden mit ‚P' für ‚Pawn' gekennzeichnet. Typischerweise zieht man den Bauern schräg vor dem Läufer vor und eröffnet diesem einen weiten Blick ins gegnerische Lager und/oder zieht den Bauern vor seinem Turm vor, der weit ins gegnerische Lager marschieren und eine Bedrohung für den Bauern vor dem gegnerischen Läufer werden kann.

```
2.   S7i-6h          P3c-3d
3.   P6g-6f
```

Sente möchte den Läufertausch vermeiden.

```
3.   ...             S7a-6b
4.   P5g-5f          P5c-5d
```

Langsam bauen sich die Bauern auf und versuchen Einfluss auf die 5. Reihe zu nehmen.

```
5.   S3i-4h          S3a-4b
6.   G4i-5h          G4a-3b
7.   G6i-7h          K5a-4a
8.   K5i-6i
```

Beide Könige verlassen die Mitte und bewegen sich zur Seite. Die Könige sind schwach und gerade durch die Möglichkeit, Steine einzusetzen immerwährenden Bedrohungen ausgesetzt. Eine gute Verteidigungsstellung ist unerlässlich. Normalerweise ziehen die Könige zu der Seite, wo ihr eigener Turm nicht steht. In diesem Fall lassen in der Anfangsphase beide Spieler ihre Türme auf der zweiten bzw. achten Linie stehen. Diese Eröffnung kann als ‚Static Rook gegen Static Rook' kategorisiert werden. Abhängig vom Verhalten der Türme werden die Eröffnungen in drei grobe Bereiche gegliedert. Weitere Erläuterungen sehen wir uns im Kapitel ‚Gakois und Eröffnungsmotive' an.

8.	...	G6a-5b
9.	S6h-7g	S4b-3c
10.	B8h-7i	B2b-3a
11.	P3g-3f	P4c-4d
12.	G5h-6g	P7c-7d
13.	S4h-3g	B3a-6d

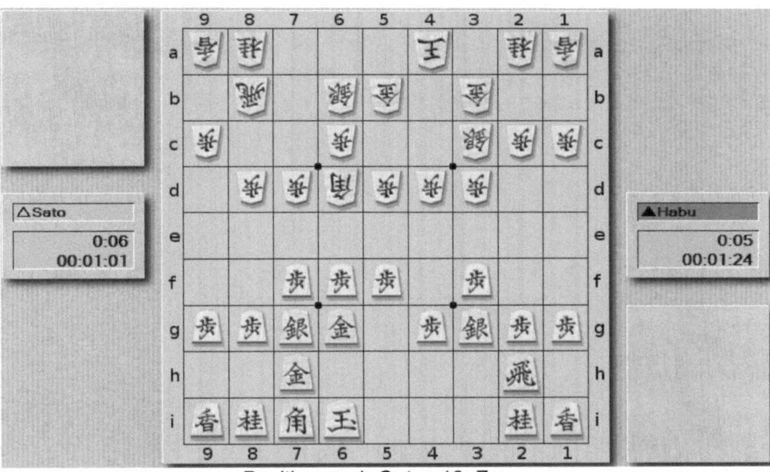

Position nach Gotes 13. Zug

Beide Spieler bauen langsam ihre Positionen auf. Da die lange Diagonale von 1a nach 9i (rechts oben nach links unten) versperrt ist, haben die Läufer diese verlassen. *Gotes* Läufer auf 6d fesselt den Silbernen General auf 3g. Würde dieser von der Diagonalen wegziehen, so könnte Weiß den Turm schlagen, seinen eigenen Läufer befördern und ungehindert auf der rechten Seite von *Sente* ein Schlachtfest feiern.

14.	B7i-6h	G5b-4c
15.	K6i-7i	K4a-3a
16.	K7i-8h	K3a-2b

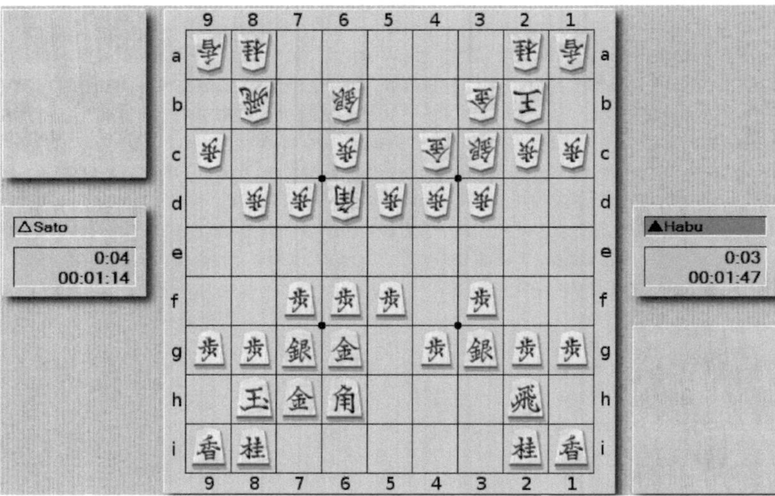

Die Stellung nach dem 16. Zug von Gote

Beide Könige haben eine gut geschützte Position erreicht. Diese Formation nennt sich *Yagura Gakoi*. Im Kapitel ‚Gakois und Eröffnungsmotive' werden wir weitere typische Möglichkeiten kennenlernen, eine eigene starke Verteidigungsstellung für den König aufzubauen.

```
17.  P1g-1f        P8d-8e
18.  P2g-2f        P7d-7e
19.  P7fx7e
```

Das Schlagen eines Steins wird mit einem ‚x' gekennzeichnet.

```
19.  ...           B6dx7e
20.  S3g-4f        P4d-4e
21.  S4f-3g
```

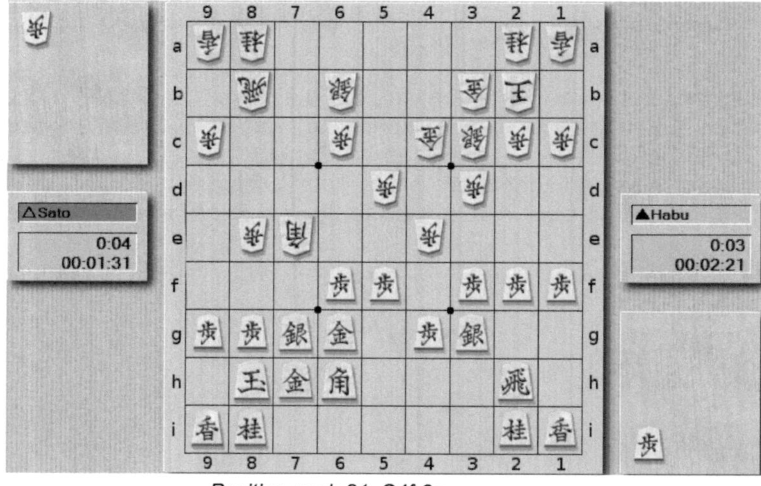

Position nach 21. S4f-3g

Der Silberne General zieht sich zurück. Aber warum schlägt er nicht den Bauern mit 21. S4fx4e? P*4d (d.h. ein Bauer wird auf 4d eingesetzt) greift den Silbernen General an, dem keine Fluchtfelder bleiben, da er zurück nur schräg ziehen darf.

```
21. ...       B7e-6d
22. P2f-2e    S6b-5c
23. P4g-4f    P4ex4f
24. B6hx4f    P*4d
```

Gote setzt einen Bauern auf dem Feld 4d ein.

```
25. R2h-4h    P9c-9d
26. P1f-1e    P9d-9e
27. L1i-1g
```

Die Spannung steigt. Beide Spieler versuchen im Mittelspiel entscheidend in Vorteil zu kommen. Materieller Gewinn ist im Shogi nicht unbedingt spielentscheidend. Wem es gelingt, die Initiative zu ergreifen, kann dies häufig zu seinen Gunsten ausnutzen.

```
27. ...       P5d-5e
28. B4fx5e    P*7f
29. G6gx7f    B6dx5e
30. P5fx5e    S5c-6d
```

Gote hat zwei Bauern geopfert und versucht nun, Druck auf *Sentes* König auszuüben. Dazu versucht er, seinen Silbernen General näher an das gegnerische *Gakoi* heranzuführen.

```
31. B*7d      S6dx5e
32. B7dx6c+
```

Sente schlägt mit seinem Läufer und befördert ihn zum Pferd. Das Pluszeichen hinter dem Zug zeigt an, dass eine Beförderung stattgefunden hat.

```
32. ...       B*5b
33. +B6cx5b
```

Zur Erinnerung: +B zeigt an, dass es sich um einen beförderten Läufer handelt.

```
33. ...       R8bx5b
34. B*6c      R5b-5a
35. B6c-7b+   P*7e
36. G7f-6e    P7e-7f
37. S7g-6h    S5e-5f
38. +B7b-6b
```

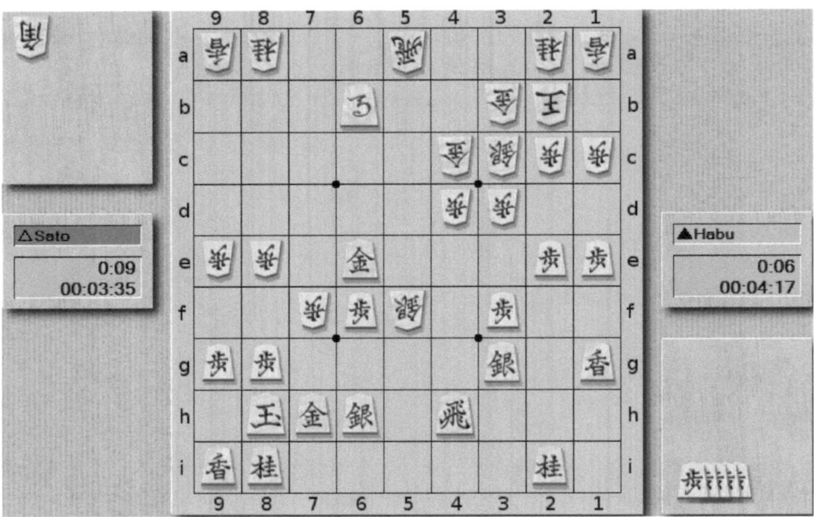

Position nach dem 38. Zug von Sente.

Der beförderte Läufer nutzt seine neuen Zugmöglichkeiten und bedroht *Gotes* Turm.

```
38.  ...            R5a-3a
39.  G6e-5e         S5f-4e
40.  P*5c           B*3i
41.  P*4i
```

Auch das ist natürlich möglich. Der Bauer kann auch auf die erste Reihe eingesetzt werden. Hier schützt er den eigenen Turm.

```
41.  ...            B3ix4h+
42.  S3gx4h         R*2g
```

Gote hat seinen Turm eingesetzt. *Sentes* König steht etwas offener als sein gegnerischer Kollege, der noch ‚schulmäßig' von zwei Goldenen und einem Silbernen General abgeschirmt wird. Aber *Gote* hat nichts mehr auf der Hand, was er einsetzen kann, um seinen Angriff zu verstärken.

```
43.  B*8c           P8e-8f
44.  P8gx8f         R2gx2e+
```

Gote zieht seinen Turm aus der Beförderungszone zurück und befördert ihn zum Drachen.

```
45.  P5c-5b+
```

Sente zieht seinen Bauern innerhalb der Beförderungszone und befördert ihn zum Tokin.

```
45.  ...            S4e-5d
46.  G5ex5d         G4cx5d
```

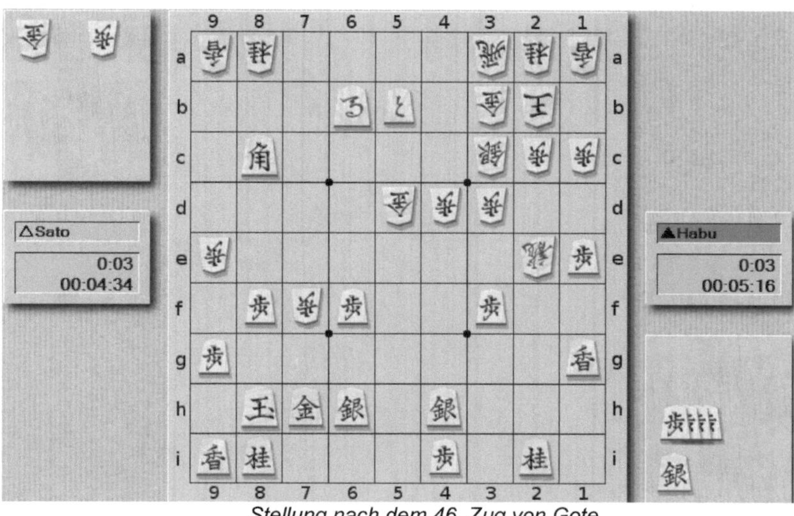

Stellung nach dem 46. Zug von Gote

Ein Abtausch, bei dem *Sente* seinen Goldenen General gegen einen gegnerischen Silbernen General eintauscht. Vielleicht ist ein Silberner General etwas weniger wert als ein Goldener, aber im Endspiel kommt es nun auf die Initiative an. Material spielt jetzt eine untergeordnete Rolle.

47. B8c-7d+ P*8g
48. G7hx8g +R2e-5e
49. S4h-5g G5d-6d
50. +B7d-5f +R5ex5f
51. S5gx5f B*3h
52. P*5g B3hx2i+

Gote versucht noch verzweifelt im gegnerischen Lager zu wildern, aber er hat keinen durchschlagenden Angriff.

53. +B6b-5c +B2i-2h
54. S*4b

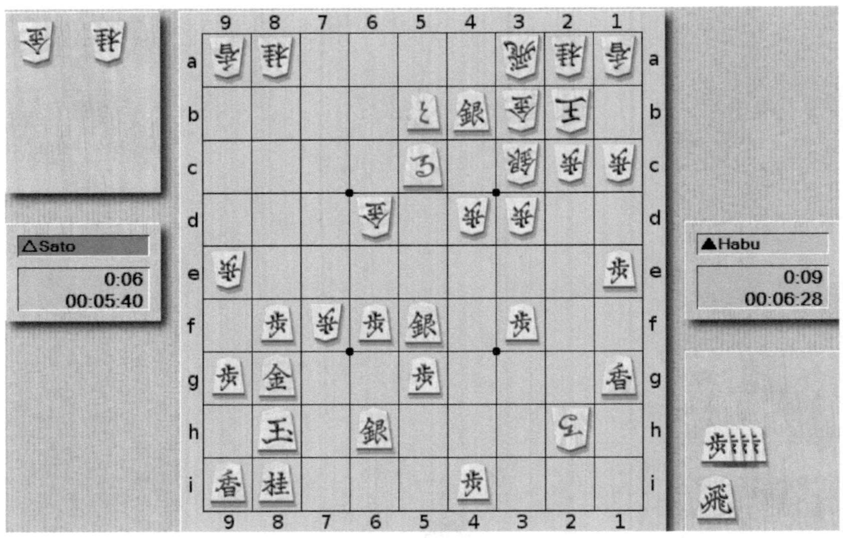

Die Schlussstellung

An dieser Stelle gibt *Gote* auf. Wie könnte es weitergehen?

```
54.  ...          N*7e
55.  S4bx3a+
```

Der Angriff beginnt…

```
55.  ...          G3bx3a
56.  +B5cx3a      K2bx3a
57.  R*4a         K3a-2b
58.  G*3b         K2b-1b
59.  R4ax2a+
```

Der kurz zuvor eingesetzte Turm schlägt, wird befördert und setzt *Gotes* König matt!

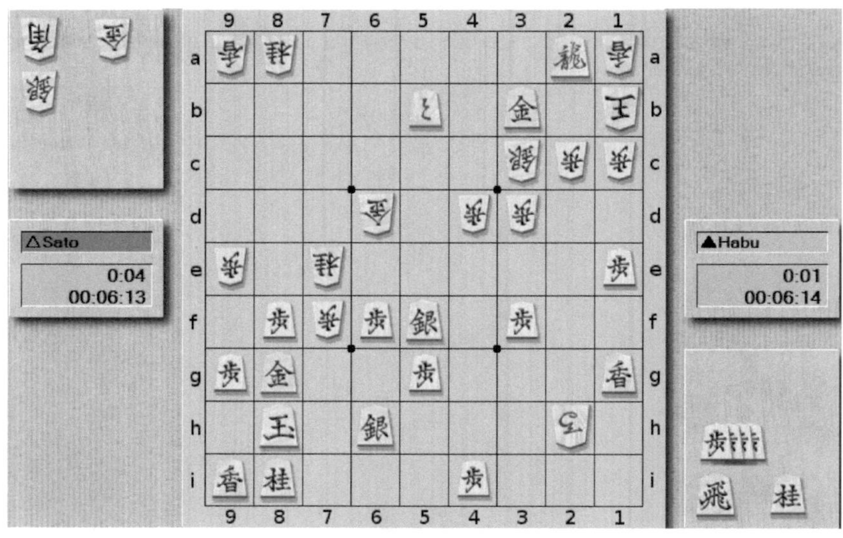

So könnte das Mattbild aussehen

Trainingstipp von Sensei Miyamoto

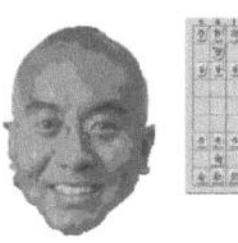
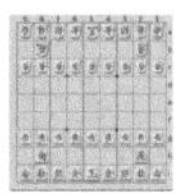

Das erste Stück Theorie ist geschafft. Damit es nicht nur Theorie bleibt, spielen Sie einfach ein paar Partien gegen sich selbst, entweder auf einem reellen Brett oder auf einem virtuellen Brett (die Software BCM Games oder Shogidokoro wurde bereits kurz vorgestellt). Probieren Sie die Zugmöglichkeit der einzelnen Steine aus. Nach ein paar Partien erkennen Sie selber Stärken und Schwächen einzelner Steine. Aber Sie werden auch die überwältigenden Kombinationsmöglichkeiten sehen, die dadurch entstehen, dass man eigene Steine einsetzen kann. Schließlich bekommen Sie auch ein Gefühl dafür, wie aufregend und spannend es sein kann, den gegnerischen König zu jagen und mattzusetzen.

Was sind die Steine eigentlich wert?

Wenn man mit dem westlichen Schach beginnt, dann lernt man, welchen Wert die Figuren haben, um bei einem Tausch besser abschätzen zu können, ob man die Qualität gewinnt. Die übliche Maßeinheit für eine solche Figurenbewertung ist die Bauerneinheit. Dem Schachspieler stellt sich fast zwangsläufig die Frage, wie denn die Bewertung für die unterschiedlichen Shogisteine ist.

Leider entzieht sich das Shogi so einer allgemeinen Bewertung. Der Wert variiert sehr und ist abhängig, in welcher Spielphase man sich befindet. Während in der Eröffnungsphase das materielle Gleichgewicht noch meist beachtet wird, so verringert sich diese Rolle, wenn es ins Mittelspiel und erst recht ins Endspiel geht, in denen vor allen Initiative gefragt ist, um den gegnerischen König mattzusetzen.

Trotzdem möchte ich an dieser Stelle einige Hinweise zum Wert der Shogisteine geben. Wir unterscheiden die Steine in drei Gruppen und lassen den König außer Acht, der natürlich unser höchstes Gut ist. Der Wert wird in ‚Bauerneinheiten' angegeben und zwar vor und nach der Beförderung. Steine auf der Hand haben den Wert eines unbeförderten Steins.

Die untenstehenden Bewertungen stammen vom japanischen Shogi-Profi **Tanigawa Koji**.

Stein	Wert	Wert nach Beförderung	Bemerkung
Hauptsteine			
Turm	15	17	Die beiden Steine mit der größten Reichweite sind klassische Angreifer und besitzen auch den größten Wert.
Läufer	13	15	
Generäle			
Goldener General	9	-	Der Goldene General hat einen etwas höheren Wert, da er ein Feld mehr beherrscht als sein silberner Kollege. Gerade im Endspiel ist es häufig der Goldene General, der den gegnerischen König mattsetzt.
Silberner General	8	9	
Nebensteine			
Springer	6	10	Der beförderte Bauer (Tokin) sowie die beförderten Springer und Lanze haben einen höheren Wert als der Goldene General, obwohl alle Steine identische Zugmöglichkeiten haben. Der Grund liegt darin, dass bei einem Abtausch von Steinen der Gegner die beförderten Steine lediglich mit ihren eingeschränkten Zugmöglichkeiten wieder einsetzen kann.
Lanze	5	10	
Bauer	1	12	

Welche allgemeinen Schlussfolgerungen kann man aus diesen Bewertungen ziehen?

- Bei den Haupsteinen ist ein Turm mehr wert als ein Läufer.
- Bei den Generälen ist ein Goldener General etwas mehr wert als ein Silberner General.
- Bei den Nebensteinen ist ein Springer etwas mehr wert als eine Lanze.
- Zwei Generäle (Silberner und/oder Goldener General) sind mehr wert als ein Hauptstein.
- Zwei Nebensteine (Lanze und/oder Springer) sind mehr wert als ein General.
- Ein Silberner General und ein Springer entsprechen ungefähr einem Läufer.

Es sei nochmals betont, dass die angegebenen Werte nur eine grobe Vorgabe sein können, um zu Beginn der Shogikarriere eine Richtschnur zu haben, an der man sich entlang hangeln kann. In einer realen Partie kann man durchaus zu einer anderen Einschätzung gelangen.

Geschichte des Shogi

Nach herrschender Meinung stammt Shogi wie auch eine Vielzahl anderer schachähnlicher Brettspiele von dem in Indien entwickelten Chaturanga ab. Dies hat sich zwischen dem 1. und 4. Jahrhundert entwickelt und besaß bereits das, was alle Mitglieder der Schachfamilie auszeichnet:

- Es wurde von zwei Spielern auf einem quadratischen Brett gespielt
- Ziel war es, den gegnerischen König mattzusetzen oder zu fangen
- Neben dem König gab es noch weitere Figuren mit unterschiedlichen Zugmöglichkeiten, die in dieser oder ähnlicher Form die Jahrhunderte fast unverändert überstanden haben wie z.B. der Elefant (zog zwei Felder diagonal), das Pferd (entspricht dem Springer), der Streitwagen (entspricht dem Turm) und die Fußsoldaten (entspricht den Bauern).
- Erreichten die Fußsoldaten die letzte Reihe, so wurden sie befördert und veränderten ihre Zugmöglichkeiten.

Durch Handelsreisende und Eroberer wurde das Spiel in den Westen getragen und entwickelte sich zu unserem Schach. Die östliche Entwicklung des Chaturanga führte zu vielfältigen Ausprägungen. Die meisten Anhänger der Spiele, die auch heute noch existieren, haben das thailändische Makruk, das chinesische Xiangqi und schließlich das japanische Shogi.

Es ist anzunehmen, dass ein Shogivorläufer über China die japanischen Inseln etwa im 6. oder 7. Jahrhundert erreichte. Die ältesten Shogisteine, die in Nara (im Süden der japanischen Hauptinsel) gefunden wurden, stammen aus dem 11. Jahrhundert. Sie sind flach und haben bereits die typische fünfeckige Form. Aus dieser Zeit stammt auch die erste schriftliche Erwähnung des Shogi, die sich aber darauf beschränkte, eine Beschreibung der Beschriftung der Steine zu geben. Dieses schriftliche Zeugnis stammt von **Fujiwara Yukinari**, der am Hofe des Kaisers

Kalligraph war. Dies ist ein Zeichen, dass Shogi bereits in dieser Zeit ein anerkanntes Spiel in Japan gewesen sein muss, und zwar nicht nur am kaiserlichen Hof und beim Adel, sondern wahrscheinlich auch beim Volk, denn Shogisteine waren einfach herzustellen.

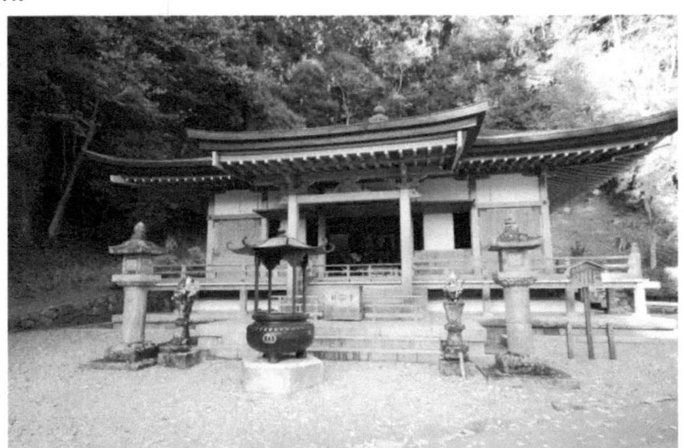

Tempelgebäude (Foto: E. Vogtmann)

Die Shogiregeln entwickelten sich mit der Zeit weiter. Aus dem Spielfeld von acht mal acht Feldern entstand das charakteristische Shogibrett mit neun mal neun Feldern, weil dem König statt nur eines Goldenen Generals ein zweiter zur Seite gestellt wurde. Die Bauern erhielten ihre Anfangsposition auf der dritten Reihe und die Beförderungsmöglichkeit wurde eingeführt. Im 13. Jahrhundert hielten der Läufer und der Turm Einzug. Viele Partien endeten jedoch unentschieden. Zu gering waren die Möglichkeiten, zwischen zwei in etwa gleich starken Spielern eine Entscheidung herbeizuführen. Man suchte nach Auswegen, die darin bestanden, das Spielfeld und Anzahl der Spielsteine zu vergrößern. Diese als Daishogi bezeichneten Varianten enthielten 68 und später sogar 130 Spielsteine auf einem 15 mal 15 großen Feld.
Das ‚normale' Shogi drohte unterzugehen. Dann jedoch kam irgendein unbekannter Shogienthusiast auf eine geniale Idee. Warum sollten die geschlagenen Steine aus dem Spiel verschwinden? Da die Steine beide Spieler identisch waren und sich nicht farblich unterschieden, war der Weg frei zum Einsetzen gefangener Steine. Wann diese Idee jedoch aufkam, ist strittig. So wird diese Neuerung zum Teil auf Anfang des 11. Jahrhunderts datiert, andere vermuten das 16. Jahrhundert. Die Idee des Einsetzens gefangener Steine zur Verstärkung der eigenen Truppen wird auch damit erklärt, dass Shogi ein sehr realitätsnahes Abbild einer Schlacht zwischen zwei Fürsten darstellt. So war ab Ende des 12. Jahrhunderts die Lage in Japan durch unzählige innere Auseinandersetzungen gekennzeichnet. Häufig kam es vor, dass Truppen das Lager wechselten. Diese Tatsache spiegelt sich auch im Einsetzen gefangener Steine wider.

Die Ära der Kriege zwischen den verschiedenen Fürstentümer endete erst im 16. Jahrhundert. Die drei Shogune **Oda Nobunaga, Toyotomi Hideyoshi und Tokugawa Ieyasu** einten das Land und schufen so die Voraussetzung für eine über 250-jährige Periode des Friedens.
Dies führte zu einer Blüte des japanischen kulturellen Lebens, welches auch Shogi zu neuen Höhen führte und die Popularität des Spiels steigerte.

Der Shogun **Hideyoshi** veranstaltete Ende des 16. Jahrhunderts ein Go-Turnier an seinem Hof, welches der buddhistische Mönch **Honinbo Sansa** (1559-1623) gewann. Honinbo Sansa war nicht nur der stärkste Go-Spieler, sondern auch der stärkste Shogispieler seiner Zeit. Er erhielt vom Tage seines Turniergewinns an ein jährliches Gehalt und kann als erster Shogi-Profi der Welt angesehen werden. Der Shogun Tokugawa gründete ein offizielles Büro für Go- und Shogiangelegenheiten, welches zum Ministerium für religiöse Angelegenheiten gehörte. Honinbo Sansa leitete dieses Büro, welches die Aufgabe hatte, das Shogi-Turnier vor dem Shogun zu organisieren und den besten Spielern Spielstärkebescheinigungen auszustellen, die im Japan der damaligen Zeit sogar als Reisedokumente anerkannt wurden.

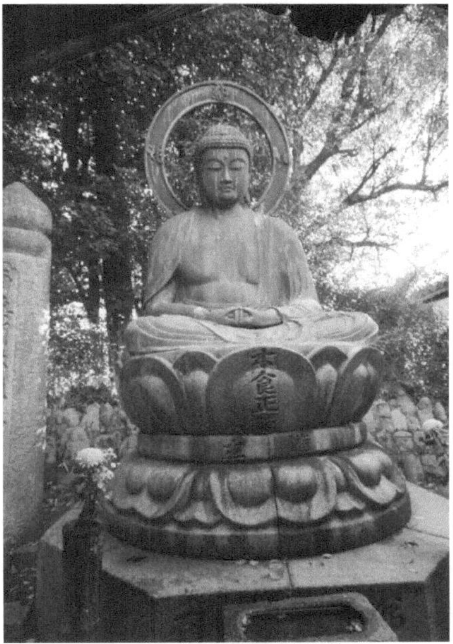

Japanische Buddha-Statue
(Foto: E. Vogtmann)

Die erste Aufzeichnung einer Shogipartie stammt aus dem Jahr 1607 zwischen Honinbo Sansa und Ohashi Sokei. Diese Partie ist im Partienteil (Kapitel ‚Profipartien‘) aufgenommen. **Ohashi Sokei** gewann die Partie und wurde der erste *Meijin* (lässt sich als ‚Meister' übersetzen). Der Titel *‚Meijin'* wurde seitdem an den besten Spieler des Landes verliehen. Und auch heute noch ist das jährlich stattfindende Turnier um den *Meijin*-Titel das prestigereichste in Japan.
Es bildeten sich drei Shogi-Akademien heraus, die nach den Familien benannt wurden, aus denen die Meister stammten. Es handelt sich dabei um die Familien **Ohashi** (aus der Linie des oben erwähnten Ohashi Sokei), um einen Seitenzweig der Familie **Ohashi** und die Familie **Ito**. Die Meister wurden in der Regel durch Erbfolge bestimmt. Sie erhielten vom Shogun finanzielle Unterstützung. Außerdem gaben sie oder ihre besten Schüler Unterricht und erzielten auch dadurch Einnahmen. Ab 1716 wurde am Hofe des Shoguns ein jährliches Turnier zwischen den besten Spielern veranstaltet, welches jedes Jahr am 17. November stattfand (noch heute ist der 17. November in Japan als Shogi-Tag bekannt). Bei diesem Turnier wurden die Spieler als herausragende Künstler geehrt. Nach einem Bericht von **Ohashi Sokei** erhielten

sie exquisite Mahlzeiten und – was als besondere Ehre angesehen werden musste – grünen Tee, der vom Tee-Meister des Shoguns persönlich zubereitet worden war. Der Shogun selber war wohl nur selten persönlich bei den Spielen zugegen, jedoch war das Interesse bei den Anwesenden enorm. Nach den offiziellen Partien wurden häufig noch Lehrpartien oder Partien gegen Shogiamateure gespielt.

Die Einordnung des Shogi als kulturelles Ereignis, welches jährlich nach festgeschriebenen Riten zelebriert wurde, ist auch heute bei den offiziellen Titelkämpfen auffällig. Ein Bericht über den Ablauf des ersten Kampfes um den Meijin-Titel 2008 in Kapitel ‚Ryu-O, der Kampf des Drachenkönigs' wird dieses verdeutlichen.

Handfest wurde Shogi dagegen in der Bevölkerung gespielt. Es gab starke Spieler, die um Geld spielten und damit ihren Lebensunterhalt verdienten (sog. *Shinkenshi*). Auch das Wetten auf Spielausgänge dürfte der Popularität des Shogi nicht geschadet haben.

Das Shogileben musste um die Mitte des 19. Jahrhunderts einen schmerzlichen Einschnitt erfahren. 1867 beendete **Kaiser Mutsuhito** die Feudalherrschaft der Shogune, führte eine Verfassung nach preußischem Vorbild ein und schaffte de facto eine absolute Monarchie. Der Westen wurde zum Vorbild für die Entwicklung Japans. Mit dem Ende der Feudalherrschaft endete auch die Unterstützung der Shogi-Akademien und damit eine Periode, die das Shogi enorm verbessert hatte.

Mit dem japanischen Wirtschaftsaufschwung Anfang des 20. Jahrhunderts begannen Zeitungen Shogikolumnen zu drucken und entfachten damit erneut das Interesse am Shogi. Die ersten Spieler versuchten sich wieder als Profis und organisierten Wettkämpfe untereinander, was zu einer weiteren Steigerung des Publikumsinteresses führte. 1924 wurde die Tokio Shogi Association gegründet, aus der später die Japan Shogi Association entstand, in der heute alle der rund 200 Shogi-Profis organisiert sind. Seit Anfang der 70er Jahre spielen auch weibliche Shogi-Profis um eigene Titel.

Es werden jährlich sieben große Titel vergeben, um den die japanischen Profis kämpfen können. Dabei spielt der Titelverteidiger gegen einen Herausforderer, der sich in Vorwettkämpfen für den Titelkampf qualifizieren muss.

1996 geschah das kaum für möglich gehaltene, als alle sieben Titel von einem Spieler gehalten wurden: **Habu Yoshiharu**.

Wie wird die weitere Entwicklung sich gestalten? In Japan spielen Millionen Menschen Shogi. Aber auch dort hat es einen schweren Stand, da nicht mehr so viele junge Menschen Interesse an diesem faszinierenden Spiel haben. Vielleicht geht die Entwicklung dahin, dass die Zukunft des Shogi außerhalb Japans liegt. Alle 3 Jahre lädt die Japan Shogi Association die besten Spieler aus über 40 Ländern zu einem großen Turnier ein. Nicht zuletzt das Internet und die Shogiserver führen weltweit viele Spieler zusammen und – wer weiß? – vielleicht findet das Shogi gerade in den Ländern außerhalb des asiatischen Raums weitere Verbreitung und erhält dadurch neue Impulse.

Eröffnung und Sicherung des Königs

In diesem Kapitel beleuchten wir die Eröffnungsphase etwas näher.
Welche Eröffnungstypen gibt es? Wie wirkt sich das auf den Schutz des eigenen Königs aus?
Im Laufe der jahrhundertelangen Shogigeschichte haben sich hier bestimmte Formationen (sog. *Gakois*) entwickelt, die – ähnlich wie bei der Rochade im Schach – dem König Sicherheit bieten sollen. Schließlich werden noch allgemeine Eröffnungsprinzipien anhand zweier Profipartien erläutert, so dass wir das Rüstzeug haben, um die Eröffnungsphase ‚verletzungsfrei' zu überstehen.

Gakois und Eröffnungsmotive

Schachspieler wissen, dass man den eigenen König möglichst nicht ungeschützt auf seinem Ursprungsfeld stehen lassen soll. Sie wählen in der Eröffnungsphase die kurze oder lange Rochade, um ihn vor feindlichen Angriffen zu schützen. Im Shogi gilt der gleiche Grundsatz. Hier gibt es jedoch keine Rochade, sondern der Aufbau zum Schutz des eigenen Königs wird als *Gakoi* bezeichnet. In der englischsprachigen Literatur nennt man diese *Gakois* ‚Castles', und als Burg kann man sie tatsächlich auch sehen, denn ihre Aufgabe ist es, den eigenen König zu schützen.
In diesem Kapitel stelle ich Ihnen einige dieser typischen Formationen vor.

Beginnen wir jedoch mit ein paar grundsätzlichen Überlegungen zur Eröffnung.
Es gibt zwei Steine, die sowohl beweglich sind, als auch eine große Reichweite haben. Dies sind der Läufer und der Turm. Somit ist es auch nicht verwunderlich, dass häufig in den ersten Zügen die Läuferdiagonale mit P7g-7f bzw. P3c-3d geöffnet wird. Der Turm bleibt erst einmal auf seinem Ursprungsfeld stehen oder zieht zur Seite, um auf einer anderen Linie Druck auszuüben.
Turm und Läufer sind auch die typischen Angreifer, die meist von Bauern, einem Silbernen General und einem Springer unterstützt werden. Der Silberne General ist in der Eröffnung etwas flexibler als der Goldene General, da er durch seine diagonalen Rückzugsmöglichkeiten einfacher umgruppiert werden kann.

Enorm wichtig ist es, den eigenen König zu verteidigen. Im Gegensatz zum Schach, bei dem im Endspiel der König immer stärker und sogar zur spielentscheidenden Figur werden kann, schwebt der Shogi-König stets in der Gefahr durch gegnerische Drops bedroht und mattgesetzt zu werden. Deshalb wird der König in der Regel durch zwei Goldene Generäle, einen Silbernen General, einen Springer sowie Bauern geschützt. Diese besondere Formationen werden als *Gakoi* (oder im englischsprachigen Raum als ‚Castle') bezeichnet. Verschiedene *Gakois* werden später vorgestellt.
Ähnlich wie bei einer Schachrochade sucht der König normalerweise auf der linken oder rechten Seite Schutz. Dabei gilt der Grundsatz, dass eigener Turm und König auf verschiedenen Seiten stehen sollen. Der Grund ist, dass der Turm als starke Angriffsfigur versucht, in das gegnerische Lager einzudringen oder den Angriff zu

unterstützen. Der eigene König darf dabei nicht selber zum Angriffsziel werden. Deshalb sollte er eine sichere Position auf der anderen Seite suchen.

Das Verhalten der Türme bestimmt, um welche Eröffnungskategorie es sich handelt.

Die Eröffnungen im Shogi werden grob in drei Arten unterteilt und richten sich danach, ob die Türme in der Eröffnungsphase auf der 2. bzw. 8. Linie stehen bleiben (Static Rook) oder auf eine andere Linie wechseln (Ranging Rook).
Somit gibt es folgende drei Eröffnungsarten:

1. **Static Rook – Static Rook** (d.h. beide Spieler lassen die Türme auf der ursprünglichen Linie stehen)
2. **Static Rook – Ranging Rook/Ranging Rook – Static Rook** (d.h. ein Spieler lässt seinen Turm stehen, der andere Turm wechselt die Linie)
3. **Ranging Rook – Ranging Rook** (d.h. beide Spieler bewegen ihre Türme auf eine andere Linie)

Die dazugehörigen *Gakois*, die wir als erstes betrachten, heißen *Mino Gakoi*, *Funa Gakoi* und *Yagura Gakoi*.

Alle *Gakois* werden aus *Sentes* Sicht beschrieben. Sie können natürlich auch von *Gote* aufgebaut werden, der Aufbau erfolgt dann einfach seitenverkehrt.

Eröffnungstyp Ranging Rook – Static Rook

Im Allgemeinen möchte der Ranging-Rook-Spieler einen Läufertausch vermeiden, da er ihn eventuell benötigt, um einen Angriff des Turmbauern seines Gegenspielers zu verteidigen. Häufig wird deshalb P6g-6f (bzw. P4c-4d) gespielt, um die Läuferdiagonale zu schließen. Der eigene Turm wird nach links gezogen (auf die 5. bis 8. bzw. 2. bis 5. Linie), der eigene König auf der rechten Seite in Sicherheit gebracht.

Das Mino Gakoi

Das so genannte *Mino Gakoi* wird (aus Sicht vom beginnenden Spieler) wie folgt aufgebaut:

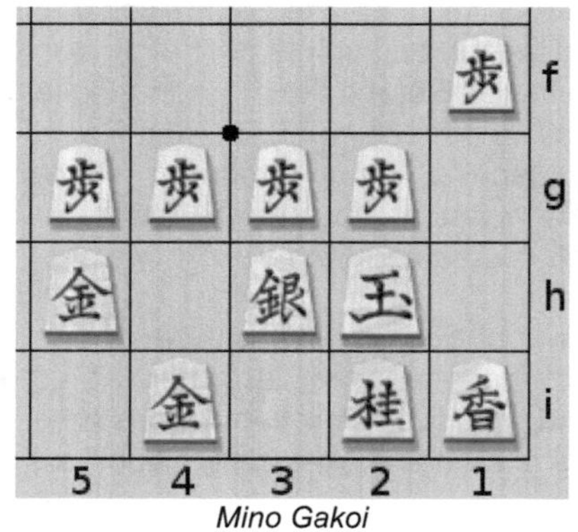

Mino Gakoi

R2h-6h (Der Turm kann auch auf einer anderen Linie stehen, jedoch muss er nach links gezogen worden sein.)
K5i-4h
K4h-3h
K3h-2h
S3i-3h
G6i-5h
P1g-1f

Das *Mino Gakoi* hat seine Generäle links vom König, um einen guten Schutz bei Angriffen von der Seite zu gewährleisten. Diese sind zu erwarten, wenn der Gegner eine Static-Rook-Eröffnung spielt und den Druck auf seiner Turmseite verstärken wird.
Der Zug des Randbauern nach 1f kann lebensrettend sein. Sollte das *Mino Gakoi* attackiert werden, so bietet das Feld 1g dem König häufig die einzige Fluchtmöglichkeit.

Der Ranging-Rook-Spieler möchte eher auf seine linken Seite angreifen und dann gegen das gegnerische Gakoi vorgehen.

Im Kapitel ‚Taktik, Tricks und Tipps für Fortgeschrittene' werden wir weitere Entwicklungsmöglichkeiten des *Mino Gakois* sehen.

Es sei noch einmal darauf hingewiesen, dass diese Aufbauten nicht 'blind' errichtet werden dürfen. Drohungen des Gegners müssen natürlich sofort beantwortet werden. Man sollte auch versuchen, seine eigenen Steine gut und aktiv zu positionieren.

Eröffnungstyp Static Rook – Ranging Rook

Das Funa Gakoi

Dieses *Gakoi* wird errichtet, wenn der eigene Turm auf der rechten Seite bleibt und der gegnerische Turm die Seite gewechselt hat.

```
P7g-7f
P5g-5f
K5i-6h
K6h-7h
G4i-5h
P9g-9f
```

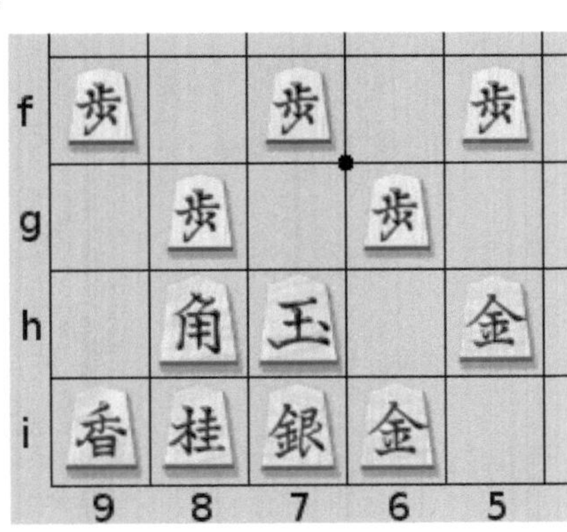

Funa Gakoi

Diese Formation heißt im Englischen ‚Boat Castle', weil die beiden Goldenen Generäle, der Silberne General und der Läufer an die Form eines Bootes erinnern, und der König im Heck des Bootes steht.

Eröffnungstyp Static Rook – Static Rook

Yagura Gakoi

Bei der Eröffnungsvariante Static Rook gegen Static Rook (d.h. beide Türme bleiben auf ihren Feldern stehen) kann man für sich das *Yagura Gakoi* aufbauen, welches stark gegen Frontalangriffe ist.

```
P7g-7f
P6g-6f
S7i-6h
S6h-7g
G6i-7h
P5g-5f
K5i-6i
G4i-5h
B8h-7i
G5h-6g
B7i-6h
K6i-7i
K7i-8h
```

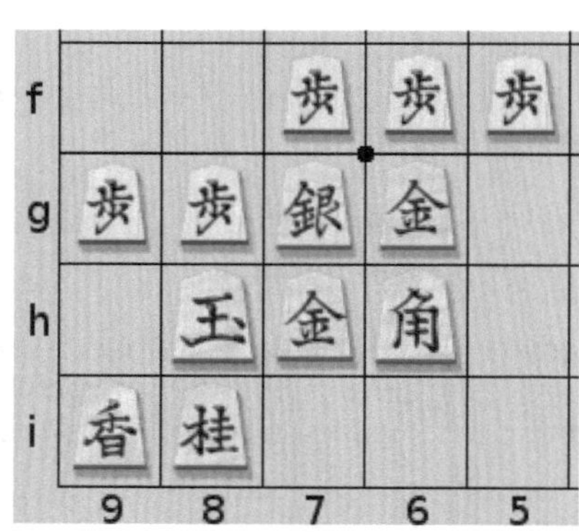

Yagura Gakoi

Bei diesem Aufbau schützt der Silberne General auf 7g das Feld 8f, welches immer bei einem Gegner, der Static Rook spielt ein Angriffsziel ist. Der Goldene General auf 7h ist der zentrale Verteidiger. Sollte dieser abgetauscht werden, so wird das *Gakoi* erheblich geschwächt.

Eröffnungstyp Ranging Rook – Ranging Rook

Es ist eher selten, dass beide Spieler Ranging Rook spielen, denn meist entscheidet sich ein Spieler für Static Rook, da diese Variante etwas agressiver ist. Aber falls doch beide Spieler ihre Türme nach links ziehen und ihren König folglich auf der anderen Seite unterbringen wollen, so muss das *Gakoi* vorne besonders stark sein. Wie wir schon gesehen haben, hat das *Mino Gakoi*, welches gegen Static Rook gespielt werden kann, eher eine Schutzfunktion zur Seite, so dass wir beim Typ Ranging Rook – Ranging Rook ein anderes *Gakoi* wählen sollten. Relativ einfach aufzubauen ist das *Nimai Kin Gakoi* (engl. Twin Gold Castle), welches mit folgender Zugfolge aufgebaut werden kann:

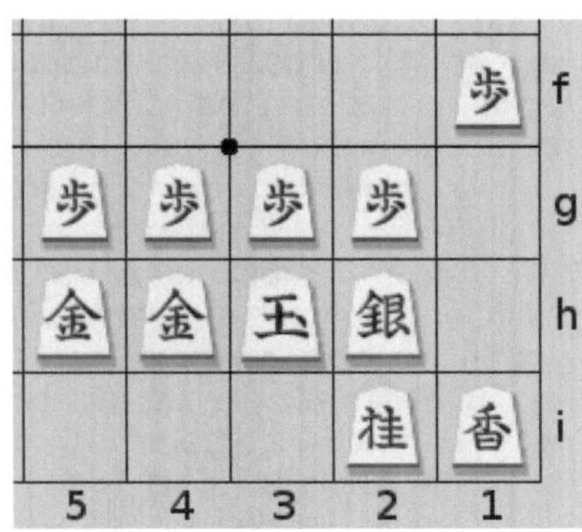

Nimai Kin Gakoi

Turm wird nach links gezogen
```
K5i-4h
G6i-5h
K4h-3h
S3i-2h
G4i-4h
P1g-1f
```
Die Ausrichtung auf den Schutz nach vorne ist deutlich zu erkennen.

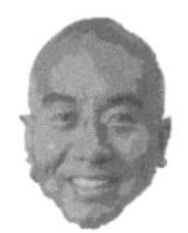
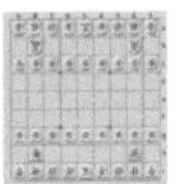

Trainingstipp von Sensei Miyamoto
Zugegeben, der Aufbau dieser *Gakois* ist etwas komplizierter als die kurze Rochade beim Schach. Versuche, die vorgestellten *Gakois* zu verinnerlichen und spiele Trainingspartien gegen dich selbst oder gegen eine einfache Stufe eines Computerprogramms. Wähle das *Gakoi* abhängig von der Eröffnungsvariante (Static Rook oder Ranging Rook).

Spielerränge und Handicap-Spiele

Kyu- und Dan-Grade

Vielleicht haben Sie bereits im Internet Partien gespielt und sich auf diese Weise eigene Wertungszahlen erworben, die eine Aussage über Ihre Spielstärke treffen sollen. Aber erst bei offiziellen Turnieren, bei denen sich die Spieler leibhaftig gegenübersitzen, kann man Kyu- und Dan-Grade erwerben. Diese sind charakteristisch für die japanische Art und Weise, die Stärke zu bewerten und sind auch im Go, in Kampfsportarten wie Judo und selbst in künstlerischen Betätigungen wie z.B. Kalligraphie zu finden. Ein Kyu-Grad bezeichnet die Leistungsstärke eines Schülers, während ein Dan-Grad bereits die Klasse eines Meisters beschreibt.
Anfänger beginnen mit dem 20. Kyu-Grad und können sich bei Turnieren hocharbeiten bis sie den ersten Kyu-Grad erreichen. Der weitere Entwicklungsweg kann dann über den ersten Dan weitergehen. Die absoluten japanischen Top-Profis besitzen den 9. Dan und schweben für normalsterbliche Shogispieler in unermesslichen Höhen.

Handicapspiele

Auch Spieler unterschiedlicher Spielstärke können gegeneinander antreten und spannende Partien spielen. Um die unterschiedliche Stärke auszugleichen, erhält der stärkere Spieler einfach weniger Spielsteine. Als Ausgleich darf er das Spiel beginnen.

Im Einzelnen gibt es folgende Handicapstufen.

Bezeichnung	Folgende Steine werden entfernt
8 Steine	Turm, Läufer, Silberne Generäle, Springer und Lanzen
6 Steine	Turm, Läufer, Springer und Lanzen
4 Steine	Turm, Läufer und Lanzen
2 Steine	Turm und Läufer
Turm und Lanze	Turm und Lanze auf 1a
Turm	Turm
Läufer	Läufer
1 Lanze	Lanze auf 1a

Handicapspiele sind keine Seltenheit und werden auch von starken Spielern als sinnvolles Trainingsmittel angesehen. Es gibt in Japan sogar spezielle Eröffnungsliteratur, die sich ausschließlich mit Handicapspielen beschäftigt.

Typische Eröffnungsmotive

In diesem Kapitel schauen wir einigen Profis über die Schulter. Wir werden sehen, wie sie ihre Partie anlegen, ihren König in einem Castle sichern und welche weitere Fortsetzung aus den Stellungen möglich ist. Diese Hinweise sollen Anregungen sein, wie man das eigene Spiel gestalten kann.

In der folgenden Profipartie spielt Sente Ranging Rook und führt seinen König in ein *Mino Gakoi*. *Gote* spielt Static Rook und baut ein *Funa Gakoi* auf.

Sente: Suzuki Daisuke (8. Dan)
Gote: Namekata Hisashi (8. Dan)
NHK-Cup TV-Turnier, 4. Januar 2009

```
1. P7g-7f      P3c-3d
2. P1g-1f      P1c-1d
3. R2h-6h
```

Sente entscheidet sich für eine Ranging Rook-Eröffnung und besetzt die - von ihm aus gesehen - vierte Linie mit seinem Turm.

```
3. ...         K5a-4b
```

Gote zeigt mit diesem Königszug, dass er Static Rook spielen will.

```
4. P6g-6f
```

Sente möchte den Läufertausch verhindern.

```
4. ...         S7a-6b
5. K5i-4h      K4b-3b
6. S3i-3h      P5c-5d
7. K4h-3i      P8c-8d
```

Jetzt folgt langsam der Vorstoß des Bauern vor dem eigenen Turm.

```
8. S7i-7h      G6a-5b
```

Gotes Funa Gakoi ist komplett.

```
9. G6i-5h      P7c-7d
10.  B8h-7g
```

Hiermit verhindert *Sente*, dass der P8d über 8e zu einer echten Bedrohung werden kann.

```
10. ...        P8d-8e
```

Gote setzt Akzente auf seinem Turmflügel. Sentes Läufer auf 7g ist wichtig, um den Bauernvorstoß auf 8f zu verhindern.

```
11.  K3i-2h
```

Sentes König betritt sein *Mino Gakoi*. Der vorgezogene Bauer auf 1f eröffnet dem König einen Fluchtweg, falls *Gote* seinen Angriff früher als *Sente* starten kann.

```
11.  ...      S3a-4b
12.  S7h-6g   S4b-5c
```

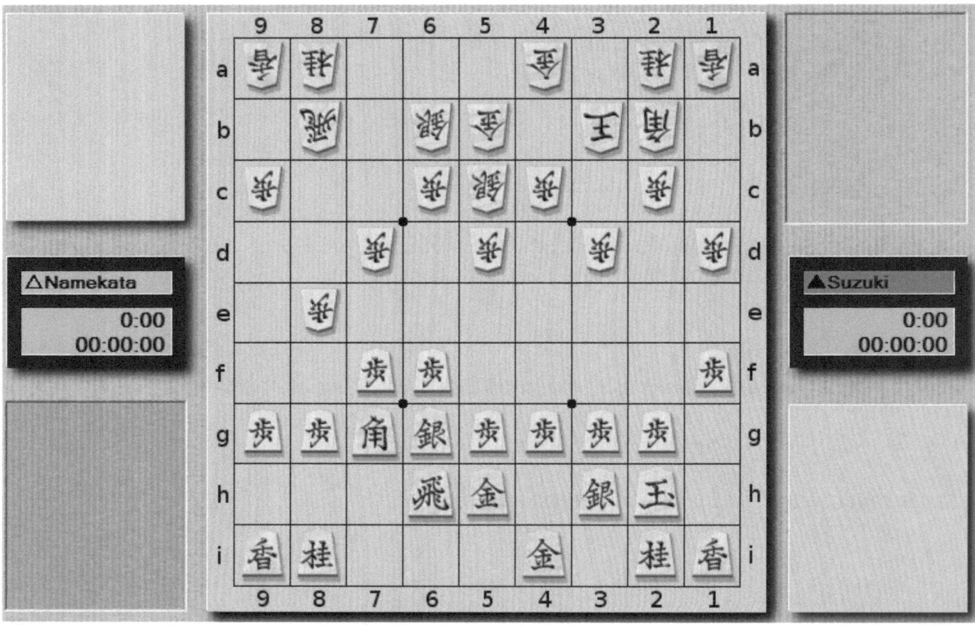

Position nach dem 12. Zug von Gote

Die Silbernen Generäle werden in der Regel vor den Goldenen Generälen entwickelt. Sie sind etwas wendiger, da sie diagonal auch nach hinten ziehen können. Außerdem wird häufig ein Silberner General als Angreifer eingesetzt.
Auch die Bauernstruktur von Gote ist interessant. Er hat vorrangig seine Bauern auf den ungeraden Linien gezogen. Dies öffnet Wege für seine Generäle und schließt seinen Läufer nicht ein.

```
13.  P9g-9f   G4a-4b
14.  P4g-4f   P9c-9d
15.  P5g-5f   S5c-6d
```

Die beiden Parteien stehen sich angriffsbereit gegenüber. *Gotes* Angriffskräfte sind Turm, Läufer und der gerade aktivierte Silberne General. Im Allgemeinen sind die Goldenen Generäle für den Schutz des eigenen Königs zuständig.

```
16.  R6h-7h
```

Sente erwartet einen Angriff auf der siebten Linie und möchte diesen unterbinden.

```
16.  ...       P7d-7e
17.  L9i-9g
```

Alternativ könnte man auch Px7e mit Abtausch der Bauern spielen (z.B. Px7e Sx7e, P6e Bx7g+, Rx7g). Warum aber dieses Manöver mit der Lanze? *Sente* möchte vorsorglich seine Lanze aus der Schusslinie von *Gotes* Läufer bringen.

```
17.  ...       P5d-5e
18.  P5fx5e    S6dx5e
```

Gote greift im Zentrum mit seinem Silbernen General, unterstützt vom Läufer, an.

```
19.  P7fx7e    P*7f
```

Der Drop greift den Läufer an. *Sente* könnte Sx7f spielen, dann kommt jedoch Sx6f und *Gotes* Silberner General dringt ein. Sente zieht seinen Läufer zurück.

```
20.  B7g-5i    P8e-8f
21.  P8gx8f
```

Hier sind vielfältige Abtauschmöglichkeiten entstanden. Die Bauern auf 8f und 7f sind gänzlich ungeschützt, der Bauer auf 6f ist von *Gote* zweimal angegriffen, von *Sente* aber nur einmal verteidigt.

```
21.  ...       S5ex6f
```

Es kommt zum Abtausch...

```
22.  S6gx6f    B2bx6f
23.  R7hx7f    B6f-8h+
24.  B5i-7g    +B8h-9h
```

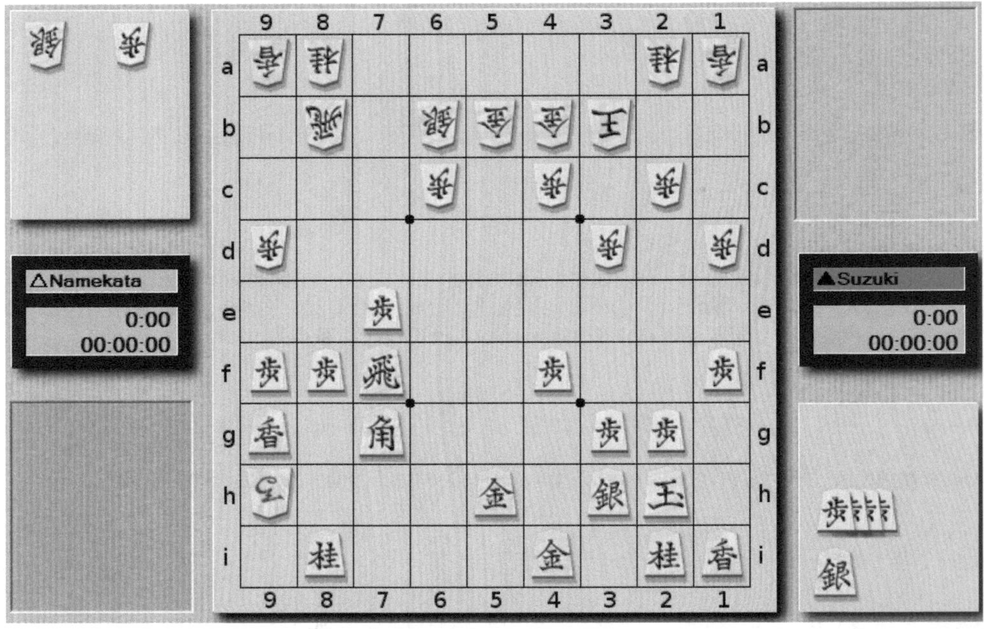

Position nach dem 24. Zug von Gote

Der Abtausch ist vorüber, Zeit für eine Zwischenbilanz:
Sente hat drei Bauern mehr, dafür konnte *Gote* seinen Läufer befördern. *Gote* greift *Sentes* Turm an. Die Variante 24. ... +B8hx8i, 25. B7gx1a+ ermöglicht *Sente* in *Gotes Gakoi* einzudringen und seinen Läufer zu befördern.

```
25.  R7f-5f    S*4d
26.  P4f-4e    S4d-3c
```

Die Variante 26. ... Sx4e (mit 27. Rx5b+ Gx5b, 28. Bx1a+ Rx8f, 29. +Bx2a Kx2a, 30. S*3c) führt wahrscheinlich zu einem starken Angriff für *Sente*. Deshalb zieht *Gote* seinen Silbernen General zurück.

```
27.  B7g-5e    P*7c
28.  N8i-7g    +B9hx9g
29.  P*5d
```

Sente hat zwei Lanzen weniger, aber vier Bauern mehr. Dafür konnte *Gote* seinen Läufer befördern. *Sente* konzentriert langsam seine Kräfte gegen *Gotes* König. *Gote* hat ein Übergewicht am anderen Flügel.

```
29.  ...       R8b-8d
30.  P8f-8e    R8d-8b
31.  B5e-6f    +B9g-8g
32.  P7e-7d    L*6d
33.  P*6e
```

Sente opfert den Bauern und zwingt dadurch *Gotes* Lanze ein Feld nach vorne. Dies öffnet seinem Läufer wieder die Diagonale 5e-1a.

```
33.  ...       L6dx6e
34.  B6f-5e    +B8g-7h
35.  R5f-7f    L6e-6g+
```

Gote gelingt es, einen zweiten Stein zu befördern.

```
36.  N7g-6e    +L6gx5h
37.  R7fx7h    +L5hx4i
38.  S3hx4i
```

Gote hat seinen beförderten Läufer und seine beförderte Lanze gegen zwei Goldene Generäle abgetauscht. Das *Mino Gakoi* ist jedoch nur noch ein Trümmerhaufen. Kann *Gote* dies ausnutzen?

```
38.  ...       R8bx8e
39.  B*3h      P*5f
40.  P7dx7c+   N8ax7c
41.  P5d-5c+   R8ex6e
42.  +P5cx5b   R6ex5e
43.  +P5bx4b   S3cx4b
```

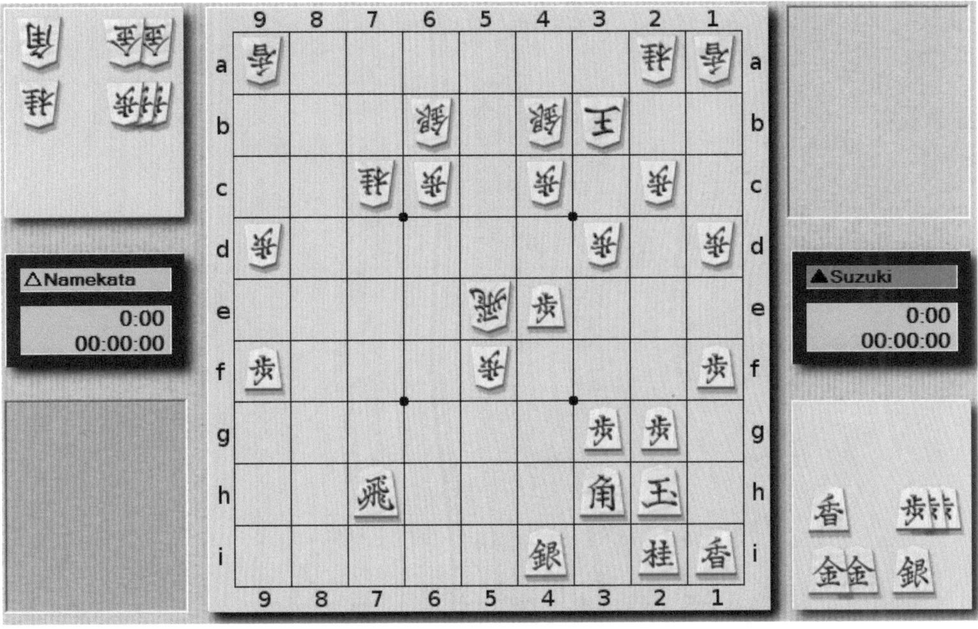

Position nach dem 43. Zug von Gote

Auch *Gotes Gakoi* ist durch den Abtausch zerstört. Beide Spieler haben viele Steine auf der Hand und eine fast unübersichtliche Anzahl von Möglichkeiten, diese einzusetzen. Wem wird es als erstem gelingen, einen entscheidenden Angriff zu starten?

```
44.  S*4f       R5e-6e
45.  P*6f       R6ex6f
46.  P4e-4d     R6f-6i+
47.  G*7i       N*4g
```

Gote beginnt seinen Angriff. Spielt *Sente* nun 48. Gx6i, dann folgt 48. ... B*3i, 49. K1h G*1g, 50. Nx1g G*2h und Matt.

```
48.  P3g-3f
```

Ein rettendes Schlupfloch.

```
48.  ...        B*3i
49.  K2h-3g     +R6ix7h
50.  G7ix7h     G*2h
51.  G*5b       G2hx3h
```

Die Schlussoffensive beginnt.

```
52.  K3gx3h     R*2h
53.  K3h-3g     B*5i
54.  Sente gibt auf
```

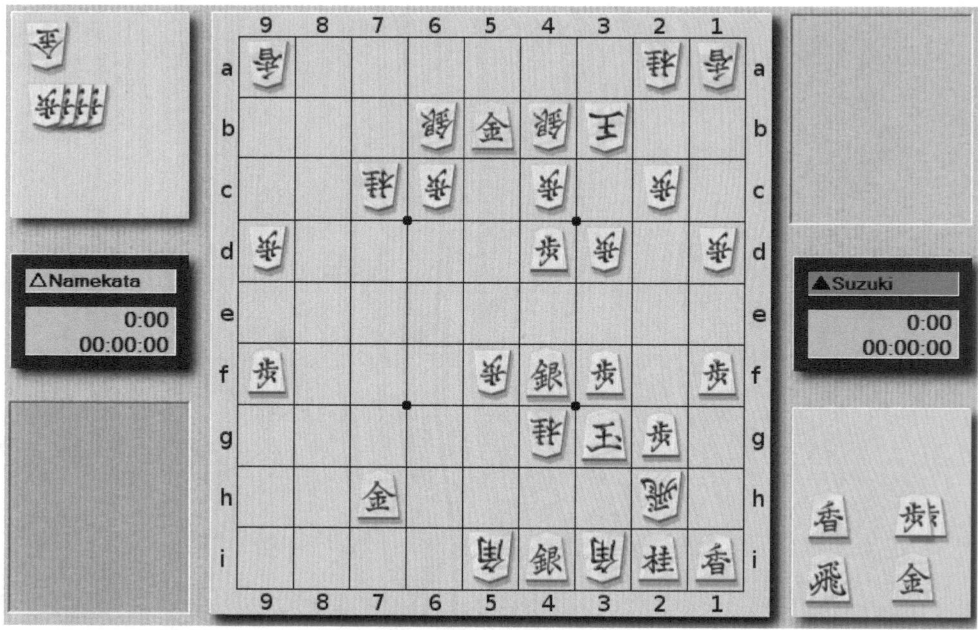

Die Schlussstellung

Es kann folgen 54. L*4h Rx4h+, 55. K2f L*2e, 56. Kx2e N3c, 57. Kx3d G*2d und Matt.

In der zweiten Beispielpartie gibt es das Duell Static Rook gegen Static Rook. Beide Spieler schützen ihre Könige in einem *Yagura Gakoi.*

Sente: Morishita Taku (9. Dan)
Gote: Watanabe Akira (Ryu-O-Titelhalter, 9. Dan)
NHK-Cup TV-Turnier, 21. September 2008

```
1. P7g-7f      P8c-8d
2. S7i-6h      P3c-3d
3. P6g-6f      S7a-6b
4. P5g-5f      P5c-5d
5. S3i-4h
```

Beide Spieler wählen als Eröffnungstyp Static Rook.

```
5. ...         S3a-4b
6. G4i-5h      G4a-3b
7. G6i-7h      K5a-4a
8. K5i-6i      G6a-5b
9. S6h-7g      S4b-3c
10. B8h-7i     B2b-3a
```

Der Aufbau ist, von den Bauern abgesehen, vollkommen identisch. Beide Läufer werden von der langen Diagonale abgezogen und sollen später dem König noch Platz machen, damit dieser seine Festung betreten kann.

```
11. P3g-3f     P4c-4d
12. G5h-6g     P7c-7d
13. B7i-6h     G5b-4c
14. K6i-7i     P9c-9d
15. K7i-8h
```

Sente hat sein *Yagura Gakoi* als Erster betreten. Demgegenüber hat *Gote* einen kleinen Entwicklungsvorsprung auf seiner Turmseite.

```
15.  ...       P9d-9e
16. P1g-1f     S6b-7c
17. R2h-3h     P7d-7e
```

Gote versucht als Erster, das Spiel zu öffnen.

```
18. P7fx7e     B3ax7e
19. P6f-6e     B7e-4b
20. B6h-4f
```

Sente fesselt *Gotes* Silbernen General, da der Turm ungeschützt dahinter steht. Es droht P*7d.

```
20.  ...       R8b-9b
```

```
21. S4h-5g      K4a-3a
22. S5g-6f      K3a-2b
```

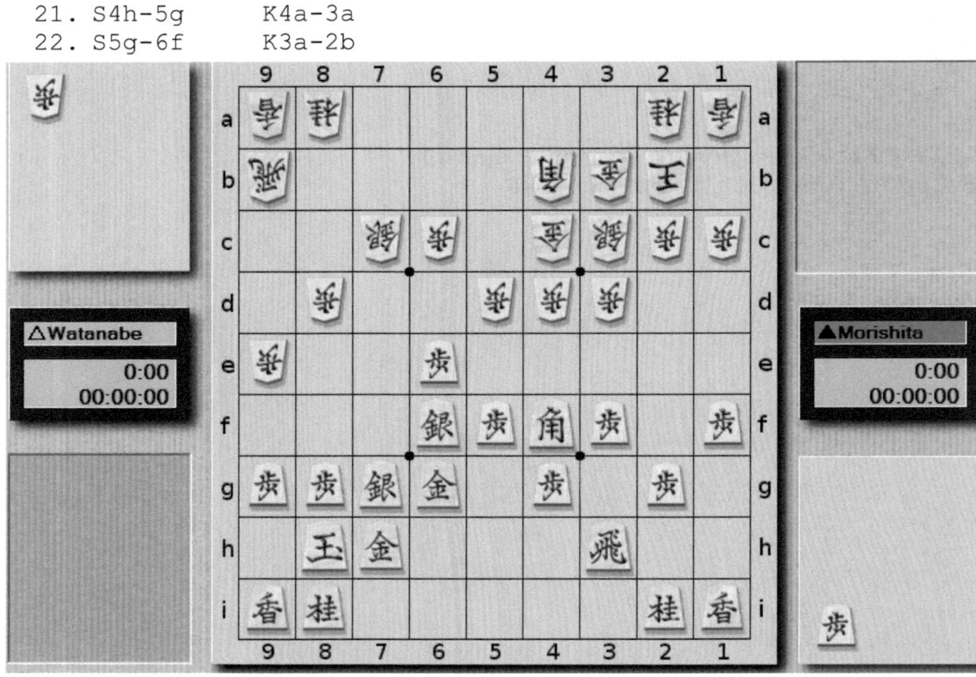

Position nach dem 22. Zug von Gote

Auch *Gote* betritt mit seinem König das *Yagura Gakoi*. Die Materialbilanz ist noch ausgeglichen.

```
23. N2i-3g      P6c-6d
24. P6ex6d      S7cx6d
25. P*6e        S6d-7c
26. S7g-7f      P*7d
27. N3g-2e
```

Sente verstärkt seinen Angriff mit dem Springer. Bei *Sente* sind Turm, Läufer und Springer in Angriffsposition auf *Gotes* König, Gote hat Turm, Läufer und den Silbernen General positioniert.

```
27.  ...        S3c-2d
28. P2g-2f      P9e-9f
```

Gote attackiert die Festung von *Sente*.

```
29. P9gx9f      P*9g
30. L9ix9g      B4bx9g+
```

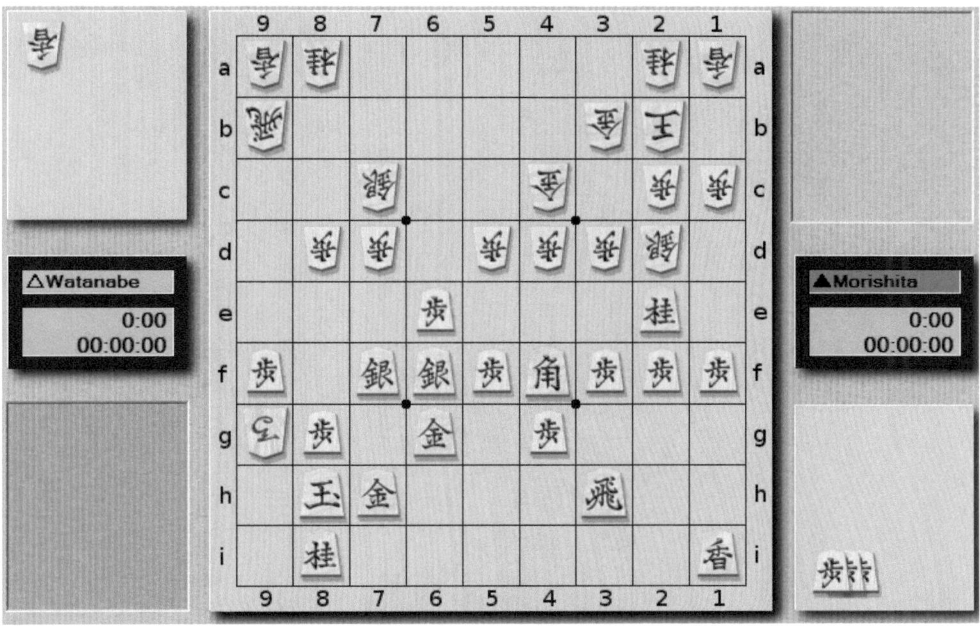

Position nach dem 30. Zug von Gote

Ein Hammer. *Gote* opfert seinen Läufer und will dem feindlichen König an den Kragen. Auf der 9. Linie lauern noch der Turm und die Lanze, um die Festung weiter zu zerstören.

```
31. N8ix9g      R9bx9f
32. P*9h
```

Dieser Zug schützt den Springer. Ein kurzer Blick auf die Materialbilanz:
Sente hat einen Läufer und einen Bauern mehr, dafür eine Lanze weniger. Er steht jedoch klar defensiver. Kann *Gote* seine aktivere Stellung nutzen?

```
32.  ...        L*4e
33. B4f-2h      L4ex4g+
```

Ein erster Teilerfolg von *Gote*. Er kann mit seiner Lanze durchstoßen und sie befördern. *Gote* steht klar aktiver.

```
34. R3h-3i      R9f-9c
35. B*7b        P*9f
```

Gote hat mit seinem Turm nur Platz für den Drop seines Bauern gemacht. Ein Bauer auf der Hand kann manchmal mehr wert sein als ein Bauer, der auf dem Brett platziert ist.

```
36. B7bx8a+     P9fx9g+
```

```
37. P9hx9g      R9cx9g+
38. K8h-7g
```

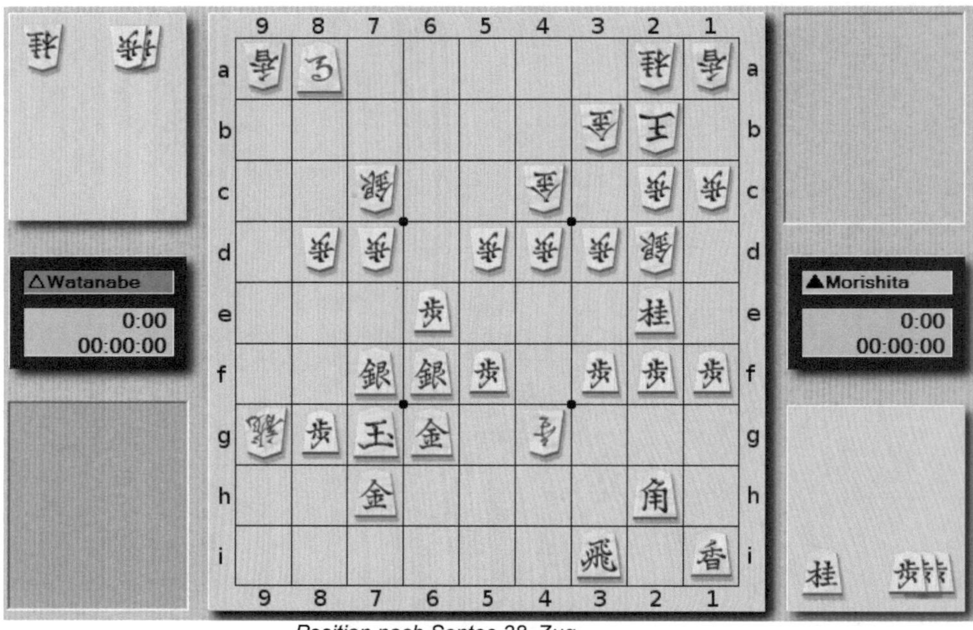

Position nach Sentes 38. Zug

Sentes Gakoi ist zerstört, sein König auf der Flucht. Generell kann es sinnvoll sein, einen Fluchtweg zu öffnen, wenn das eigene *Gakoi* sehr schwach zu werden droht.

```
38.  ...        N*8e
39. S7fx8e      P8dx8e
40. B2hx7c+
```

Gote opfert Material, er hat vorerst nur den gegnerischen König im Blick.

```
40.  ...        S2dx2e
41. +B7cx7d     S*8f
42. K7g-7f     +R9g-9f
43. P6e-6d      P*7e
44. +B7dx7e
```

Das Schlagen Sx7e führt ins Verderben, z.B. 44. Sx7e Sx8g=, 45. K7g Sx7h+, 46. Kx7h G*8g, 47. K7i mit großem Vorteil für *Gote*.

```
44.  ...        S8fx8g=
45. K7f-6e      S8gx7h=
46. G6g-7g      G*8c
47. P6d-6c+     P*7d
48. P*8d        P7dx7e
49. P8dx8c+     S7h-8g+
```

```
50. P2fx2e
```

Gotes Silberner General wurde auch lange genug von Bauern bedroht. Nun wird er endlich geschlagen. *Sentes* König ist in die Brettmitte getrieben worden, aber hat *Gote* noch ausreichend Streitkräfte, um ihn mattzusetzen?

```
50. ...         +S8gx7g
51. S6fx7g      B*2h
```

Der eingesetzte Läufer beherscht sehr schön die Diagonale.

```
52. R3i-2i      N*6b
```

Droht G*7d und Matt, weshalb Rx2h nicht kommen darf.

```
53. N*6f        B2h-4f+
54. N*5e        G*7d
55. Sente gibt  auf
```

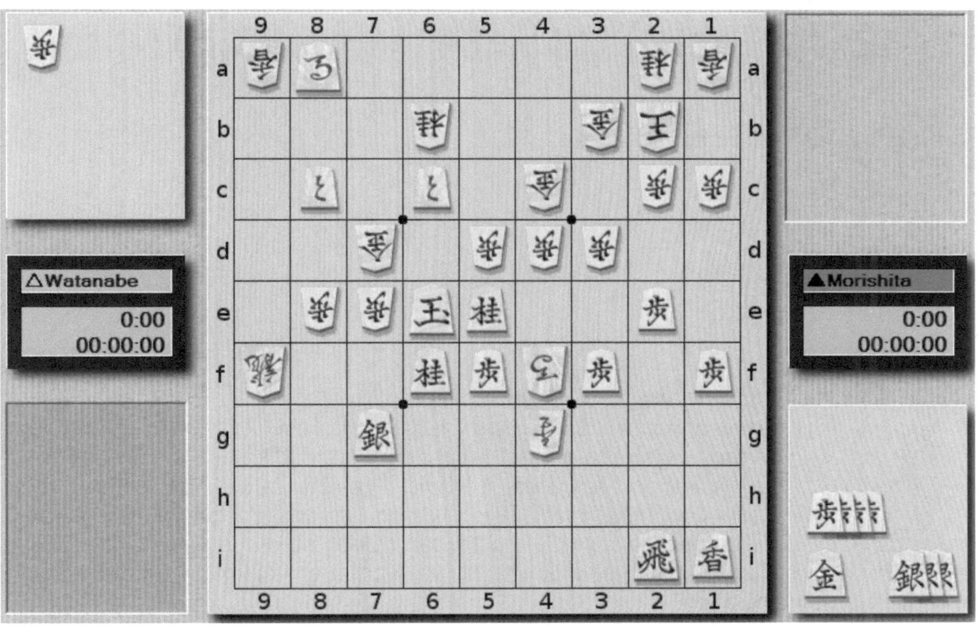

Die Schlussstellung

Es folgt sonst z.B. 55. Nx7d +Bx5f, 56. Kx7e +Bx7d und Matt.

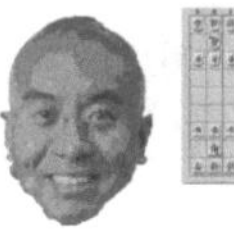
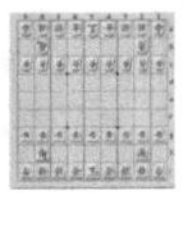

Übungsaufgabe von Sensei Miyamoto
Nach so viel Theorie und langen Partien folgt hier eine kleine Aufgabe zur Zerstreuung. Im Schach gibt es das sogenannte ‚Narrenmatt', nämlich die kürzeste Zugfolge, die zu einem Matt führt:

```
1. f2-f3 e7-e6
2. g2-g4 Dd8-h4 und Matt
```

Etwas ‚realitätsnäher' ist das Schäfermatt:

```
1. e2-e4  e7-e5
2. Dd1-h5 Sb8-c6
3. Lf1-c4 Sg8-f6
4. Dh5xf7 und Matt
```

Im Shogi gibt es es auch eine Zugfolge, bei der *Sente* seinen Gegner in einer sehr kurzen Partie mattsetzt. Versuche diese Zugfolge zu finden!
Tipp 1: Das Matt erfolgt im 3. Zug von *Gote*.
Tipp 2: Der letzte Zug ist ein Drop.
Tipp 3: Man sollte bei dieser Aufgabe keine Zeit damit verschwenden, den eigenen König in einem *Gakoi* zu sichern.

Lösung der kürzesten Shogi-Matts:

```
1. P7g-7f       P3c-3d
2. K5i-6h       B2bx8h+
3. G4i-5h       B*9e und Matt
```

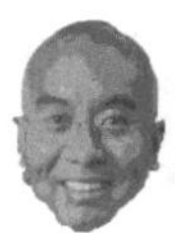
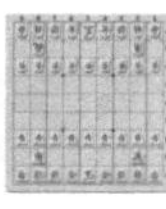

Trainingstipp von Sensei Miyamoto
Motivationsprobleme? Das muss nicht sein. Falls kein leibhaftiger Sensei regelmäßig den Trainingsfortschritt kontrolliert, muss man sich selber antreiben. Ein Trainingsbuch ist eine gute Motivationshilfe. Im Anhang ist ein Beispiel dargestellt. Du kannst Trainingsziele (6 Testpartien mit 30 Minuten Bedenkzeit spielen), noch zu erledigende Aufgaben (Kapitel zum Endspiel durcharbeiten), Turnierergebnisse und Wertungszahlen eintragen.
Ein Trainingsbuch soll natürlich nur eine Hilfe sein und kein Korsett. Du bist frei, deine Ziele und Aktivitäten so zu wählen, wie es deiner Zeit und deinem Ehrgeiz entspricht.

Herstellung von Shogiban und Shogisteinen

Bisher haben Sie wahrscheinlich Ihre Shogipartien virtuell auf dem PC ausgetragen oder unsere Papiervorlage aus dem Anhang als Muster genommen und mit Schere und Klebstift Ihr eigenes Shogibrett gebastelt. Es ist nicht einfach, im deutschsprachigen Raum original japanische *Shogibans* (so nennt man die Spielbretter) zu bekommen. In Japan ist dies naturgemäß ganz anders und neben den industriell gefertigten, preiswerten Varianten gibt es dort auch echte Liebhaberstücke.

Die wertvollen *Shogibans* sind aus einem Stück Holz gefertigt und haben eine Dicke von etwa 15-18 Zentimetern. Sie werden auf kunstvoll gefertigten Füßen aufgestellt. Am Boden des Spielfeld ist eine kleine Aussparung eingearbeitet, damit die Spielsteine einen angenehmen Klang entfalten. Merke: der echte Shogiliebhaber ist auch ein Ästhet!

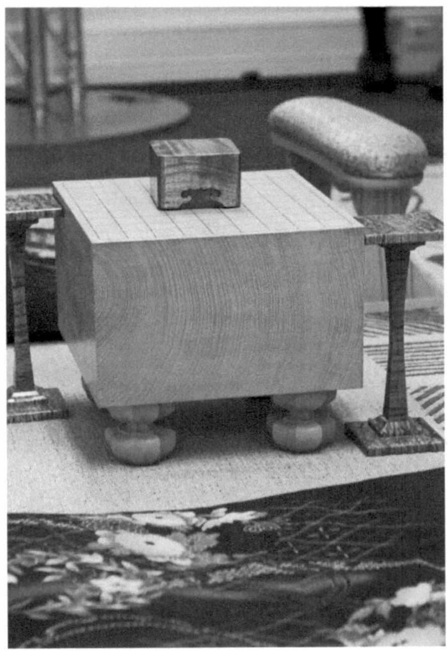

Shogiban aus dem Wettkampf Habu - Watanabe (Foto: E. Cheymol)

Das teuerste Holz stammt von der Japanischen Nusseibe (Torreya Nucifera), die im Süden Japans wächst und sehr hart ist. Nach dem Fällen wird das Holz mindestens fünf Jahre gelagert und dann geschnitten. Teilweise stammt das fein gemaserte Holz von jahrhundertealten Bäumen.

Traditionell werden die Linien auf dem *Shogiban* mit einer Schwertklinge, die mit schwarzem Lack versehen ist, aufgetragen. Shogi ist halt immer noch das Spiel der Samurai.

Die Preise für echte *Shogibans* können astronomisch hoch sein. Im Internetversand kann man sie bereits ab etwa 260 € erwerben.

Auch für Spielsteine kann man ein Vermögen investieren. Der Internethandel bietet handgefertigte Stücke etwa in der gleichen Preisklasse wie *Shogibans* an.
Hauptstadt der Hersteller von Shogisteinen ist Tendo in der Präfektur Yamagata. Neben einem Shogimuseum findet hier auch alljährlich zur Zeit der Kirschblüte eine Shogipartie mit ‚lebenden' Steinen statt. Dabei werden die Spielsteine von Studenten in traditionellen Kostümen dargestellt.
Doch zurück zu den eigentlichen Spielsteinen. Die besten Steine werden aus dem Holz des Buchsbaums gefertigt. Sie werden per Hand in ihre typische rechteckige Form geschnitten. Danach werden die Schriftzeichen eingraviert, in die Gravur wird schwarzer Lack gefüllt und schließlich erfolgt die Politur des Spielsteins.

Zwar werden die Schriftzeichen mit keinem Samuraischwert eingraviert, doch auch die Beschriftung der Spielsteine ist eine Kunst für sich. Die Abbildungen zeigen verschiedene Beschriftungen für den König.

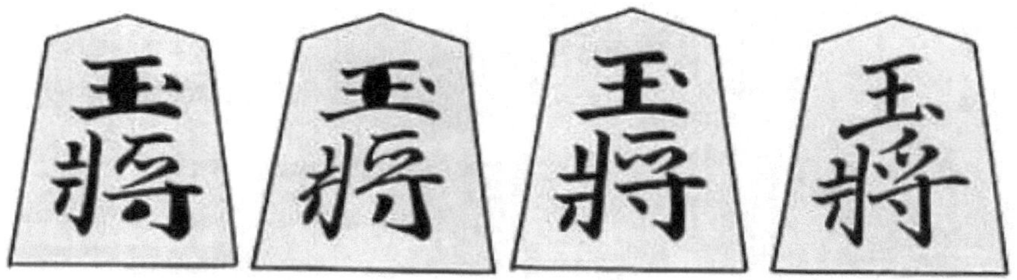

Sieht man Shogibrett und –steine jedoch eher als Gebrauchs- und weniger als Kunstgegenstände, so sind auch industriell gefertigte Exemplare zu vernünftigen Preisen zu erwerben. Einfache Holzbretter und –steine gibt es jeweils ab etwa 30 €.

Mittelspiel

Geht es in der Eröffnungsphase darum, seine Streitkräfte zu entwickeln, Einfluss auf die Mitte des Brettes zu nehmen und den eigenen König in einem sicheren *Gakoi* unterzubringen, so wird das Mittelspiel zunehmend komplexer. Die Streitkräfte beider Spieler kommen miteinander in Berührung, Steine werden abgetauscht, und durch die Möglichkeit, geschlagene Steine des Gegners wieder einzusetzen, versucht man, Einfluss zu gewinnen.

Wem es nachhaltig gelingt, eigene Steine in die Beförderungszone zu bringen ohne die eigene Defensive zu sehr zu schwächen, kann oft einen entscheidenden Vorteil erringen.

Ziel dieses Kapitels ist es, einige Taktiken vorzustellen, die im Mittelspiel die eigene Stellung zu verbessern helfen. Ein kleiner Teil ist auch Schachspielern bekannt, die Mehrzahl jedoch ist shogispezifisch. Ihre Kenntnisse sind für ein erfolgreiches Spiel unerlässlich. Viele Übungsaufgaben vertiefen das Wissen.

Strategische Überlegungen zum Mittelspiel

In der Eröffnungsphase bringen die beiden Spieler ihre Truppen in Stellung. Sie entscheiden sich, welchen Eröffnungstyp sie wählen (Ranging Rook oder Static Rook; siehe dazu auch das Kapitel ‚Gakois und Eröffnungsmotive') und beginnen, ihre Könige aus der Schusslinie des Gegners zu bringen, indem sie mit der Errichtung von *Gakois* beginnen.

Im Mittelspiel versuchen die Spieler nun auf verschiedenen Ebenen Vorteile zu erreichen, die es ihnen im Endspiel ermöglichen, den gegnerischen König mattzusetzen.
Folgende Bereiche sind bei strategischer Betrachtung des Mittelspiels von großer Bedeutung:

- Materialgewinn und günstiger Tausch von Steinen
- Einsetzen und Befördern eigener Steine
- Gebietskontrolle der fünften Reihe
- Initiative
- Optimierung der Wirkungskraft eigener Steine

Materialgewinn und günstiger Tausch von Steinen

Im Mittelspiel kommt es unweigerlich zum Abtausch von Steinen. Ein materielles Übergewicht ist im Shogi zwar nicht so spielentscheidend wie im Schach, bei dem bereits ein Mehrbauer im Endspiel siegbringend sein kann. Jedoch sollte ein unvorteilhafter Tausch von Steinen vermieden werden, bietet dies nämlich dem Gegner häufig die Möglichkeit, durch geschicktes Einsetzen Druck auszuüben und die Initiative zu ergreifen.

Eine grobe Einteilung und Wertung der Steine wurde bereits im Kapitel ‚Was sind die Steine eigentlich wert?' vorgenommen.

Eine rein auf Materialgewinn ausgerichtete Spielführung ist jedoch zu einseitig. Es ist immer zu bedenken, dass auch der Gegner beim Abtausch Steine erhält, die er effektiv einsetzen und dadurch in Vorteil kommen kann, auch wenn er rein materiell gesehen eine negative Bilanz vorweist.
Im Endspiel schließlich kommt es nur darauf an, die Initiative zu haben und so lange zu halten, bis man zum gegnerischen König durchgedrungen und ihn mattgesetzt hat. Man sollte deshalb versuchen, diesem Zweck dienliche Steine zu erhalten. Versucht man unnötigerweise noch Material zu gewinnen, kann es sein, dass man die Initiative verliert und der Gegner mit seinem Mattangriff einem selbst zuvorkommt.

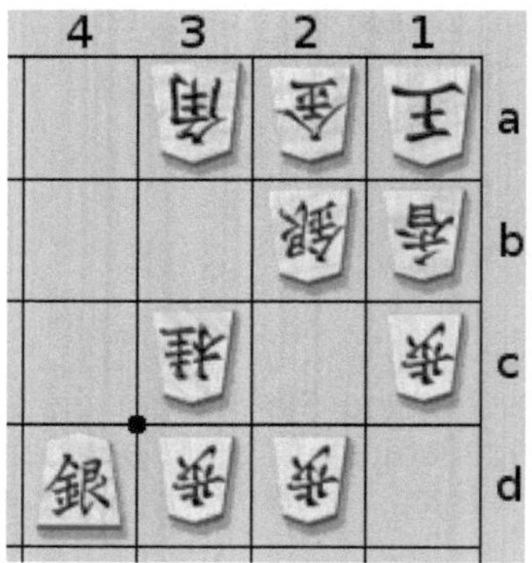

In diesem Beispiel kann Sente mit seinem Silbernen General Gotes Springer auf 3c schlagen. Schlägt Gote mit S2bx3c zurück, gewinnt er zwar die Qualität (da ein Silberner General mehr wert ist als ein Springer), jedoch kann Sente den erbeuteten Springer mit einer schönen Gabel auf 2c einsetzen, wobei König und Läufer angegriffen werden.

Einsetzen und Befördern eigener Steine

Für Schachspieler ist die Möglichkeit, gefangene Steine des Gegners als eigene Truppen einzusetzen, sehr gewöhnungsbedürftig. Hier gilt es, die richtige Balance zwischen dem Einsetzen auf dem Brett und dem Zurückhalten für spätere Aktionen zu wählen. Dieses Gefühl erwirbt man nur durch spielen, spielen, spielen. Das ist nicht die schlechteste Art, etwas zu lernen, oder?
Steine auf der Hand sind für den Gegner immer eine Bedrohung. Aber gerade dieser Aspekt macht Shogi zu einem einzigartigen Strategiespiel.

Es gibt eine Reihe von Sprichwörtern, die gute Anhaltspunkte für den Umgang mit Steinen auf der Hand bieten. Erteilen wir Sensei Miyamoto das Wort:

と金の遅早

Steine auf der Hand sind latente Bedrohungen und gute Verteidiger.

Wenn das Einsetzen eines Steins dir die Initiative bringt und den Gegner zum Reagieren verurteilt, dann setze den Stein ein.

Wenn man im Mittelspiel keine Steine auf der Hand hat, dann ist etwas ziemlich schlecht gelaufen.

Im Endspiel versuche, die Steine auf die Hand zu bekommen und einzusetzen, die den König mattsetzen!

Das Befördern eigener Steine ist fast immer anzuraten. Lediglich beim Silbernen General, beim Springer und bei der Lanze sollte man nachdenken, ob die ursprüngliche Gangart nicht in der konkreten Position besser ist.

Gebietskontrolle der fünften Reihe

Solange es noch keinen umfassenden Tausch von Steinen gegeben hat, ist es ein strategisches Ziel, Raum zu gewinnen und die eigenen Steine günstig zu platzieren. Die Beherrschung von Feldern der fünften Reihe kann den Gegner zwingen, seine Steine nicht optimal zu stellen, so dass man selber Angriffsziele erhält.

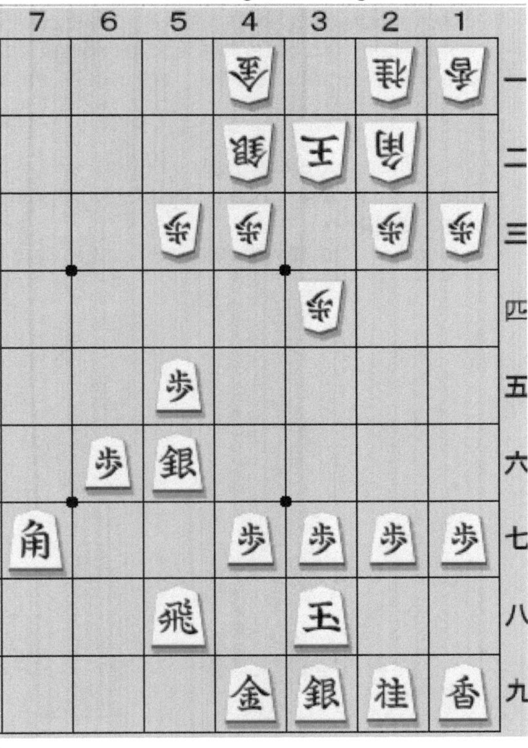

In diesem Beispiel hat *Sente* auf 5e einen Bauern sicher platziert. Dieser Bauer kann man als Vorhut bezeichnen, ist gut gesichert und schränkt die Bewegungsfreiheit von *Gote* ein. Dies ist hier auch seine besondere Stärke. Ohne guten Grund sollte man diesen Bauern nicht abtauschen oder nach vorne treiben.

Mit zunehmendem Abtausch von Steinen und der Möglichkeit, diese überall auf dem Brett einzusetzen, schwindet jedoch die Bedeutung der fünften Reihe.

Initiative

Es ist bereits mehrere Male angedeutet worden, dass Initiative ein wichtiges Mittel ist, ein Spiel zu gewinnen. Die Initiative zu haben, bedeutet, dass man selber agieren, der Gegner jedoch nur reagieren kann.
Dies heißt nun nicht, dass grundsätzlich immer ein Angriffszug gespielt werden muss. Es ist wichtig, die richtige Balance zu finden, um den Gegner unter Druck zu setzen, aber trotzdem die eigene Verteidigungsstellung nicht zu vernachlässigen.
Ein ungestümer Angriff, der zurückgeschlagen wird, bedeutet genau wie im Schach Tempoverlust und damit meist auch Verlust der Initiative.

Im Schach muss der nachziehende Spieler versuchen, den Anzugsvorteil von Weiß auszugleichen, und erst, wenn dieser nicht den stärksten Zug findet, hat er die Möglichkeit die Initiative zu ergreifen. Im Shogi ist es ähnlich, wenn auch nicht so gravierend, da die Truppen weiter voneinander entfernt stehen und die Reichweite der meisten Steine eher gering ist.

Gerade im Endspiel ist die Frage der Initiative jedoch entscheidend für Gewinn oder Verlust der Partie.

Die Wirkungskraft der eigenen Steine verbessern

Jedem Schachspieler ist klar, dass zum Beispiel offene Linien, die der eigene Turm kontrolliert, ein entscheidender Vorteil sein können. Im Gegensatz dazu sind Läufer, die durch eigene Bauern behindert werden, entschieden schwächer als solche auf offenen Diagonalen.

Dieselben Überlegungen treffen auch für das Shogi zu. Die Beherrschung von Feldern verhindert das Einsetzen gegnerischer Steine und ermöglicht das Einsetzen eigener Steine.
Bei jedem Zug sollte man sich die Wirkungsbilanz auf dem Brett vor Augen führen.

Taktische Maßnahmen

Im Folgenden lernen wir einige taktische Mittel kennen, die häufig materiellen Gewinn bringen können oder auch den eigenen Einflussbereich vergrößern.

Gabeln

Dieses taktische Mittel ist für Schachspieler kein Geheimnis. Jedoch muss der Schachspieler sich gerade zu Anfang immer vor Augen halten, dass Steine auch eingesetzt werden dürfen, um nicht von einem Angriff ‚aus heiterem Himmel' überrascht zu werden.

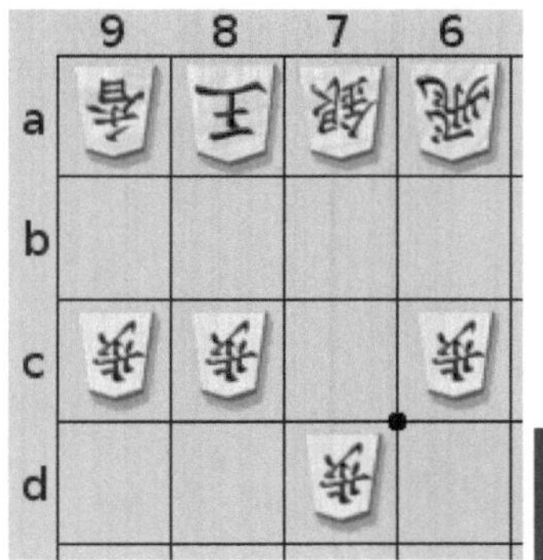

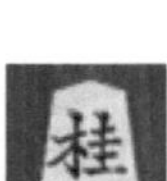

Sente hat einen Springer auf der Hand. Wenn er diesen auf das Feld 7c einsetzt, hat er eine schöne Gabel, denn er bedroht den König und den gegnerischen Turm.

Fesselung

Auch diese Maßnahme ist aus dem Schach bekannt. Ein gefesselter Stein kann nicht wegziehen, da ansonsten der König geschlagen wird oder Qualitätsverlust droht.

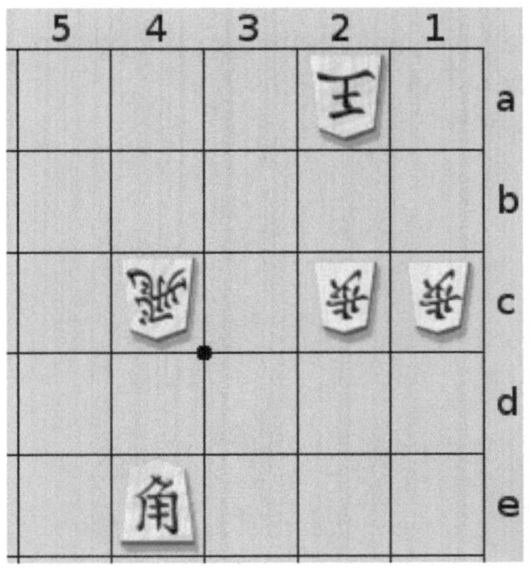

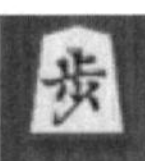

Beispiel:

`1. B4e-5d`
Sentes Läufer fesselt den Turm des Gegners, da dieser den eigenen König abdeckt. Zieht *Gote* nun zum Beispiel
`1. ... K2a-3b`, um den Turm zu schützen, so kann *Sente* mit
`2. P*d4` nachsetzen, indem er einen eigenen Bauern einsetzt und den Turm erneut angreift, der nun im nächsten Zug mit dem Bauern geschlagen werden könnte.

Spieß

Mit dem Motiv der Fesselung eng verwandt ist der Spieß. Hierbei steht jedoch der ‚wertvollere' Stein vor dem Stein mit weniger Wert.

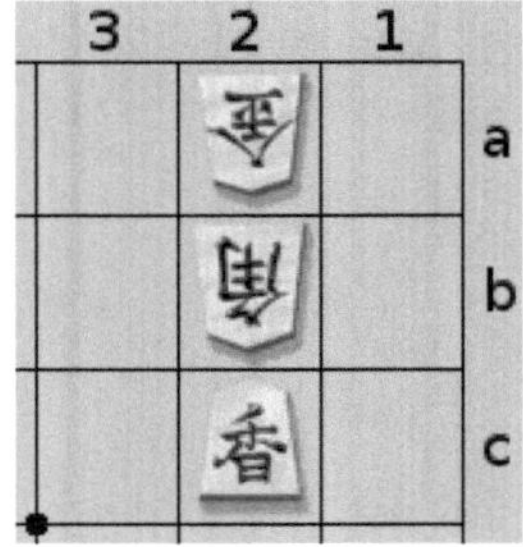

Beispiel:

Sente hat gerade die Lanze auf 2c eingesetzt und greift dadurch den gegnerischen Läufer an. Will *Gote* den Läufer nicht verlieren, so muss er ihn wegziehen, dann kann *Sente* jedoch den Goldenen General schlagen und Material gewinnen.

Vertreiben eines Verteidigers

Wenn ein Stein gefesselt ist, so bedeutet dies noch nicht automatisch einen Materialgewinn. Man kann bei einer Fesselung jedoch versuchen, diese in einen Materialgewinn umzumünzen.

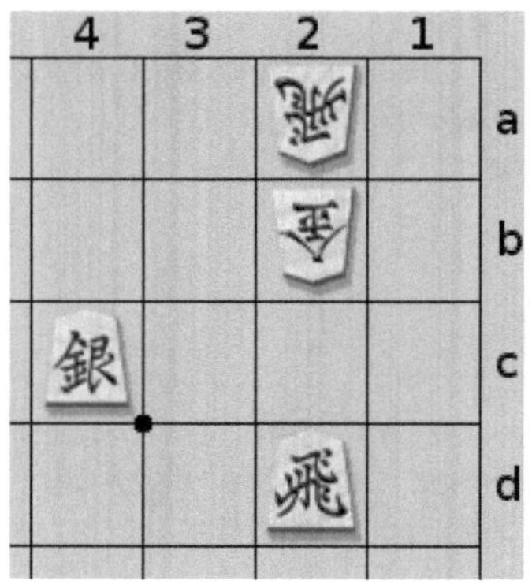

Hier ist *Gotes* Goldener General gefesselt. *Sente* wird ihn nicht mit dem Turm schlagen, da Gotes Turm ihn schützt.
Spielt *Sente* jedoch
`1. S4c-3b=` , so greift er den Turm an. Der Turm wird wegziehen, verteidigt somit nicht mehr den Goldenen General, der im folgenden Zug von Sente mit
`2. R2dx2b+` geschlagen wird.

Abzug

Bei einem Abzug wird der vordere Stein weggezogen und ermöglicht dadurch dem dahinter stehenden langschrittigen Stein (Lanze, Turm oder Läufer) einen Angriff oder eine Bedrohung.

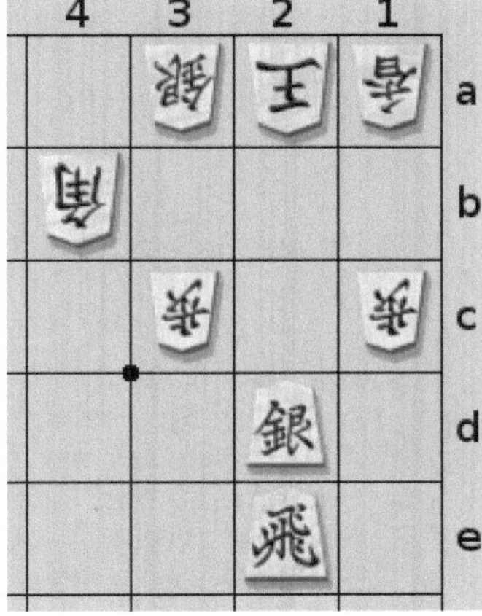

Hier schlägt der Silberne General den Bauern auf 3c und bedroht den gegnerischen Läufer. Gleichzeitig bietet der Turm Schach.

Bei einem Abzug werden in der Regel zwei Drohungen aufgestellt (durch den ‚abziehenden' und durch den dahinter stehenden Stein), die vom Gegner nicht zur gleichen Zeit abgewehrt werden können.

Doppelschach

Eine besonders wirkungsvolle Art des oben genannten Abzug ist das Doppelschach. Dabei wird zugleich mit dem abziehenden und mit dem dahinter stehenden Stein Schach geboten. Der Gegner muss seinen König ziehen, um beiden Drohungen zu begegnen.

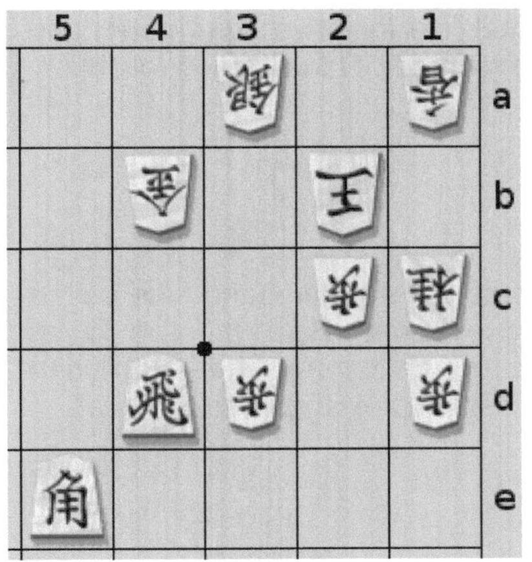

Sente zieht `1. R4dx4b+.`

Der König muss ziehen, er kann auch durch Drops nicht beide Drohungen zugleich abwehren. `1. ... K2b-2a.`

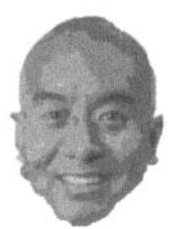
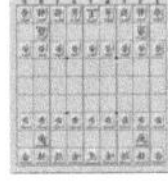

Eine kleine Übung als Auflockerung. In diesem Beispiel kann *Sente* sein Doppelschach noch wirkungsvoll abschließen. Siehst du es?

Genau, `2. B5ex1a+ K2ax1a, 3. G*1b und Matt.`

Der angreifende Bauer

Hält man einen Bauern auf der Hand, so kann dieser zu einer gefährlichen Waffe werden, wenn man ihn direkt vor einen gegnerischen Stein setzt. Der Gegner muss reagieren und entweder zulassen, dass der Bauer im nächsten Zug schlägt, oder den angegriffenen Stein wegziehen oder den Bauern schlagen.

Hier ein Beispiel:

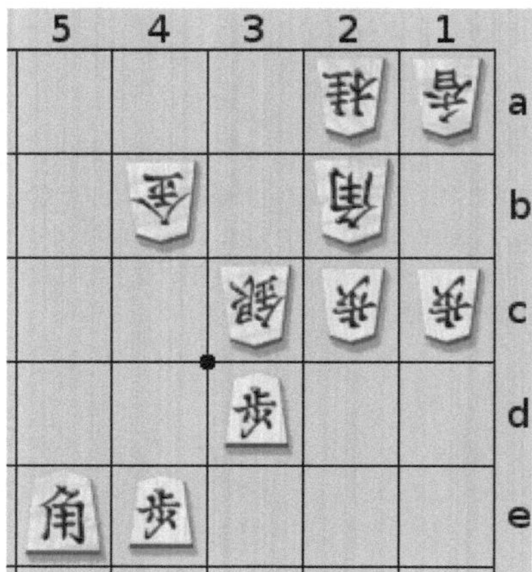

Sente hat gerade den Bauern auf 3d eingesetzt (P*3d).

Der weiße Silberne General ist angegriffen. Wenn er den Bauern schlägt oder seinen Silbernen General wegzieht (zum Beispiel nach 2d), so kann *Sente* mit seinem Läufer den gegnerischen Läufer auf 2b schlagen. Will er dies verhindern, so muss er sich schlagen lassen, oder an anderer Stelle des Brettes Drohungen aufbauen.

Angriff mehrerer Bauern

Ist das Einsetzen eines Bauern schon ein gutes Mittel, die Initiative zu erhalten und Material zu gewinnen, so geben mehrere Bauern auf der Hand die Möglichkeit, Verteidiger des Gegners von wichtigen Positionen wegzulocken oder gar den gegnerischen König aus seiner Festung zu holen.

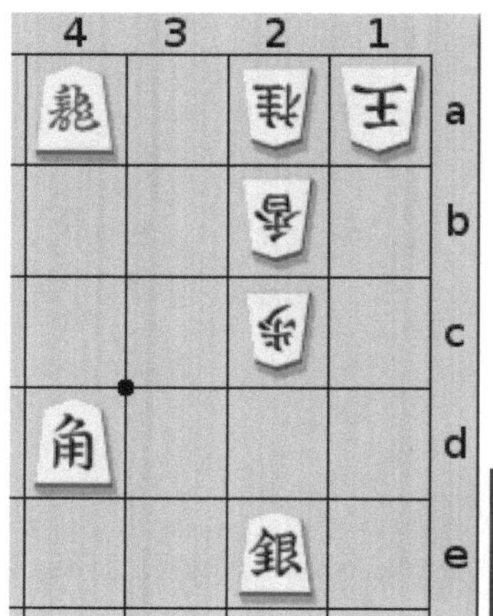

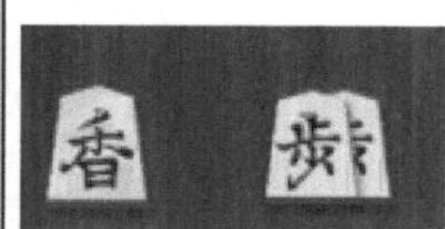

Sente hat auf der Hand eine Lanze sowie zwei Bauern. Die zwei Bauern nutzt er nun, um den weißen König anzugreifen.

```
1. P*1b   K1ax1b
2. P*1c   K1bx1c
3. L*1d   und Matt
```

Achtung: Hätte *Sente* auch mit einem Bauern mattsetzen können (also z.B. `1. L*1b K1ax1b, 2. P*1c K1bx1c, 3. P*1d und Matt`)?

Nein, in so einem Fall hätte *Sente* sofort verloren, da man mit dem Einsetzen (Drop) eines Bauern nicht unmittelbar mattsetzen darf. Ein normaler Bauernzug, der mattsetzt, ist erlaubt.

Hier ein weiteres Beispiel aus dem Mittelspiel.

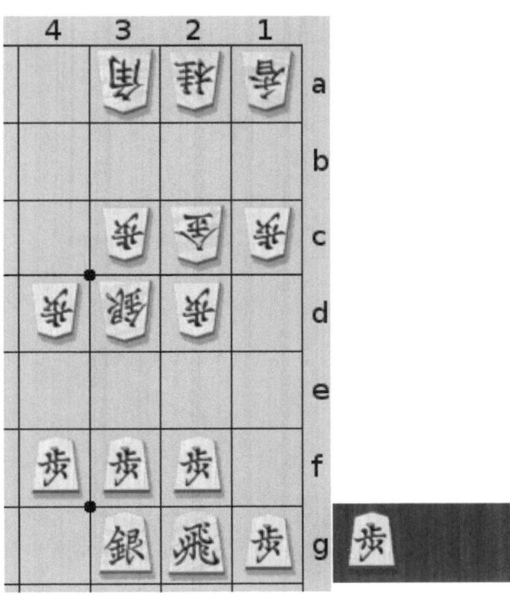

Gote hat gerade seinen Silbernen General von 4c nach 3d gezogen, um seinen Angriff mittels des Bauernzugs nach 4e zu verstärken.

Es folgt:
`1. P3f-3e`

Schlägt *Gote* nun mit `1. ... S3dx3e`, so spielt Sente
`2. P*3f`
und *Gotes* Silberner General hat kein Rückzugsfeld mehr. Gerade bei bei Generälen ist darauf zu achten, dass ihre Rückzugsmöglichkeiten eingeschränkt sind.

Dort einsetzen, wo der Gegner einsetzen möchte

Gerade für Schachspieler ist es ungewohnt, die Möglichkeit des Einsetzens von Steinen in Betracht zu ziehen. Umso wichtiger ist es, sich diese Möglichkeit bewusst vor Augen zu halten. Eine Standardprozedur, wie auf das drohende gegnerische Einsetzen an einem wichtigen Punkt reagiert werden kann, besteht darin, genau diesen Punkt mit einem eigenen Stein zu besetzen. Dieses taktische Mittel kann man sowohl als Angreifer oder auch – wie in folgendem Beispiel – als Verteidiger anwenden.

Aus der Grundstellung heraus werden folgende Züge gespielt:

```
1. P2g-2f      P8c-8d
2. P2f-2e      P8d-8e
3. G6i-7h      G4a-3b
4. P2e-2d      P2cx2d
5. R2hx2d
```

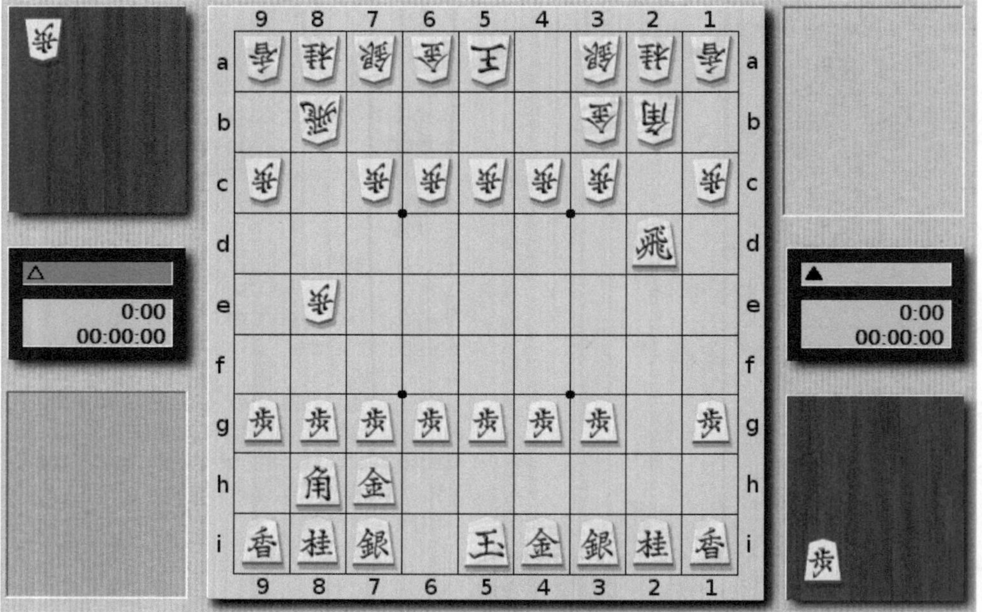

Hier sollte *Gote* den Bauern auf 2c droppen, da er es *Sente* nicht erlauben darf, seinerseits den Bauern im gegnerischen Lager einzusetzen. *Sente* muss seinen Turm zurückziehen.

Prüfen, ob man auf eine Beförderung verzichten sollte

So wie ein Schachspieler seinen Bauern fast reflexartig in eine Dame verwandelt, wenn er die letzte Reihe erreicht hat, so werden im Shogi oft automatisch Steine befördert. Dies ist im Fall von Bauern, Türmen und Läufern auch sinnvoll, da sie ihre ursprüngliche Zugmöglichkeit erweitern. Lanze, Springer und Silberner General ändern jedoch ihre Zugmöglichkeiten, d.h. sie verlieren teilweise ihre alten Fähigkeiten, wenn sie in einen Goldenen General verwandelt werden.

Vor einer Beförderung sollte zumindest geprüft werden, ob die ursprüngliche Gangart des Steins nicht doch beibehalten werden sollte. Die Lanze hätte eine etwas weitere Reichweite, der Silberne General mehr Zugmöglichkeiten nach hinten und der Springer würde seine einzigartige Bewegungsmöglichkeit behalten.

Hier ein Beispiel:

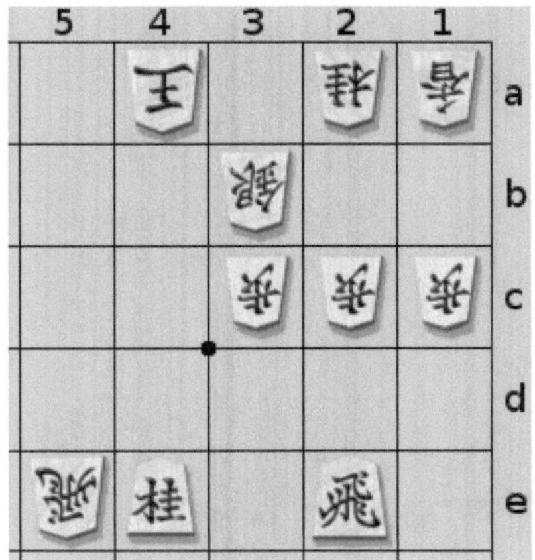

`1. N4ex3c=` (Der Springer schlägt den Bauern auf 3 c und wird nicht befördert!)
Der König steht im Schach und *Gotes* Turm auf 5e kann im nächsten Zug geschlagen werden. Hätte *Sente* seinen Springer befördert, so hätte er kein Schach geboten und *Gote* hätte seinerseits *Sentes* Turm auf 2e schlagen können.

Vertreiben gegnerischer Steine

Bedauerlicherweise hat der Gegner seine Steine manchmal so platziert, dass sie eine große Wirkungskraft entfalten. In solchen Fällen sollte man sich vor Augen halten, wo die Schwachpunkte dieser Steine sind. Das bedeutet, man muss durch geschickten Einsatz eigener Steine die Steine des Gegners auf ungünstige Felder zwingen. So verbessert man die eigene Stellung und behält die Initiative, die einen wichtigen Punkt bei unseren strategischen Überlegungen darstellt.

Typische Schwachpunkte der Steine sind:

- das Feld vor dem Läufer

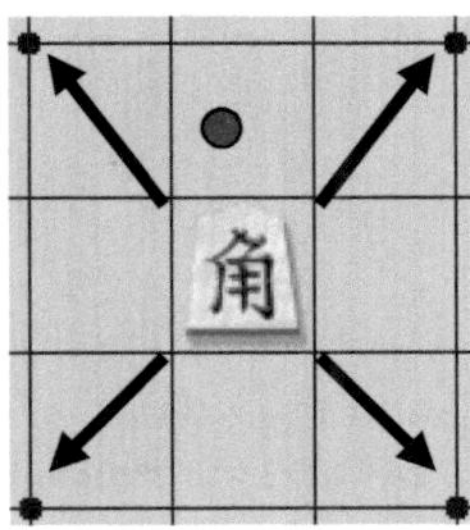

- die diagonalen Felder vor und hinter dem Turm

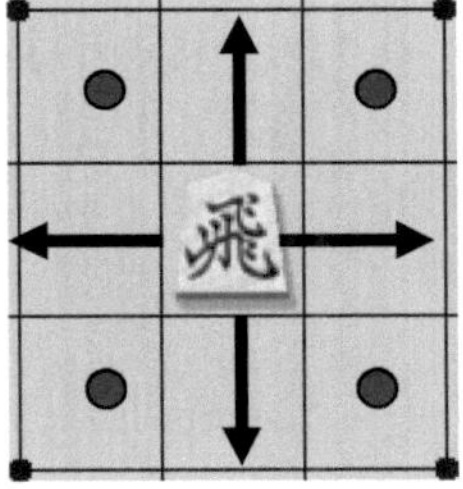

- die Felder diagonal hinter dem Goldenen General

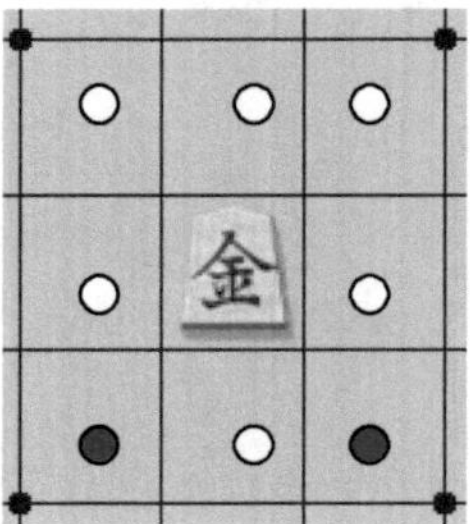

- die Felder neben und das Feld hinter dem Silbernen General

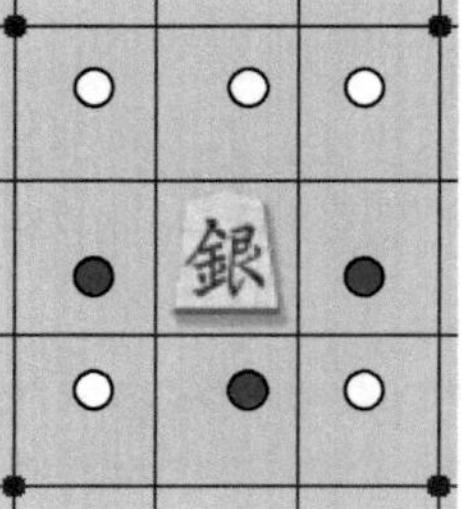

- das Feld vor dem Springer

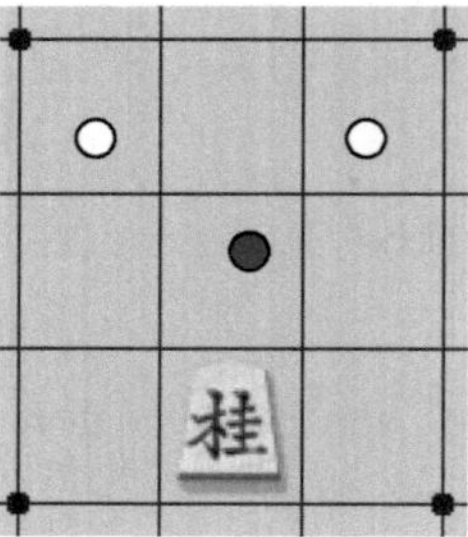

Wie kann man diese schwachen Felder ausnutzen? Beispielsweise zwingt ein Drop eines Bauern vor einen Läufer oder Springer bzw. ein Drop eines Silbernen Generals diagonal zu einem Turm den Gegner, den eigenen Stein wegzuziehen oder im nächsten Zug die Qualität zu verlieren.

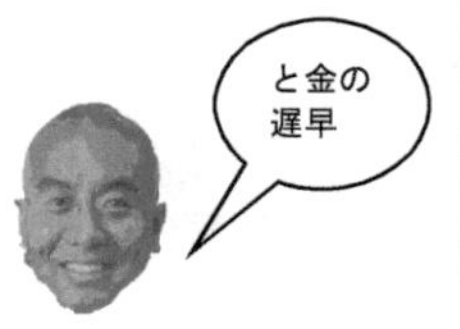

Hier noch ein paar Weisheiten von deinem Sensei …

Angriff ist die beste Verteidigung!
Ohne anzugreifen kannst du nicht gewinnen!
Greife mit Turm, Läufer, Silbernem General und Springer an!

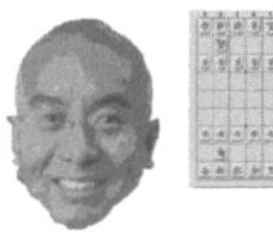 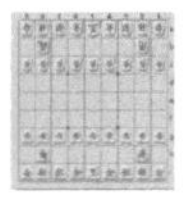

Übungsaufgaben von Sensei Miyamoto

Die folgenden Aufgaben trainieren die in diesem Kapitel gezeigten Taktiken. Finde den besten Zug bzw. die beste Zugfolge!

Aufgabe 1

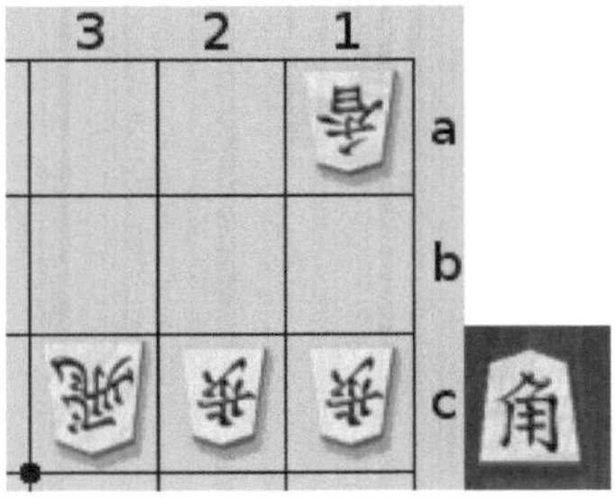

Aufgabe 2

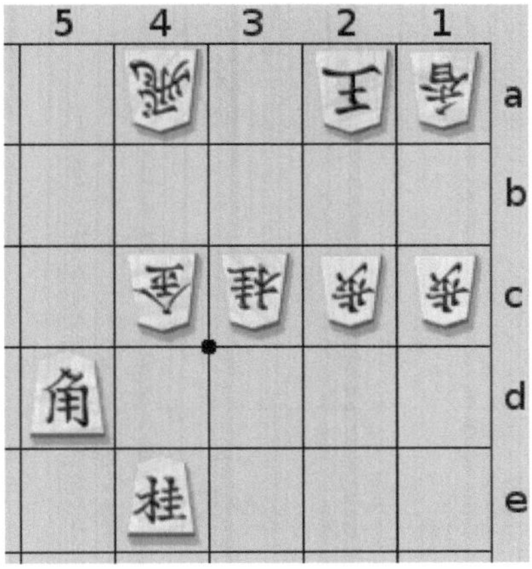

Aufgabe 3

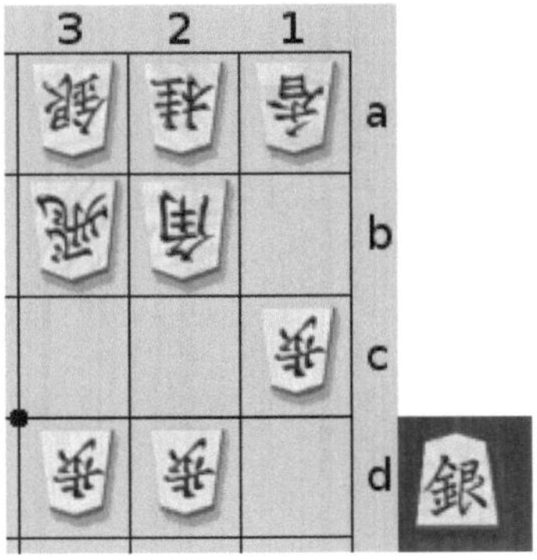

Aufgabe 4

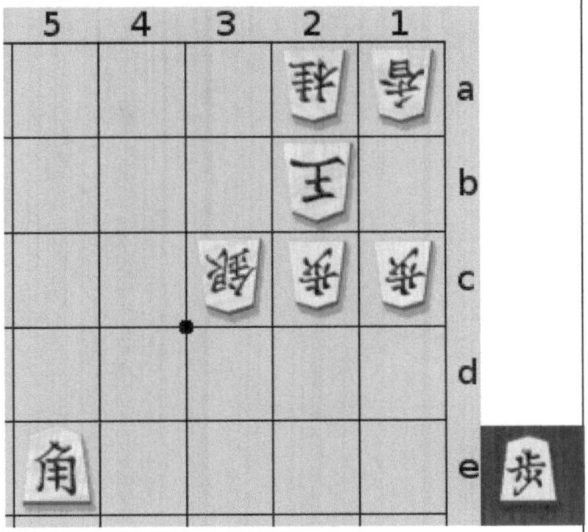

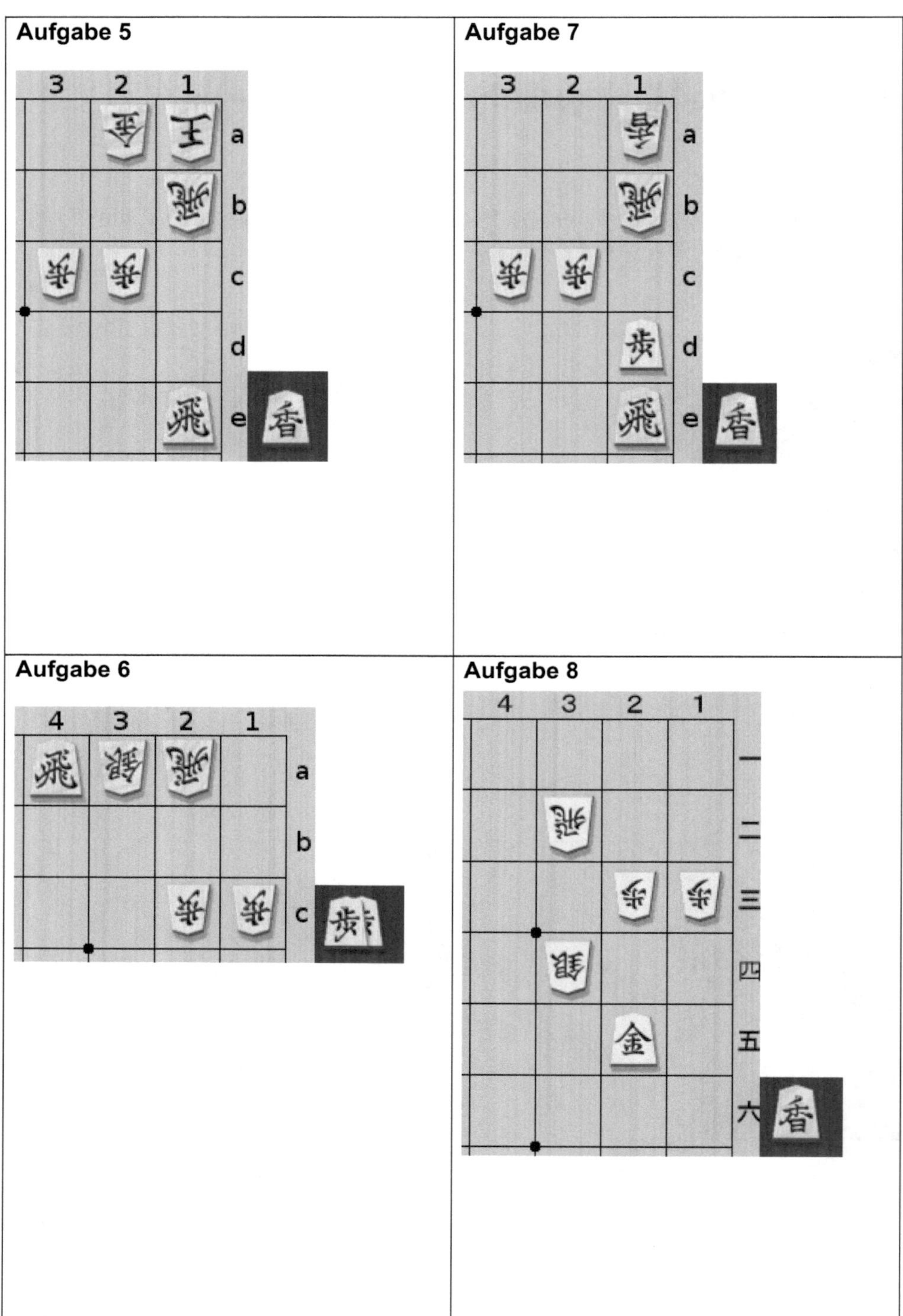
Aufgabe 5
Aufgabe 7
Aufgabe 6
Aufgabe 8

Aufgabe 9

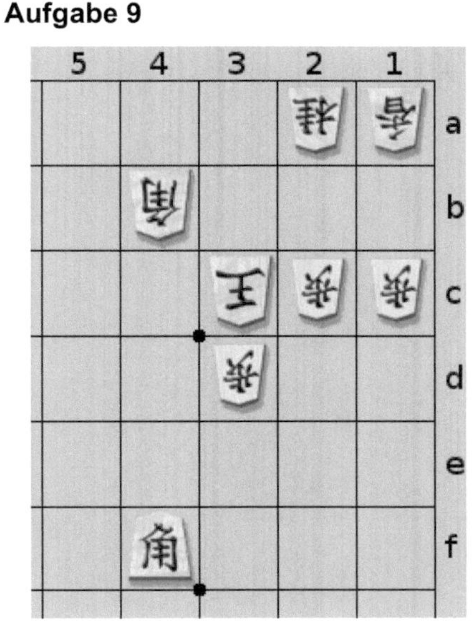

Aufgabe 10

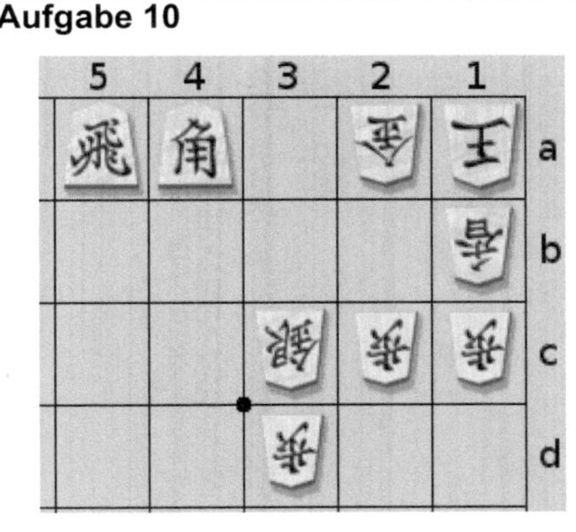

Aufgabe 11

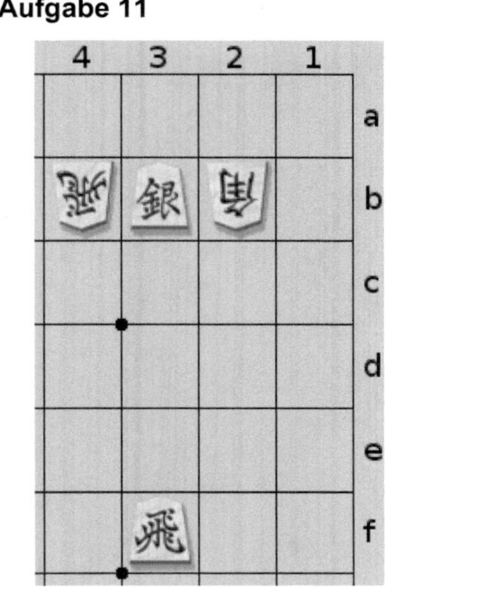

Aufgabe 12

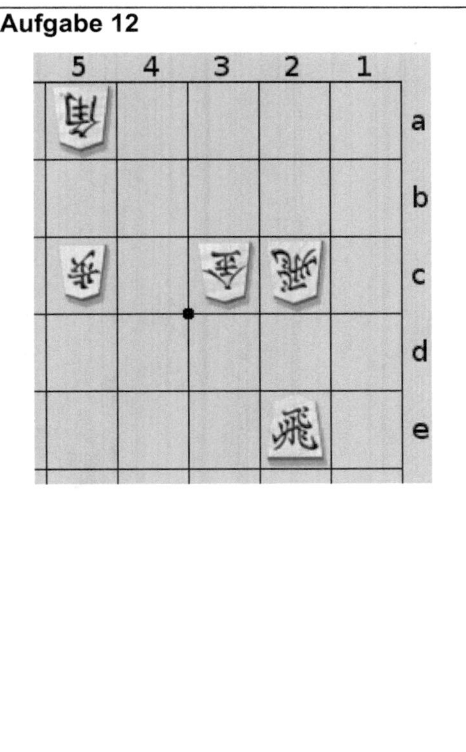

Aufgabe 13

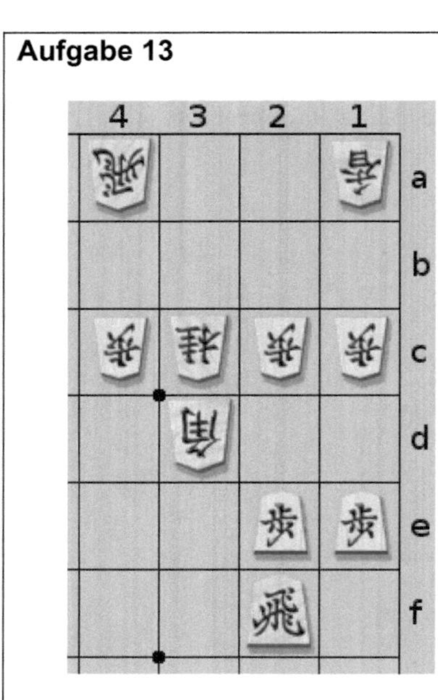

Aufgabe 15

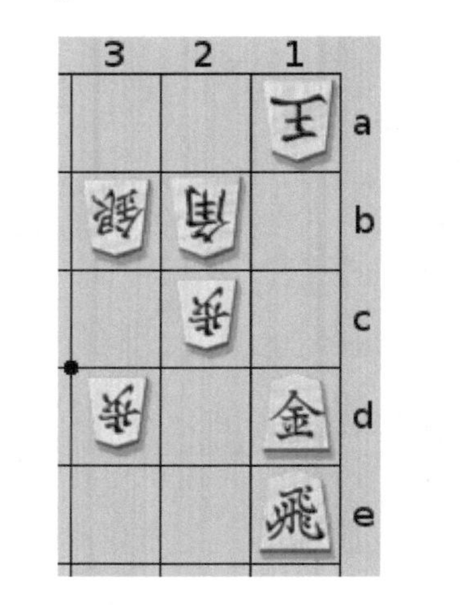

Aufgabe 14

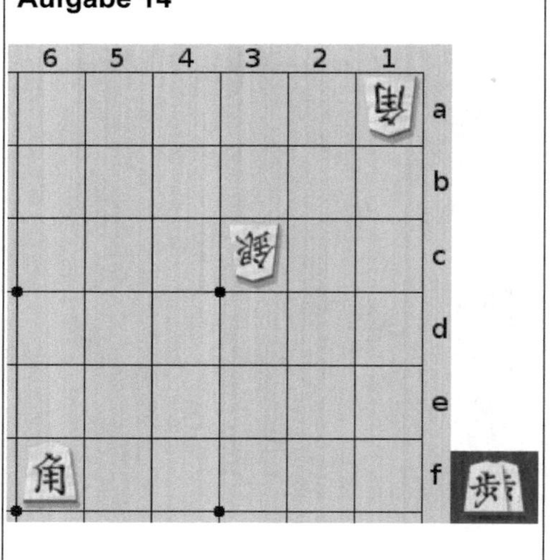

Aufgabe 16

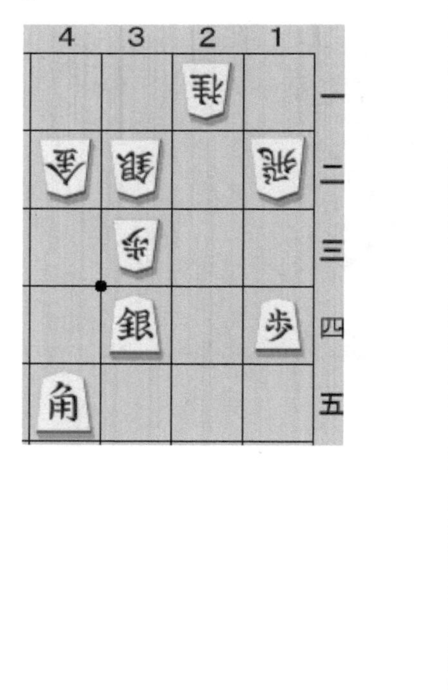

Aufgabe 17

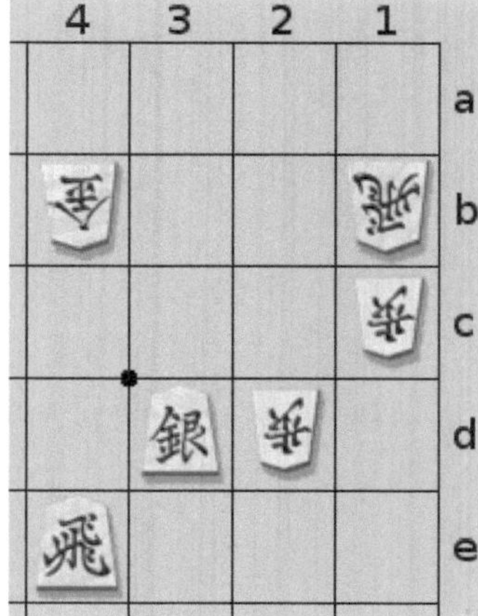

Aufgabe 18

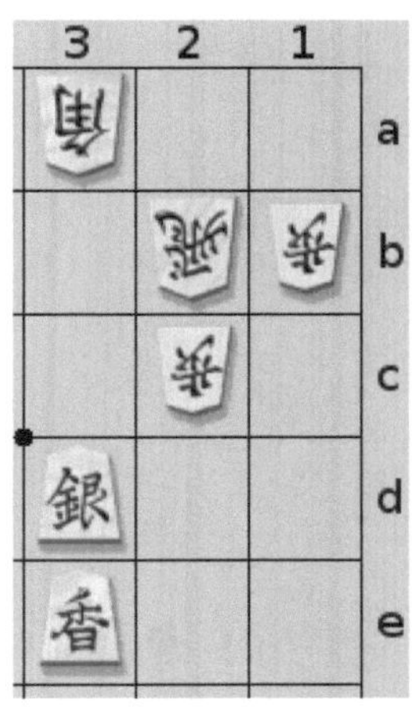

Aufgabe 19

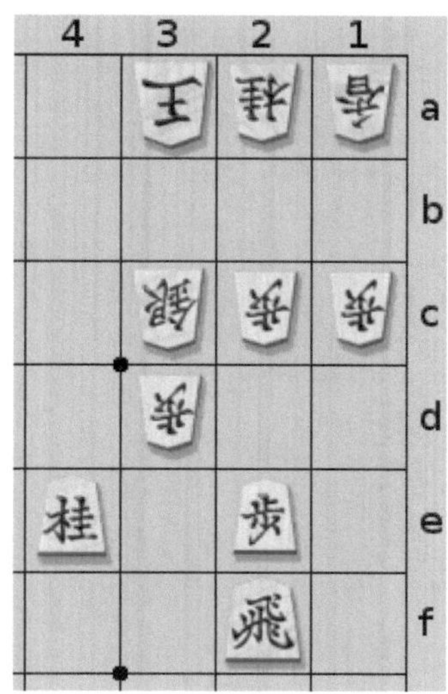

Aufgabe 20

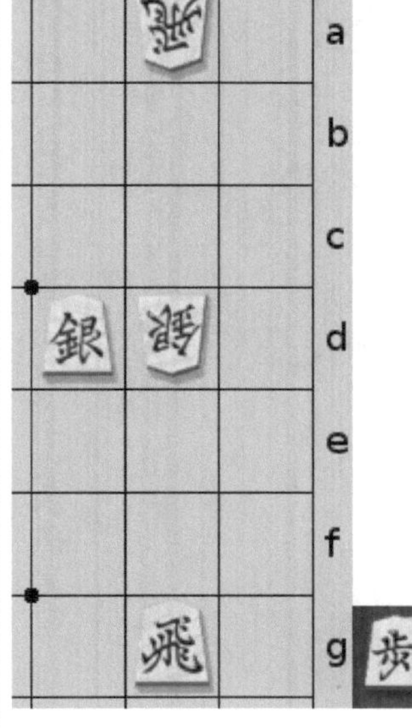

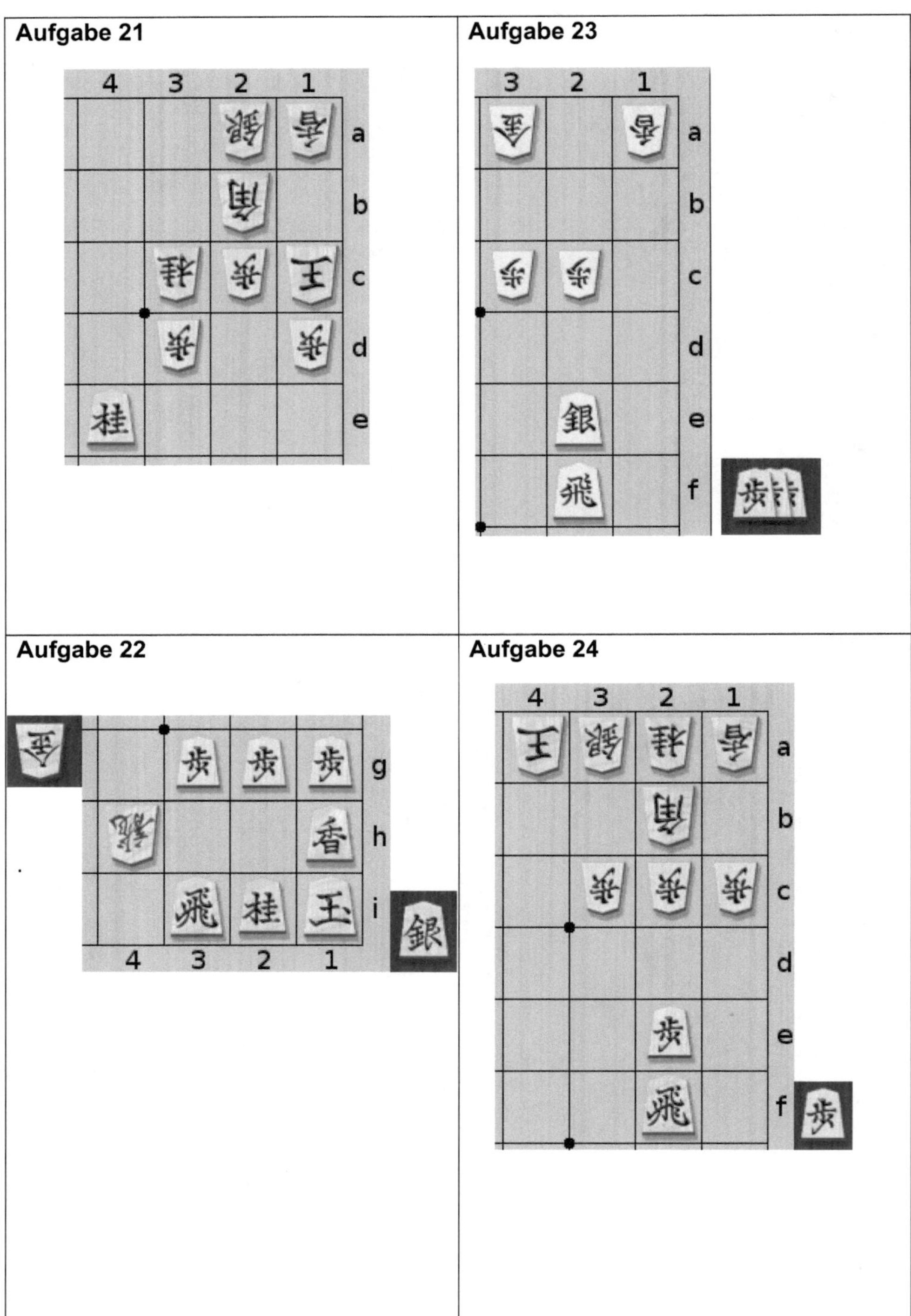
Aufgabe 21
Aufgabe 23
Aufgabe 22
Aufgabe 24

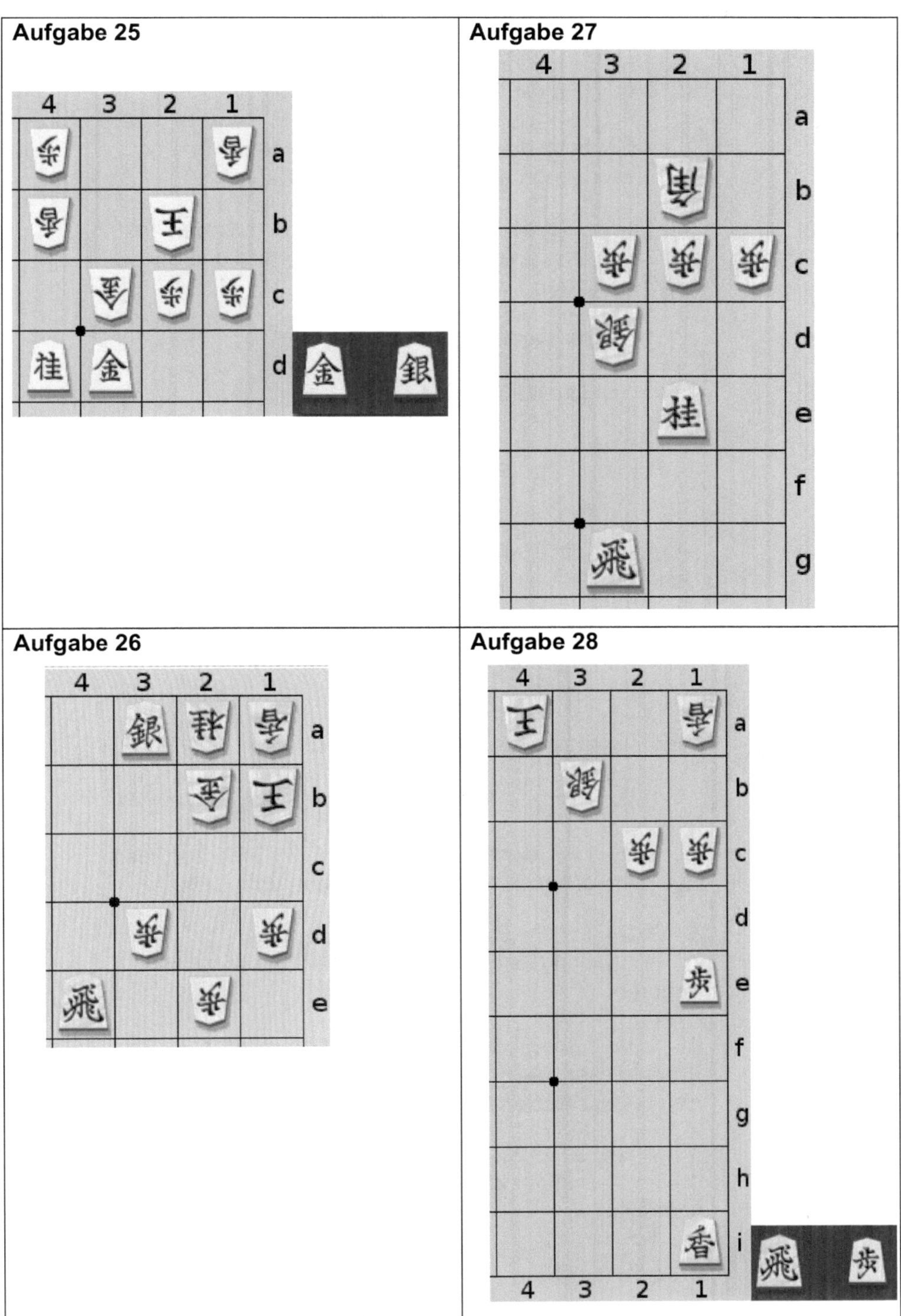
Aufgabe 25
Aufgabe 27
Aufgabe 26
Aufgabe 28

Lösungen

Aufgabe 1: 1. B*2b und die Gabel gewinnt Material.

Aufgabe 2: 1. S*2c nutzt die schwachen Felder von Läufer und Turm sehr schön aus.

Aufgabe 3: 1. N4ex3c= , da der Springer hier nicht befördert wird, hat *Sente* eine schöne Gabel, bietet Schach und bedroht gleichzeitig den Turm.

Aufgabe 4: 1. P*3d mit Qualitätsgewinn

Aufgabe 5: L*1c mit Qualitätsgewinn

Aufgabe 6:
1. P*2b R2a-1a
2. P*1b R1ax1b
3. R4ax3a+

Aufgabe 7: 1. L*1c, der Turm muss weichen,
dann folgt 2. L2cx1a+

Aufgabe 8: 1. L*3f , Fesselung und Doppelangriff auf *Gotes* Silbernen General

Aufgabe 9: 1. B4f-5e
Wenn *Gotes* König z.B. nach 3b zieht, folgt 2. B5ex1a+

Aufgabe 10: 1. B4a-3b+ , ein Abzug mit undeckbarem Matt auf 2a

Aufgabe 11: 1. S3b-3a= , der Silberne General wird nicht befördert und es folgt ein Doppelangriff auf Turm und Läufer.

Aufgabe 12: 1. R2ex2c G3cx2c
2. R*2a und Goldener General oder Läufer gehen verloren.

Aufgabe 13: 1. R2f-3f greift den ungeschützten Läufer an.
Wenn dieser wegzieht, so schlägt *Sente* mit 2. R3fx3c+ den ungeschützten Springer.

Aufgabe 14: 1. P*1b B1a-2b
2. P*2c und der Läufer muss die Diagonale verlassen.
Nun folgt
3. B5ex3c+

Aufgabe 15: 1. G1dx2c , *Gote* muss auf das Abzugsschach reagieren, z.B. mit
1. ... K1a-2a
2. R1e-1b+ K2a-3a
3. +R1bx2b und so weiter.

Aufgabe 16: 1. S3dx3c+ , ein Abzug auf den ungedeckten Turm von *Gote*. Wird dieser weggezogen, so folgt
2. +S3cx4b.
Falls *Sentes* Silberner General von *Gote* geschlagen wird, so schlägt der Läufer den Turm (2. B4ex1b+)

Aufgabe 17: 1. S3d-2c+ R1b-1a
2. R4ex4b+

Aufgabe 18: 1. S3dx2c+ , bei diesem Abzug kann *Gote* nur eine Drohung beantworten, z.B.
1. ... R2bx2c
2. L3ex3a+

Aufgabe 19: *Sente* möchte auf der zweiten Linie durchbrechen, jedoch wird noch das Feld 2d ausreichend verteidigt.
1. N4ex3c+ N2ax3c , ein Verteidiger ist eliminiert.
2. P2e-2d und *Sente* hat gute Chancen, seinen Plan zu verwirklichen, z.B. 2. ... P2cx2d, 3.R2fx2d

Aufgabe 20: 1. P*2b R2ax2b
2. P*2c R2bx2c verliert den Turm nach 3. S3dx2c+
Verlässt *Gotes* Turm die zweite Linie, so folgt 3.R2gx2d.

Hier verbinden sich die Motive, mit mehreren Bauern anzugreifen und den gegnerischen Verteidiger zu vertreiben.

Aufgabe 21: 1. N4ex3c B2bx3c
2. N*2e, die klassische Springergabel

Aufgabe 22: *Gote* droht G*2h und Matt.
Deshalb spielt *Sente* selber 1. S*2h und verhindert damit, selber matt gesetzt zu werden.

Aufgabe 23: 1. P*1b L1ax1b
2. P*1c L1bx1c
3. P*1d L1cx1d
4. S2ex1d und *Sente* kann auf der zweiten Linie mit der Unterstützung von Turm und Silbernem General durchbrechen.

Eine Alternative ist, sofort `1. S2e-1d` oder `1. S2e-3d` zu spielen. Wird der Silberne General geschlagen, so folgt sofort `2. R2fx2c+`.
Der Silberne General wird hier geopfert, um auf der 2. Linie durchzubrechen.

Aufgabe 24:

`1. P2e-2d P2cx2d`
`2. P*2c` und *Gotes* Läufer geht verloren.
Auf den Versuch, den Bauern auf 2c mit `1. ... S3a-3b` zu schützen, antwortet *Sente* mit `2. P2dx2c+ S3bx2c,` `3. R2fx2c+`.
Mit `1. ... P3c-3d` kann *Gote* versuchen, seinem Läufer einen Fluchtweg zu öffnen. *Sente* setzt dann einfach mit `2. P2dx2c+` fort.

Aufgabe 25:

`1. G*3b`
Falls er versucht, sich mit `1. ... K2b-1b` zu fliehen, so folgt `S*2a` und Matt.
`1. ...      G3cx3b`
`2. N4dx3b+ K2bx3b`
`3. S*3c     K3b-2a`
`4. G*2b` und Matt.

Aufgabe 26:

`1. R4e-4b+` fesselt den Goldenen General, der im nächsten Zug mit `2. +R4bx2b` genommen werden kann. Auch ein Fluchtversuch des Königs mit `1. ... K1b-1c` oder `K1b-2c` scheitert an `2. +R4bx2b` und Matt.
Der Zug `1. S3ax2b+ K1bx2b, 2. R4e-4b+ K2b-2c` lässt *Gotes* König entwischen.

Aufgabe 27:

`1. N2ex3c+` , der Bauer, der den Silbernen General verteidigt, wird geschlagen.
`1. ... B2bx3c`
`2. R3fx3d`

Aufgabe 28:

`1. P1e-1d P1cx1d`
`2. P*1b L1ax1b`
`3. R*1a` mit Schach und zugleich Angriff auf die Lanze.

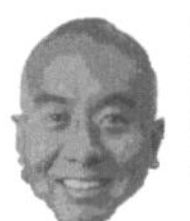
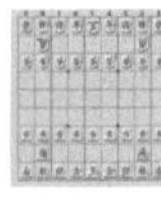

Trainingstipps von Sensei Miyamoto

Das nötige Rüstzeug für die ersten Partien solltest du jetzt haben. Sicherlich hast du auch schon Testpartien gespielt. Nun kannst du das Spiel gegen Gegner im Internet wagen. Die bekanntesten Server werden im Kapitel ‚Shogispielen im Internet' vorgestellt. Wähle keine zu kurzen Bedenkzeiten! In der Anfangsphase brauchst du noch etwas Zeit, um dir einen Überblick zu verschaffen.

Vielleicht werden die ersten Partien verloren gehen. Kein Grund, das Shogispielen aufzugeben! Analysiere deine Partien und suche nach dem entscheidenden Fehler. Lerne aus deinen schwachen Zügen! Zur Analyse deiner Partien ist das Kapitel ‚Training mit Shogidokoro und BCM Games' hilfreich.

Konzentration

Die japanischen Profis spielen ihre Titelkämpfe mit bis zu neun Stunden Bedenkzeit pro Spieler und sind in der Lage, gerade in der letzten Phase der Partie, die häufig mit nur noch einer Minute pro Zug (sog. *Byoyomi*) gespielt wird, ihre Konzentration auf die verwickelten taktischen Varianten des Spiels zu fokussieren.
Ein extrem hohes Maß an Konzentrationsfähigkeit ist essentiell für einen Könner des Spiels.
Aber auch wir kleinen Shogi-Lichter können nur davon profitieren, wenn es uns gelingt, unsere Aufmerksamkeit während der Partie auf das Spiel gerichtet zu halten. In diesem Kapitel werden einige Anregungen gegeben, die eigene Konzentrationsfähigkeit zu steigern. Nützlich ist dies nicht nur für das Shogispielen, sondern in jeder Lebenssituation.

Was ist Konzentration?
Unter Konzentration versteht man die Fähigkeit, eine längere Zeit die Aufmerksamkeit auf eine Tätigkeit gerichtet zu halten. Dabei kann diese Tätigkeit sowohl eine körperliche als auch eine geistige Tätigkeit sein.

Eine Vielzahl von Faktoren beeinflusst unsere Konzentrationsfähigkeit, von denen wir glücklicherweise einige beeinflussen können.

Generell sind ausreichend Schlaf und genügend Flüssigkeitszufuhr wichtig. Traubenzucker als ‚Gehirnnahrung' und eine ausreichende Versorgung mit Vitamin B (Gemüse, Fisch etc.) sind weitere Bestandteile einer konzentrationsfördernden Ernährung. Koffein wirkt ebenfalls anregend, seine Wirkung hält jedoch nicht lange an.

Konzentrationsfähigkeit kann man jedoch auch trainieren. Hierzu sollen beispielhaft einige Übungen angerissen werden.

Meditation

Bei der Meditation fokussiert man seinen Geist auf einen bestimmten Punkt. Sobald die Gedanken abschweifen – was sie zu Anfang unweigerlich und beharrlich tun werden – werden sie zurück zum Meditationsobjekt geholt. Auf diese Art und Weise, gelingt es, die eigene Konzentrationsfähigkeit zu trainieren und den eigenen Gedankenfluss zu kontrollieren, ohne von ihm überschwemmt zu werden.

Hier folgt nun eine einfache Übung:
Setzen Sie sich bequem hin. Sie können sich auf einen Stuhl setzen oder im Schneidersitz, halben oder vollen Lotussitz auf einem Kissen Platz nehmen. Die Hauptsache ist, dass Sie eine Sitzposition wählen, die Sie mindestens zehn Minuten beibehalten können.
Atmen Sie nun ein paar Mal tief ein und aus. Beginnen Sie dann, jedes Ein- und Ausatmen zu zählen, bis Sie bei zehn angekommen sind. Versuchen Sie sich nur auf das Ein- und Ausatmen zu konzentrieren. Wahrscheinlich werden Ihnen andere Gedanken durch den Kopf schießen, noch ehe Sie bei drei angekommen sind. Lassen Sie diese Gedanken vorbeiziehen und richten Sie Ihre Aufmerksamkeit behutsam wieder auf Ihren Atem.
Beginnen Sie bei dieser Übung mit ein paar Minuten und steigern Sie langsam die Zeit, die Sie für diese einfache Meditationsübung aufwenden.

Fingerübung

Folgende Übung trainiert beide Gehirnhälften und ist relativ ungefährlich

Bilden Sie mit der linken Hand ein „Victory"-V, d.h. strecken Sie Zeige- und Mittelfinger und winkeln Sie die restlichen Finger an. Mit der rechten Hand formen Sie mit Daumen und Zeigefinger ein „O". Die restlichen Finger strecken Sie. Nun wechseln Sie. Rechts bilden Sie das „V" und links das „O". Wechseln Sie erneut und versuchen Sie die Geschwindigkeit zu erhöhen, ohne durcheinander zu kommen.

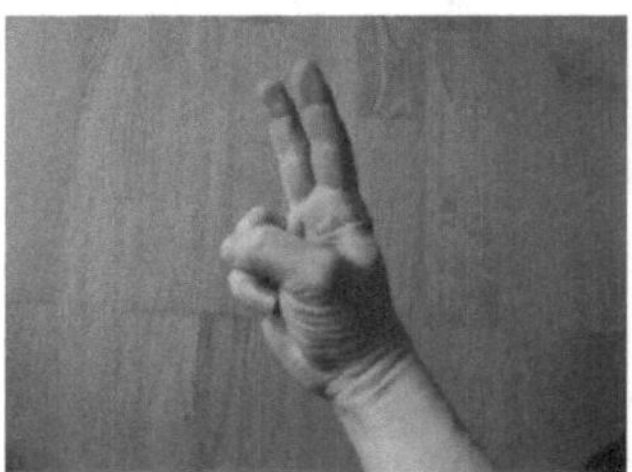

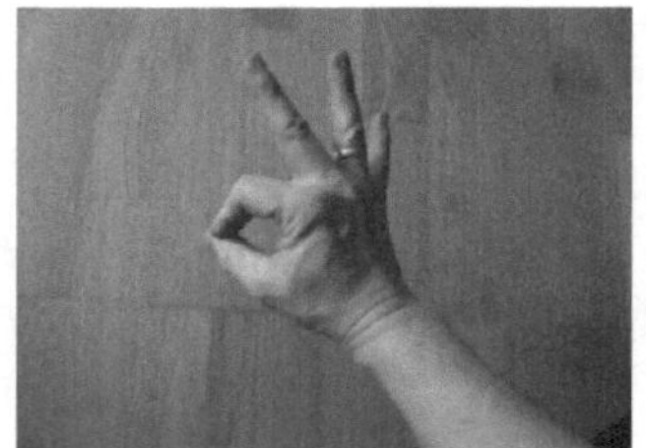

Sollte diese Übung einen Knoten in Ihr Gehirn geknüpft haben, so bestellen Sie Band 2 unserer Shogireihe, in der wir die Auflösung skizzieren.

Yoga
Folgende Yogaübungen sorgt nicht nur für eine bessere Durchblutung des Gehirns, sondern soll zudem noch eine verjüngende Wirkung haben. Es handelt sich dabei um Viparita-Karani, die halbe Kerzenhaltung. Legen Sie sich auf den Rücken und heben Sie die gestreckten Beine bis sich das Gesäß vom Boden hebt. Stützen Sie Ihr Gesäß oder Ihre Hüften mit den Händen ab. Achten Sie darauf, dass der Nacken nicht belastet wird. Bleiben Sie in dieser Haltung so lange es Ihnen angenehm ist.

Achtung: mit Zerrungen und Verstauchungen ist es schwieriger, sich zu konzentrieren. Aus diesem Grund rate ich Ihnen, bei Interesse sich an einen ausgebildeten Lehrer für Yoga zu wenden.

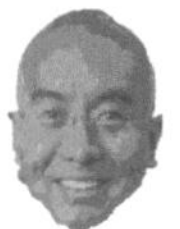

Sensei Miyamoto rät

Spiele regelmäßig Shogi und dein Geist bleibt jung!

Symbolische Diagramme

In diesem Kapitel möchte ich die Darstellung der Diagramme etwas vereinfachen. Diese übersichtliche Darstellung findet sich auch in japanischen Shogibüchern und ist für uns, die wir nun schon ein wenig mit den japanischen Beschriftungen vertraut sind, kein Problem.

Zum Vergleich folgt hier die Startstellung im Vergleich:

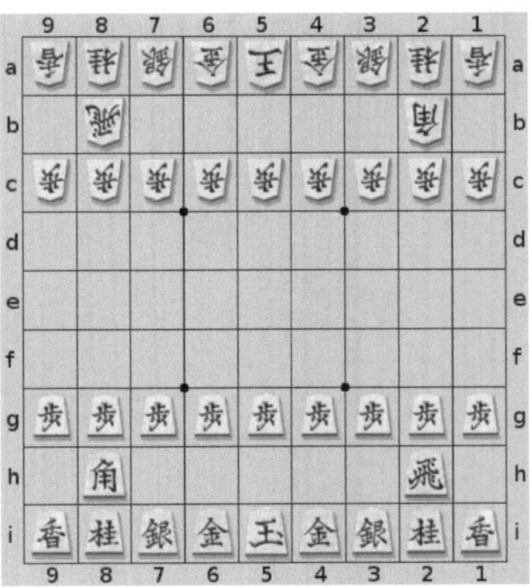

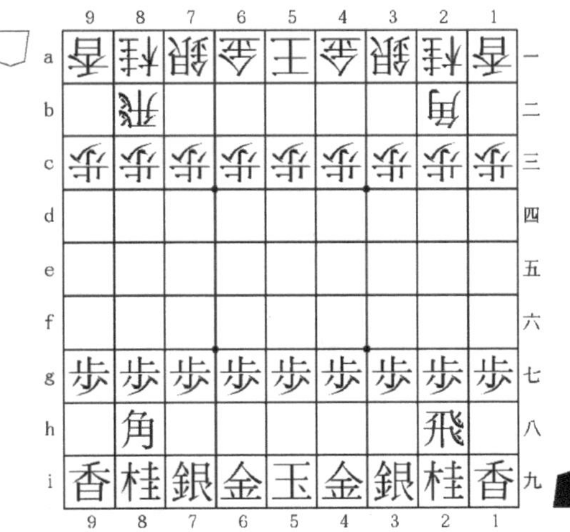

In der folgenden Tabelle sind die bisher bekannten und die vereinfachten Bezeichnungen der Steine gegenübergestellt.

Stein	Bisherige Darstellung	Standarddarstellung
König	玉	玉
Turm	飛	飛
Läufer	角	角
Goldener General	金	金
Silberner General	銀	銀
Springer	桂	桂
Lanze	香	香
Bauer	歩	歩
Drache	龍	竜
Pferd		馬
Beförderter Silberner General		全
Beförderter Springer		圭
Beförderte Lanze		杏
Tokin	と	と

Das Endspiel

Das Endspiel ist der ultimative Höhepunkt des Spiels. Ist im Schach das Endspiel oftmals dadurch gekennzeichnet, dass das Brett relativ leer ist, der König gerade bei Bauernendspielen zur entscheidenden Figur wird und es darum geht, minimale Vorteile in einen Sieg umzumünzen, so brennt beim Shogi das Brett.
Die starren Verteidigungslinien wurden bereits im Mittelspiel aufgebrochen, es bestehen Möglichkeiten zum Einsetzen im gegnerischen Lager und zur Beförderung von Steinen.
Der entscheidende Faktor ist Tempo. Die Initiative zu verlieren kann den Verlust der Partie bedeuten. Das Endspiel bietet Gelegenheit zu fantastischen Opfern und Mattkombinationen. Auch Profipartien enden nicht selten erst, wenn ein Matt unausweichlich ist.

In diesem Kapitel werfen wir auch einen Blick auf die japanische Profiszene und lernen einen der Superstars, Habu Yoshiharu, kennen.

Endspiel und Mattkombinationen

Sie erhalten in diesem Kapitel grundlegende Hinweise und Tipps zum Endspiel. Der Großteil besteht aus so genannten Tsumes, also Mattproblemen, die den Blick für Situationen schärfen sollen, in denen man mit dem richtigen Material auf der Hand, den gegnerischen König mattsetzen kann.

Geben wir an dieser Stelle jedoch Sensei Miyamoto das Wort:

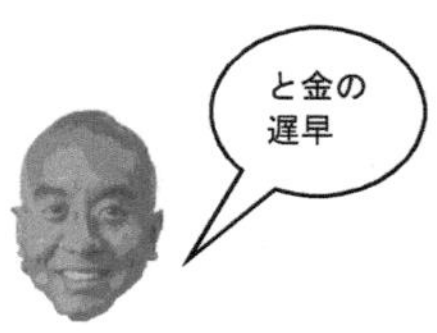

„Halte einen Goldenen General bis zum Schluss auf der Hand!“

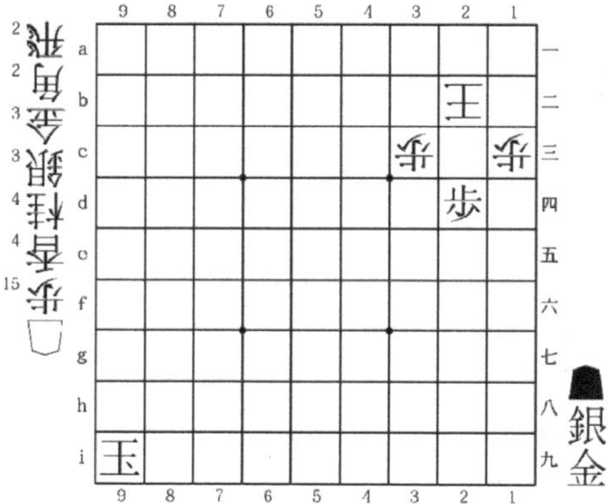

Lösung:
```
1. S*2c          K2b-3a
2. G*3b und Matt
```

Auch das Einsetzen des Goldenen Generals im ersten Zug treibt den König an den Rand, wird jedoch danach der Silberne General eingesetzt, so hat der König noch ein Fluchtfeld auf 4b.

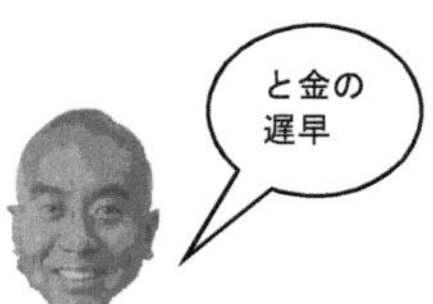

„Opfern! Der Schlüssel zum Matt!“

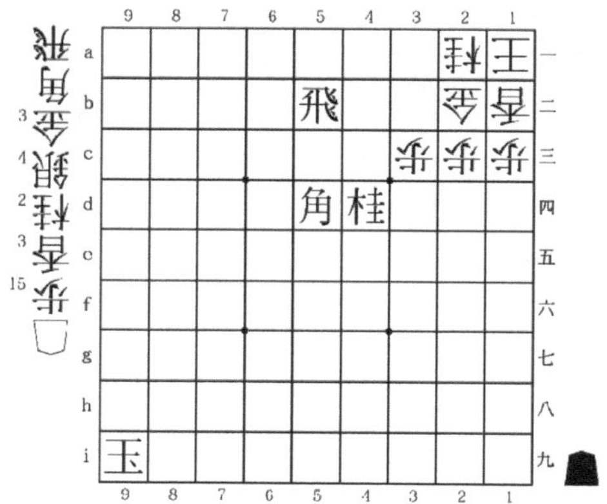

Lösung:

```
1. R5bx2b+      K1ax2b
2. G*3b         K2b-1a
3. G3bx2a und Matt
oder
2. B5d-3b+      K2b-1a
3. G*2b und Matt
```

Der Turm opfert sich gegen den Goldenen General und schwächt dadurch die Verteidigung *Gotes*. Außerdem erhält *Sente* dadurch einen wichtigen Stein zum Einsetzen.
Im Endspiel geschieht es häufig, dass der Angreifer eigene Steine opfert oder abtauscht, um die gegnerische Königsstellung entscheidend zu schwächen.

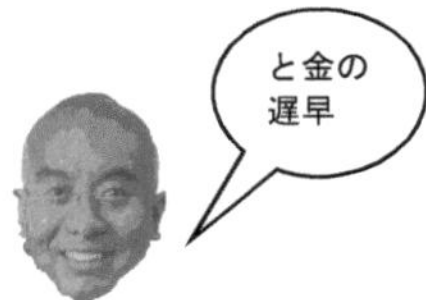

„Der richtige Angriff mit vereinten Bauern beginnt mit Bauern auf der Hand."

Bauern auf der Hand sind wichtig für Angriff und Verteidigung. Im folgenden Beispiel werden sie eingesetzt, um den gegnerischen König hervorzulocken.

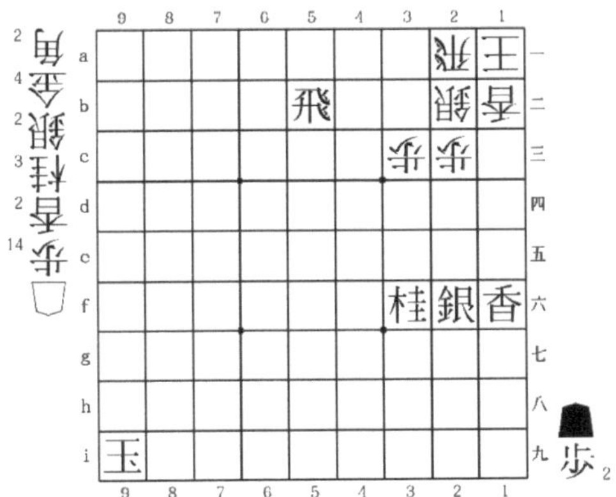

Lösung:

```
1. L1fx1b+      K1ax1b
2. P*1c         K1bx1c
3. P*1d         K1cx1d
4. L*1e und Matt
(Falls 3. … K1c-1b, dann 4. L*1c und Matt.)
```

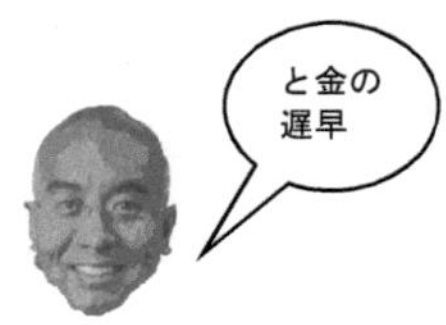

„Im Endspiel ist Tempo wichtiger als Material."

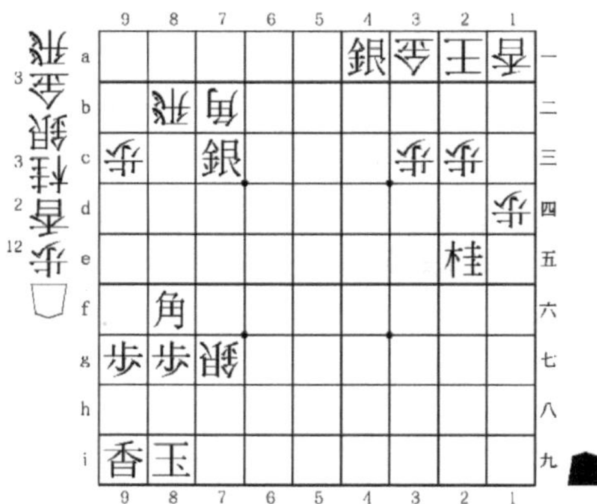

Hier kann *Sente* mit dem Silbernen General auf 7c *Gotes* Turm oder Läufer schlagen, um einen starken Stein für seinen Angriff zu gewinnen. Doch halt! Wenn *Sente* schlägt, so erhält *Gote* die Initiative und er hat nun einen sehr guten Zug. Sehen Sie ihn?

Richtig: `1. ... G*8h und Matt`

Sente muss also entweder seine Verteidigung stärken oder seinen Angriff fortführen, auch wenn er auf Materialgewinn verzichtet.
Wenn *Sente* 1. B8fx3a+ spielt, so folgt entweder
`1. ... K2ax3a, 2. G*3b Matt` oder
`1. ... K2a-1b, 2. G*1c Matt.`

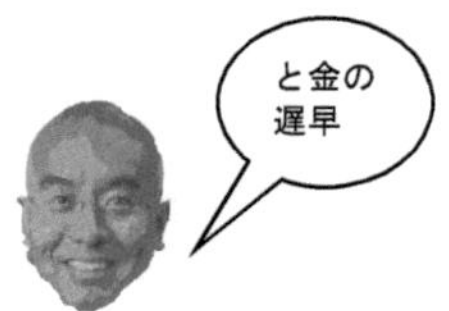

„Treibe den König für ein leichtes Matt an den Rand!"

Der König ist zwar langsam, aber sehr beweglich. Mitten auf dem Brett kann er auf neun Felder ziehen, am Rand sind es nur noch fünf und von einem Eckfeld aus hat er nur noch drei potentielle Zugmöglichkeiten. Genau wie im Schach ist es auch im Shogi wesentlich einfacher, den König auf den Randfeldern mattzusetzen als in der Mitte.
Hier ein Beispiel:

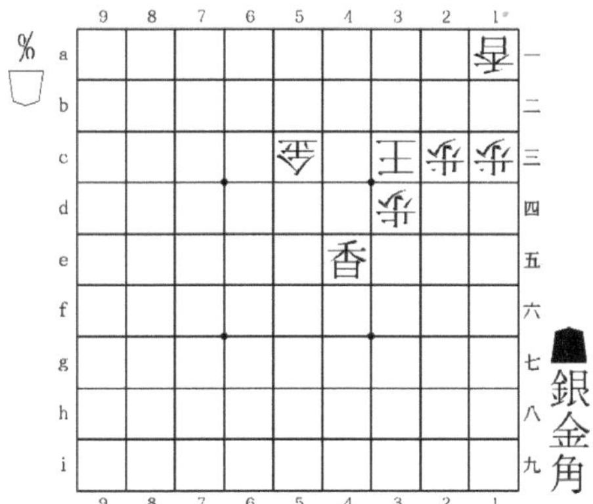

1. S*4b ist eine schöne Gabel, ermöglicht *Gotes* König jedoch die Flucht nach 2d. Besser ist 1. B*5a oder B*4b und dann

```
1. ... K3c-3b
2. S*3c K3b-3a oder K3b-2a
3. G*2b Matt
```

oder

```
1. ... K3c-2b
2. S*3c K2b-2a oder K2b-1b
3. G*2b Matt
```

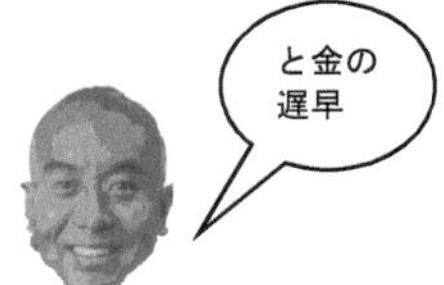

„Ein Mattnetz mit vier Steinen wird immer Beute machen."

Dieser Rat ist eigentlich eine Aufforderung, nach einem Matt zu suchen, wenn der gegnerische König bereits von mehreren eigenen Steinen eingekreist ist und ihm Fluchtmöglichkeiten genommen sind.
Und die beste Art und Weise, seinen Blick für solche Möglichkeiten zu schärfen, ist Übung.

Damit wollen wir auch sofort beginnen.
Hier sind also Tsumes unterschiedlichen Schwierigkeitsgrads. Ihre Aufgabe ist es, als *Sente* in der angegebenen Anzahl von Zügen mattzusetzen. Denken Sie daran, dass Ihr Gegner alle Steine, die Sie nicht besitzen, einsetzen darf.

Übungsaufgaben von Sensei Miyamoto

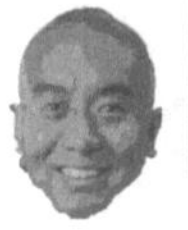 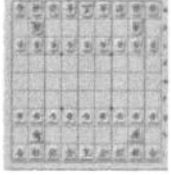

Setze bei den folgenden beiden Aufgaben im nächsten Zug Matt!

Aufgabe 1

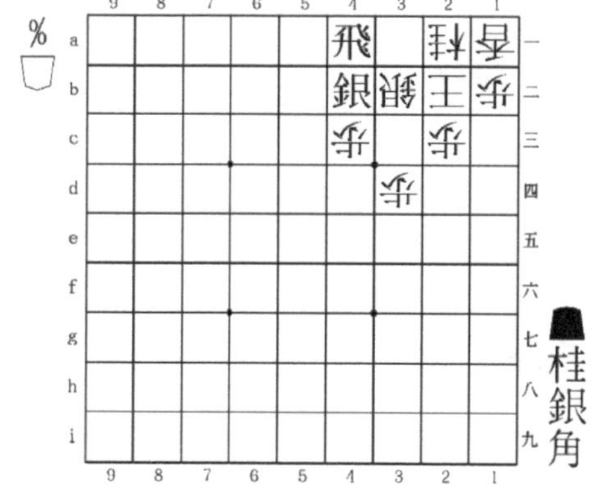

Aufgabe 2

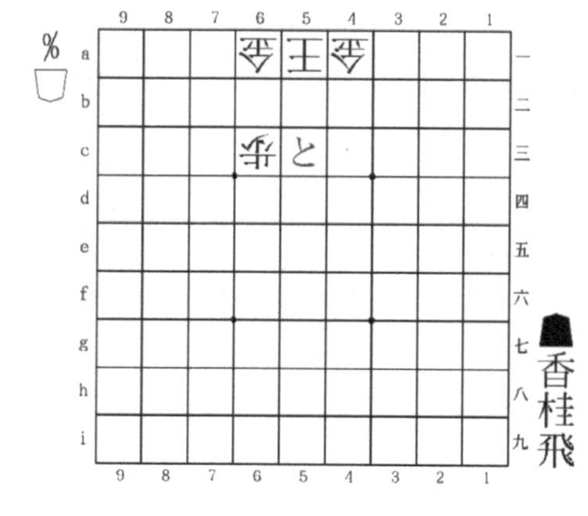

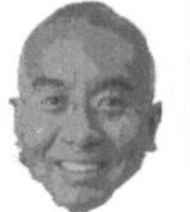 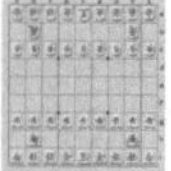

Bei den nächsten Aufgaben musst du das Matt im dritten Zug finden. Das bedeutet: Sente zieht, Gote antwortet und dann setzt Sente matt.

3 Züge

Aufgabe 3

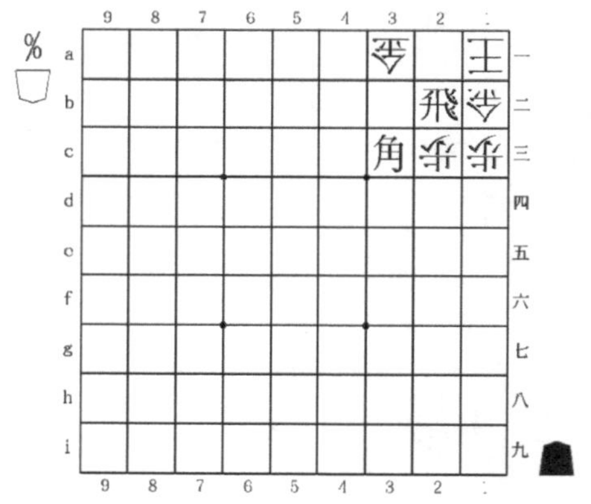

Aufgabe 4

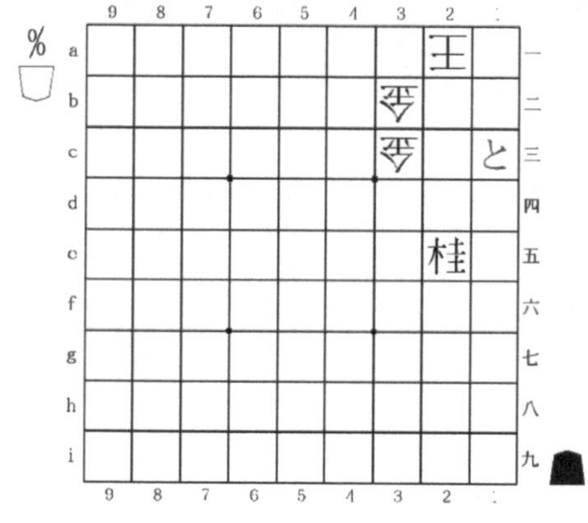

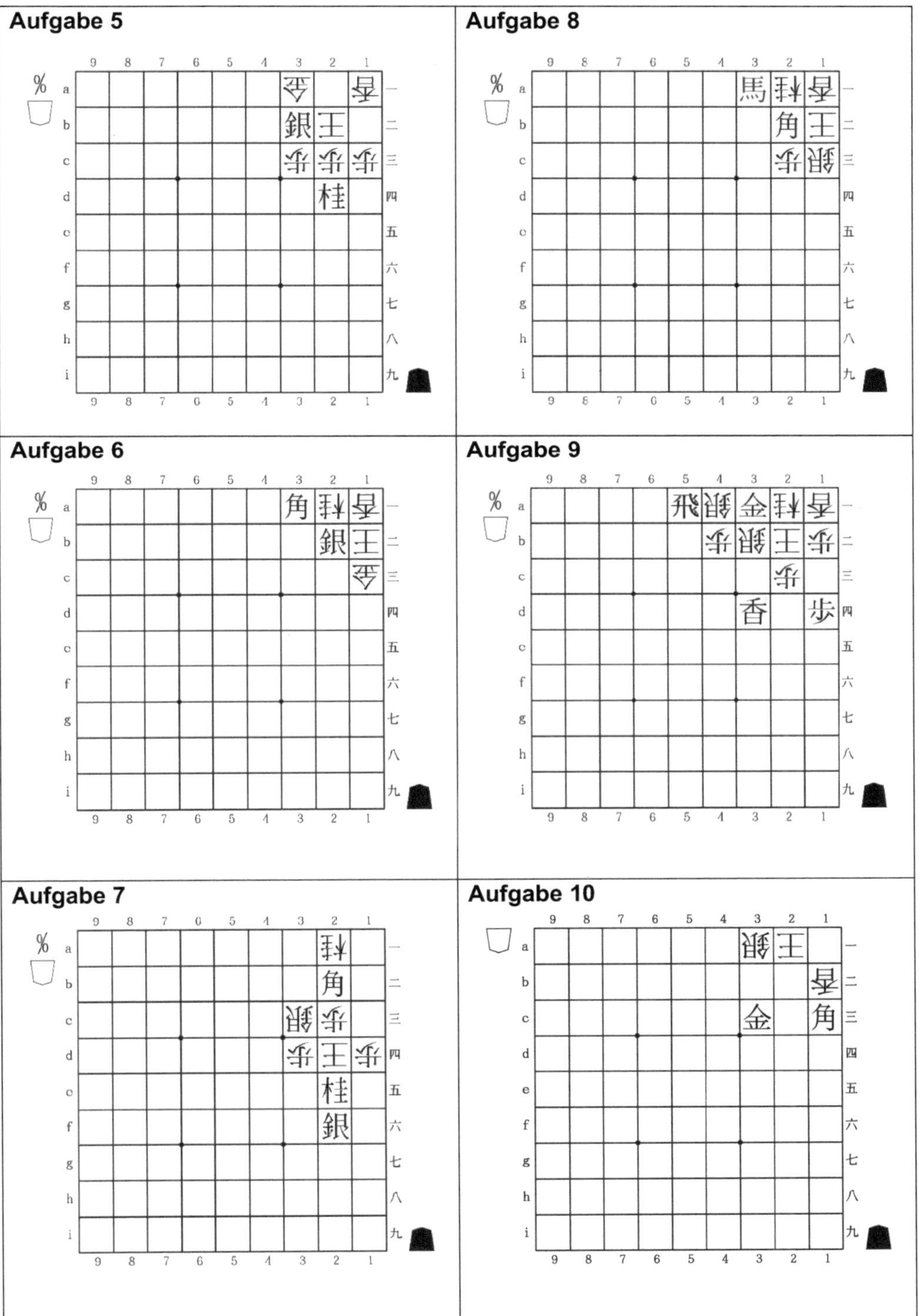
Aufgabe 5
Aufgabe 8
Aufgabe 6
Aufgabe 9
Aufgabe 7
Aufgabe 10

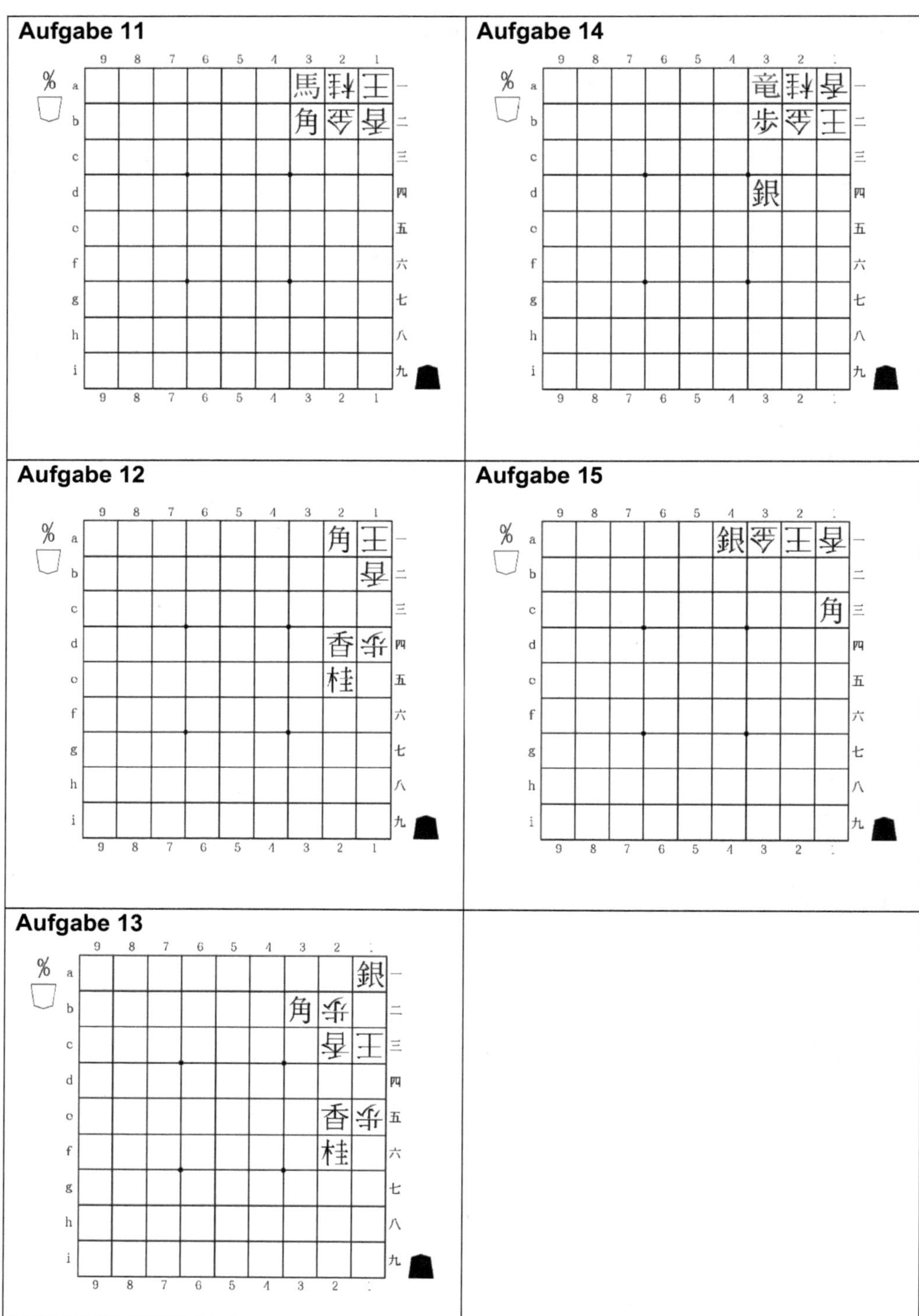
Aufgabe 11
Aufgabe 14
Aufgabe 12
Aufgabe 15
Aufgabe 13

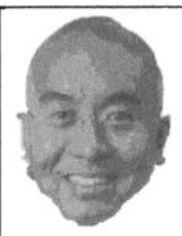
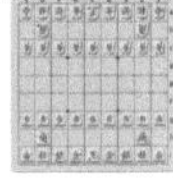

Finde nun das Matt in fünf Zügen!

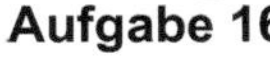

5 Züge

Aufgabe 16

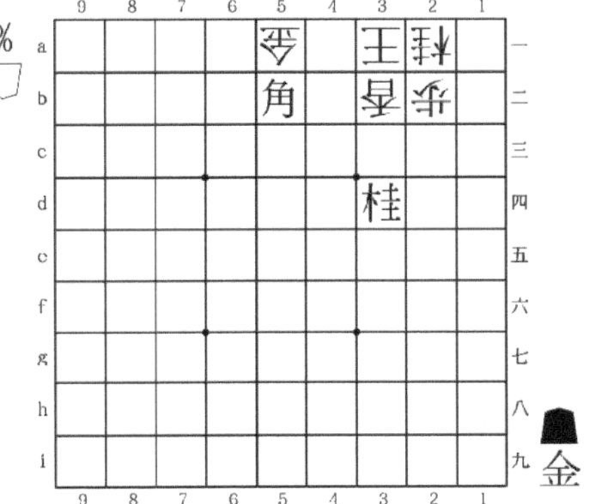

Bei den nächsten Problemen wird das Matt in sieben Zügen gesucht! Viel Erfolg!

7 Züge

Aufgabe 18

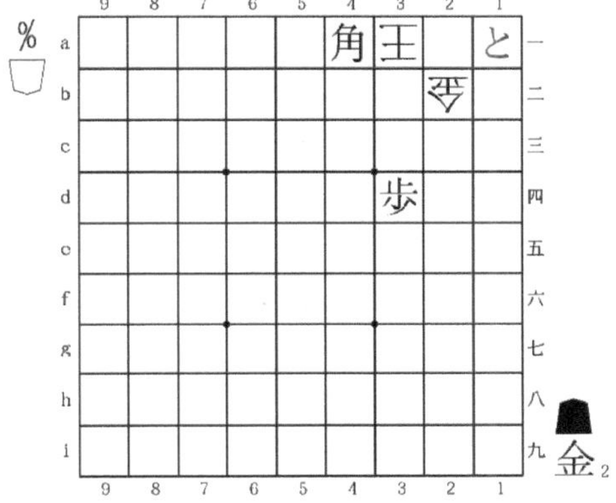

Aufgabe 17

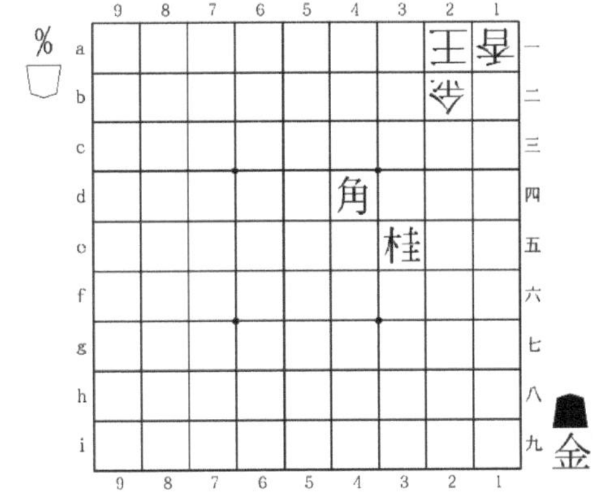

Aufgabe 19

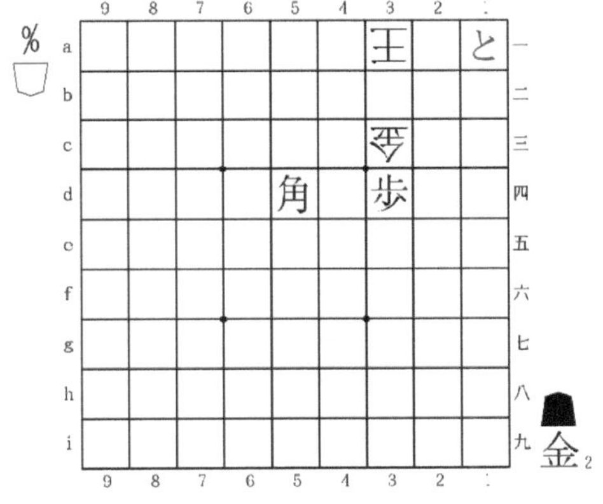

Aufgabe 20

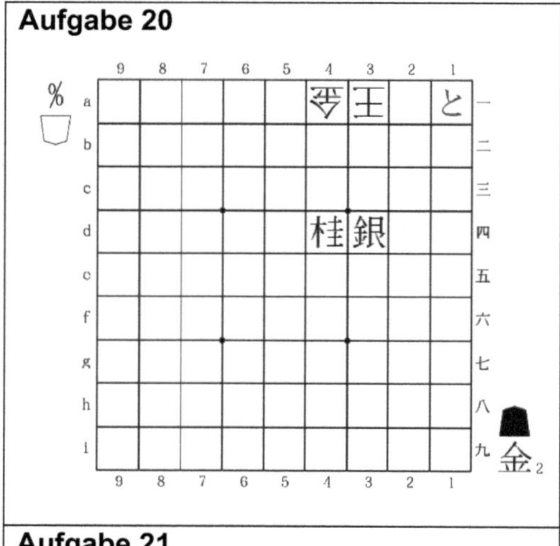

Aufgabe 23

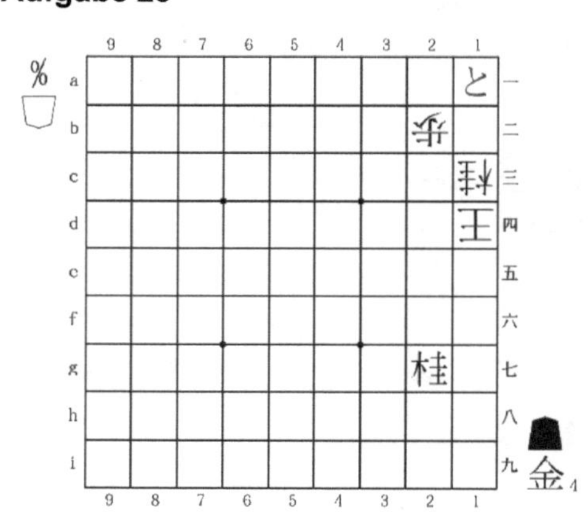

Aufgabe 21

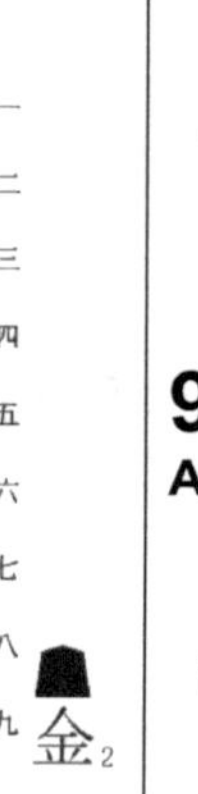

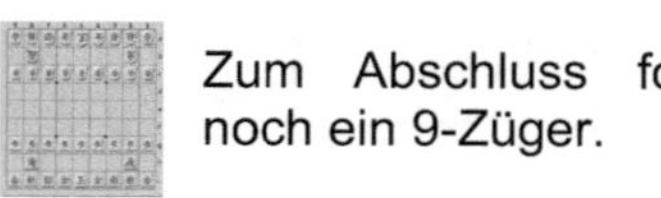

Zum Abschluss folgt noch ein 9-Züger.

9 Züge

Aufgabe 24

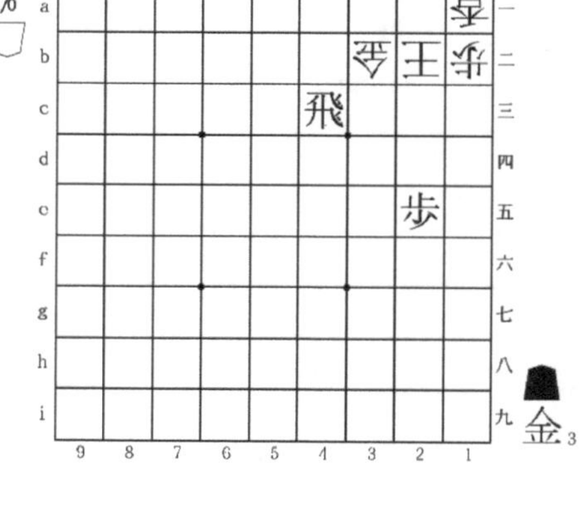

Aufgabe 22

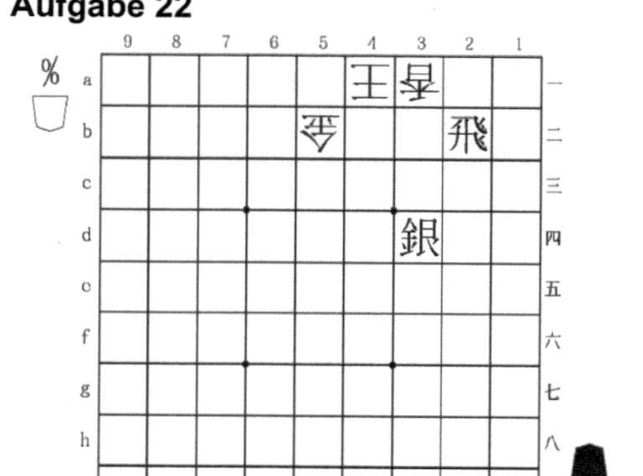

Lösungen

Lösung 1
1.B*3a

Lösung 2
1.N*4c

Lösung 3
1. R2bx1b+ K1ax1b
2. G*1a

Lösung 4
1. N2ex3c K2a-3a
2. G*4a

Falls 1. ... G3bx3c, dann 2. G*2b Matt

Lösung 5
1. S3bx3a= K2bx3a
2. G*3b

Falls 1. ... K2b-2a, dann 2. G*2b Matt

Lösung 6
1. S2bx1c+ N2ax1c
2. G*2b

Lösung 7
1. B2bx3c+ N2ax3c
2. S*1c

Lösung 8
1. B2bx1c+ N2ax1c
2. S*2a

Lösung 9
1. G3ax3b S4ax3b
2. S*3a

Lösung 10
1. B1cx3a+ K2ax3a
2. S*3b

Lösung 11
1. B3bx2a+ G2bx2a
2. N*2c

Lösung 12
1. B2ax1b+ K1ax1b
2. L*1c

Lösung 13
1. B3bx2c+ P2bx2c
2. L*1d

Lösung 14
1. +R3ax2b K1bx2b
2. G*2c

Lösung 15
1. B1cx3a+ K2ax3a
2. G*3b
Falls 1. ... K2a-1b, dann 2. G*1c Matt

Lösung 16
1. G*4a G5ax4a
2. B5bx4a+ K3ax4a
3. G*4b

Lösung 17
1. B4dx2b+ K2ax2b
2. G*2c K2b-3a
3. G*3b

Lösung 18
1. G*3b G2bx3b
2. B4ax3b+ K3ax3b
3. G*3c K3b-4a
4. G*4b

Lösung 19
1. G*3b G3cx3b
2. B5dx3b+ K3ax3b
3. G*3c K3b-4a
4. G*4b

Lösung 20
1. G*3b G4ax3b
2. N4dx3b+ K3ax3b
3. G*3c K3b-4a
4. G*4b

Lösung 21
1. G*3b G4ax3b
2. S3cx3b+ K3ax3b
3. G*3c K3b-4a
4. G*4b

Lösung 22

```
1. G*4b     G5bx4b
2. R2bx4b+  K4ax4b
3. G*4c     K4b-5a
4. G*5b
```

Lösung 23

```
1. G*1e     K1d-2c
2. G*2d     K2c-3b
3. G*3c     K3b-4a
4. G*4b
```

Lösung 24

```
1. G*2c      G3bx2c
2. R4cx2c+   K2bx2c
3. G*2d      K2c-3b
4. G*3c      K3b-4a
5. G*4b
```

Shogiprofis in Japan

Der Weg zu einer Profilizenz in Japan ist lang, dornig und wird bevölkert von einer Schar von Mitkonkurrenten, die genau das gleiche Ziel haben. Es gibt zurzeit rund 200 professionelle Spieler und etwa 40 Profispielerinnen. Jedes Jahr werden nur vier Spieler neu aufgenommen, und auch nur aus dem Kreis der Profis werden die Turniere bestritten.

Am Beispiel des renommierten Meijin-Titels soll kurz erläutert werden, wie beschwerlich der Aufstieg auf den Gipfel ist, selbst wenn man in den Kader der Profis aufgenommen wurde.
Ein neuer Spieler muss in seinem ersten Profijahr in der C2-Klasse Ranglistenspiele bestreiten. Die C2-Klasse ist die fünfthöchste Liga. Die drei besten Spieler steigen in die nächsthöhere Klasse auf und spielen im folgenden Jahr dort. Jeder Profi muss sich durch dieses Ligasystem kämpfen, bis er von der fünften Liga in die A-Klasse (das ist die erste Liga) aufgestiegen ist. Der Gewinner dieser A-Klasse darf dann schließlich den amtierenden Meijin-Titelträger herausfordern.

Es gibt bei den Männern insgesamt sieben große Turniere, die man mit den Major-Turnieren im Tennis oder Golf vergleichen kann. Bei der Vorentscheidung qualifiziert sich ein Spieler als Herausforderer des Titelhalters. Gewinner des Titelkampfs ist nun derjenige Spieler, der als Erster drei bzw. vier Partien gewonnen hat. Die Bedenkzeit bei den Finalkämpfen kann bis zu neun Stunden pro Spieler betragen. Eine Partie erstreckt sich dann auch über zwei Tage.
Die Titelkämpfe finden jährlich in folgenden Zeiträumen statt:

Zeitraum	Titel	Modus
Januar – März	Osho	Best of 7
Februar – März	Kio	Best of 5
April – Juni	Meijin	Best of 7
Juni - Juli	Kisei	Best of 5
Juli - September	Oi	Best of 7
September – Oktober	Oza	Best of 5
Oktober – Dezember	Ryu-O	Best of 7

Wenn Sie aktuelle Informationen über die japanische Shogiszene interessieren, dann sehen Sie im Internet unter www.shogi24.com nach.

Im Durchschnitt kommen die besten männlichen Profis auf rund 60 Spiele pro Jahr, wobei man bedenken muss, dass einige Partien über zwei Tage gespielt werden.
Nimmt man Reisezeiten und nicht zuletzt Training und Vorbereitung für kommende Spiele hinzu, so bleibt einem Shogiprofi nicht mehr viel Zeit fürs Privatleben.

Finanziell stehen die Top-Profis nicht schlecht da. Im Jahr 2009 stand Habu Yoshiraru an der Spitze dieser Geldrangliste und verdiente allein an Preisgeldern über 112 Millionen Yen, das sind etwas über 1 Millionen Euro. Durschschnittlich verdienten die 10 bestverdienenden Spieler rund 41 Millionen Yen, also gut 370.000 Euro. Hinzu kommen noch Einnahmen aus Werbung, Buchveröffentlichungen etc. Jedoch zählen nicht alle Profis zu den Topverdienern. Um die Titel und Preisgelder wird hart gekämpft. Obwohl der japanische Shogiverband seinen Profis ein Gehalt zahlt, sind viele Spieler darauf angewiesen, auch Unterricht zu geben, Bücher zu veröffentlichen, etc. .

Ryu-O, der Kampf des Drachenkönigs

Der Ryu-O-Titelkampf 2008 (Ryu-O bedeutet ‚Drachenkönig‘) war in vielerlei Art und Weise bemerkenswert. Zum einen ging es um das höchstdotierte Turnier der Saison, zum anderen standen sich zwei bemerkenswerte Spieler gegenüber.

Titelverteidiger war der damals 24-jährige Watanabe Akira, sein Herausforderer der 38-jährige Habu Yoshiharu. Der Gewinner dieses Titelkampfs würde den Ehrentitel Eisei Ryu-O (d.h. Ryu-O auf Lebenszeit) tragen dürfen. Dieser Titel wird nur dann verliehen, wenn ein Spieler fünf Jahre in Folge den Titel trägt (was bei Watanabe der Fall gewesen wäre), oder insgesamt sieben Mal erringen kann (was Habu hätte erreichen können). Darüber hinaus hätte Habu damit den Eisei-Ehrentitel bei allen sieben Titeln erreicht, als einziger Spieler überhaupt.

Die erste Partie wurde am 18. und 19.10.2008 im Hotel Le Meridien Etoile in Paris ausgetragen. Seit Beginn der 1990er Jahre wird die erste Partie des Ryu-O-Matches traditionell außerhalb Japans ausgetragen, um auch den nicht-japanischen Shogifans die Gelegenheit zu geben, eine Meisterpartie live zu erleben. Die Notation dieser Partie finden Sie übrigens im Partienteil am Ende dieses Buches.

Bereits am Tag vorher besichtigten Watanabe und Habu den Raum, in dem sie spielen sollten. Die Titelkämpfe finden nicht auf einer Bühne statt, wie das bei Schachtitelkämpfen der Fall ist, sondern in einem kleinen, hellen, schlicht eingerichteten Zimmer. Während der Partie sind nur wenige ausgewählte Zuschauer, einige offizielle Beobachter und der Zeitnehmer zugelassen. Die Bedenkzeit beträgt pro Spieler insgesamt 9 Stunden für die Partie. Danach beginnt die Byoyomi-Phase, in der pro Zug eine Minute zur Verfügung steht. Da keine automatischen Uhren verwendet werden, protokolliert der Zeitnehmer die verbrauchte Bedenkzeit und informiert die Spieler über ihre verbliebene Zeit.

Am ersten Tag des großen Ereignisses ist die Spielstätte mit Fotografen und Journalisten überfüllt. Der Herausforderer Habu Yoshiharu sitzt - in einen grauen Kimono gekleidet - vor dem noch leeren Shogibrett und erwartet den Titelverteidiger Watanabe Akira.

Nachdem dieser den Raum betreten und sich an seiner Seite des Shogibans (so nennt man das Shogibrett) niedergelassen hat, beginnt mit einer Verbeugung der nächste Teil der Shogizeremonie. Watanabe leert vorsichtig die in einem Holzkästchen und einem Beutel enthaltenen Shogisteine auf dem Brett. Dann beginnen die beiden Spieler abwechselnd, Stein für Stein, mit dem Aufbau der Startstellung. Sie legen dabei die Steine nach einer festgelegten Reihenfolge auf das Brett.

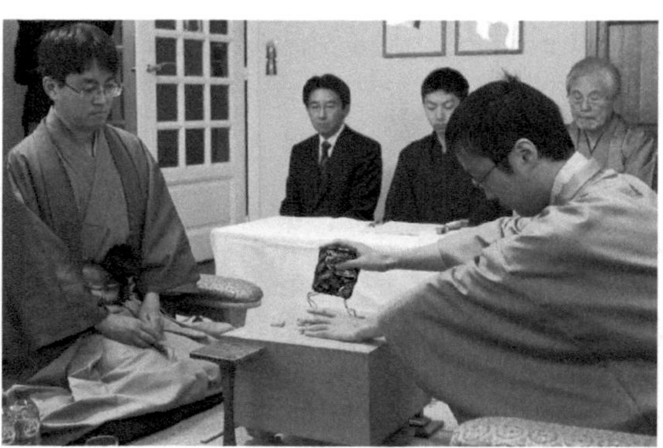

Die Vorbereitungen zur ersten Partie (Foto: E. Cheymol)

Die Reihenfolge, nach der die Steine auf das Brett gelegt werden, ist nach dem großen Shogimeister Ohashi benannt. Dabei wird beim Aufbau folgende Reihenfolge eingehalten:
König, linker Goldener General, rechter Goldener General, linker Silberner General, rechter Silberner General, linker Springer, rechter Springer, linke Lanze, rechte Lanze, Läufer, Turm, und zum Schluss die Bauern, beginnend mit dem Bauern auf der 5. Linie, und anschließem immer abwechselnd links und rechts davon, bis die Aufstellung komplett ist.

Nun beginnt der nächste Akt der Zeremonie, nämlich die Auslosung, welcher Spieler die Partie beginnen darf. Dabei breitet ein Beisitzer ein Seidentuch neben dem Brett aus, nimmt fünf Bauern des Titelverteidigers, schüttelt sie in den geschlossenen Händen und wirft sie auf das Tuch. Nun wird gezählt, wie viele Steine das Zeichen des Bauern und wie viele das Zeichen des Tokin zeigen. Sind es mehr Bauern, so ist der Titelverteidiger Sente, ansonsten der Herausforderer. Dieses Auslosen nennt man Furigoma.

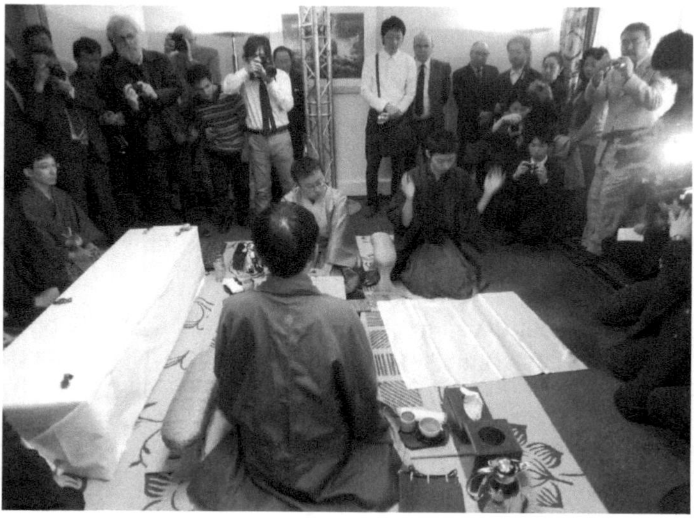

Furigoma (Foto: Shogi France, F.Osmont)

Das Ergebnis lautet vier Bauern zu einem Tokin. Somit beginnt Titelverteidiger Watanabe die erste Partie.

Die ersten Züge werden noch im Blitzlichtgewitter der Fotografen gemacht, dann jedoch ist der Raum reserviert für die zwei Kontrahenten und einige offizielle Beobachter.

In einem entfernten Saal haben Zuschauer und Journalisten die Möglichkeit, die Partie zu verfolgen. Japanische Spitzenspieler kommentieren die Partie.

Die Partie nimmt langsam ihren Verlauf. Sie wird zu einer Mittagspause unterbrochen und ein zweites Mal am Abend. Dann muss Habu seinen Abgabezug machen. Er zieht sich dazu in einen Nebenraum zurück und notiert seinen Zug. Das Dokument wird versiegelt und dem Schiedsrichter übergeben.

Abends findet ein kleines Bankett statt. Es sind die Offiziellen, Gäste und auch die beiden Spieler anwesend. Ein weiteres Zeichen für den Respekt, den sich die beiden Spieler entgegenbringen.

Am nächsten Morgen bauen Watanabe und Habu wieder die Anfangsstellung auf und spielen die Züge der Partie bis zur Abbruchstellung nach. Dann öffnet der Schiedsrichter das versiegelte Dokument mit dem Abgabezug und Habu führt den Zug P2cx2d aus.

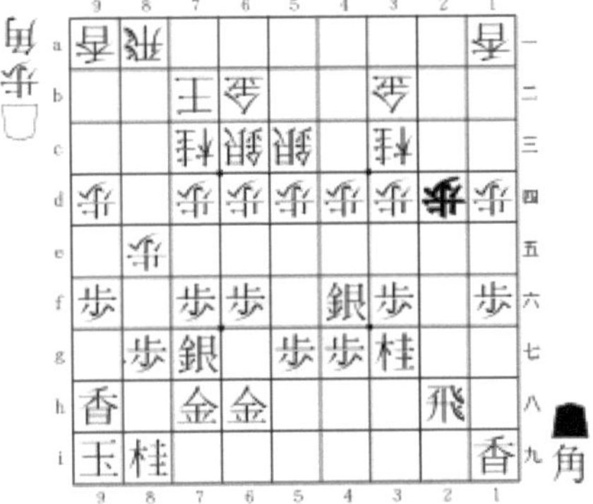

Stellung nach dem Abgabezug von Habu

Nach der Mittagspause tritt die Partie in die entscheidende Phase. Nicht selten werden Partien erst in der Byoyomi-Phase entschieden. Diese Phase tritt dann ein, wenn die normale Bedenkzeit vorbei ist. Danach hat der Spieler für jeden Zug nur noch eine Minute Bedenkzeit. Dabei ist der Zeitnehmer gefordert, der die Spieler zur Zugabgabe auffordert, wenn die letzten Sekunden anbrechen.

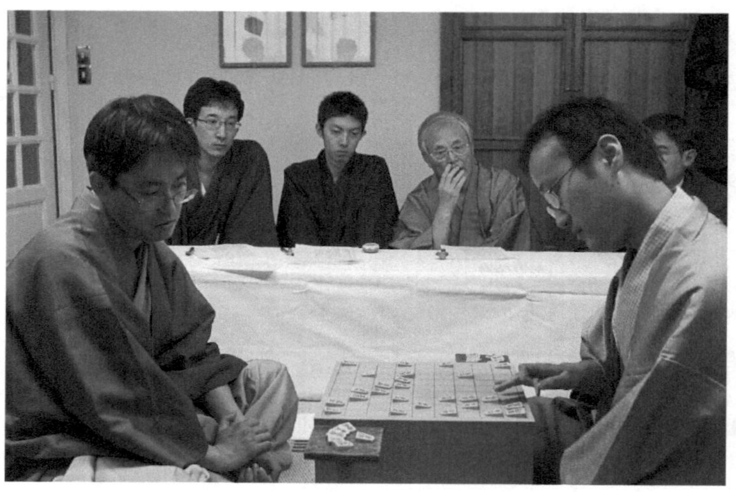

Watanabe beim Zug, beobachtet vom Zeitnehmer und offiziellen Beisitzern (Foto: E. Cheymol)

Am Abend ist die Partie entschieden. Mit den Worten „Makemashita' (Ich habe verloren) gibt Titelverteidiger Watanabe die Partie auf.
Es folgen ein paar öffentliche Statements für die Journalisten, bevor die beiden Kontrahenten miteinander Schlüsselstellungen der Partie analysieren.

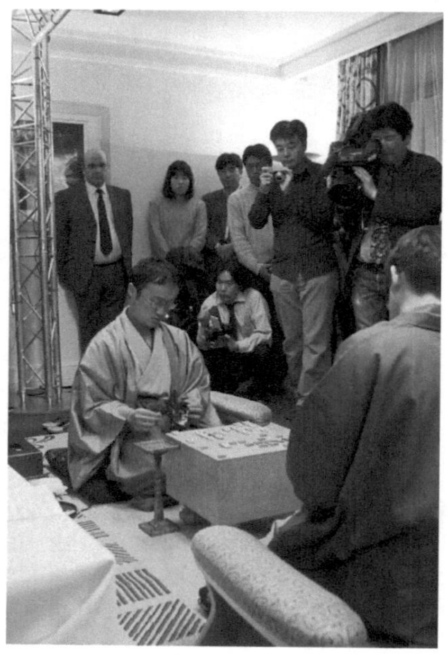

Watanabe und Habu nach der Partie (Foto: E. Cheymol)

Der Ablauf dieses ersten Spiels des 21. Ryu-O-Wettkampfs ist ein typisches Beispiel für die Art und Weise wie Titelkämpfe unter den professionellen Shogispielern ausgetragen werden. Und dieses Beispiel kann auch dem Shoginovizen einige hilfreiche Hinweise geben.
Zum einen sollten Höflichkeit und Respekt vor dem Gegner eine Selbstverständlichkeit sein. Nach der Partie bedankt man sich für die Partie (das gilt auch für Internet-Partien). Nicht zu unterschätzen ist die Analyse der Partie nach dem Spiel. Wann immer sich die Gelegenheit ergibt, sollte man sie nutzen, mit dem Gegner zusammen über die gespielte Partie zu sprechen. Mag es auch nach einer Niederlage schmerzhaft sein, aber die gemeinsame Analyse kann ungemein hilfreiche Erkenntnisse für das eigene Spiel liefern und bedeutend zur Verbesserung der eigenen Spielstärke beitragen.

Habu und Fujii – Genies und Superstars

Habu Yoshiharu ist ein Star unter den japanischen Shogiprofis. Seit Beginn seiner Profikarriere hat er bis heute fast 100 Titelkämpfe gewonnen. Im Jahr 1996 erreichte er das, was als unmöglich gegolten hatte. Am 14.02.1996 gewann Habu das vierte Spiel im Osho-Titelkampf, errang damit den Titel und wurde zum Titelhalter aller sieben großen Titelkämpfe, die jährlich stattfinden. Vergleichbar ist diese Leistung am ehesten mit dem Gewinn des Grand Slam im Tennis oder dem Gewinn der Major-Turniere im Golf, jedoch mit dem Unterschied, dass nicht 'nur' vier, sondern sieben Titel zu erringen sind.

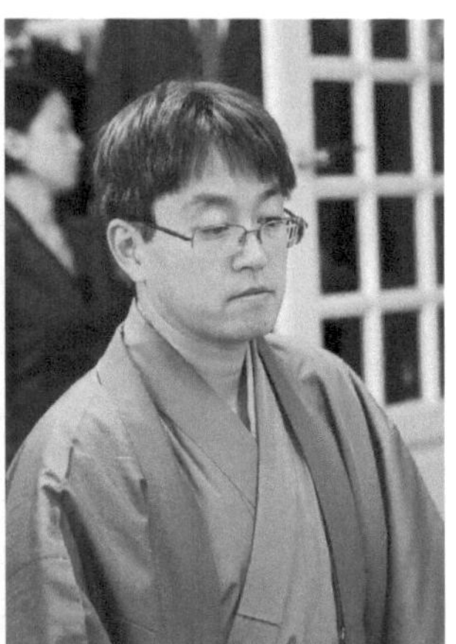
Habu Yoshiharu (Foto: E. Cheymol)

Habu Yoshiharu erlernte mit sechs Jahren das Shogispiel von einem Freund. Rasch wurde er stärker. Er trat einem Shogiclub bei und wurde mit 12 Jahren als Schüler in die Shoreikei aufgenommen. Die Shoreikei ist die offizielle Trainingseinrichtung für junge Spieler mit Potenzial. Es gibt dort einen harten Konkurrenzkampf und jedes Jahr werden nur die zwei besten Spieler als neue Profis aufgenommen.

Profi wurde Habu im Jahr 1985 mit 15 Jahren. Seinen ersten großen Titel gewann er nur vier Jahre später. Habu Yoshiharu hat bisher bei sechs von sieben Titeln mindestens fünfmal gewonnen und damit den Ehrentitel 'auf Lebenszeit' erhalten.

Auch auf dem Schachbrett hat sich Habu versucht. Im Jahr 2005 gewann er bei einem starken offenen Turnier in Deutschland 6 von 9 Punkten und verlor nur gegen drei Großmeister. Er ist Fidemeister und hat eine beachtliche Elozahl von über 2300. Als er gebeten wurde, die Komplexität von Schach und Shogi miteinander zu vergleichen, sagte er, dass beide anfangs sehr ähnlich erscheinen würden. Im Grunde seien sie jedoch vollkommen unterschiedlich, da im Schach eine gute Stellung wichtig sei, im Shogi zähle vor allem der Mattangriff. Er könne nicht sagen, welches der beiden Spiele komplexer sei.

Schach interessiert Habu weiterhin. Wenn er weiter Fortschritte mache und der Ansicht sei, gut genug zu sein, könne er sich auch vorstellen, Großmeister zu werden. Jedoch wolle er Schach in erster Linie in seiner Freizeit spielen.

In einem Interview auf seine Ziele angesprochen, antwortete Habu, dass er nur den Wunsch habe, sich weiter zu verbessern und noch eine lange Zeit ein starker Shogispieler zu sein.

Ein weiterer Shogi-Superstar, der das Phänomen Habu noch überstrahlen könnte, ist Fujii Sota.
Im Alter von 14 Jahren wurde er Ende 2016 Profi. In seinen ersten 29 Profipartien blieb er ungeschlagen. Die japanischen Medien verfolgten fasziniert jeden weiteren Sieg des jungen Stars, der in Japan einen neuen Shogiboom auslöste. Fujii stellte mit seiner unglaublichen Siegesserie einen neuen Rekord auf. Und es sollten noch weitere folgen.

Er wurde der jüngste Spieler, der 100 Profipartien gewann, der jüngste Titelträger und schließlich der zweite Spieler überhaupt, der neben Habu alle Titel auf sich vereinte.

Experten glauben, dass Fujii zum erfolgreichsten Spieler aller Zeiten werden kann. Und wir können dieses Phänomen auf seinem Weg begleiten.

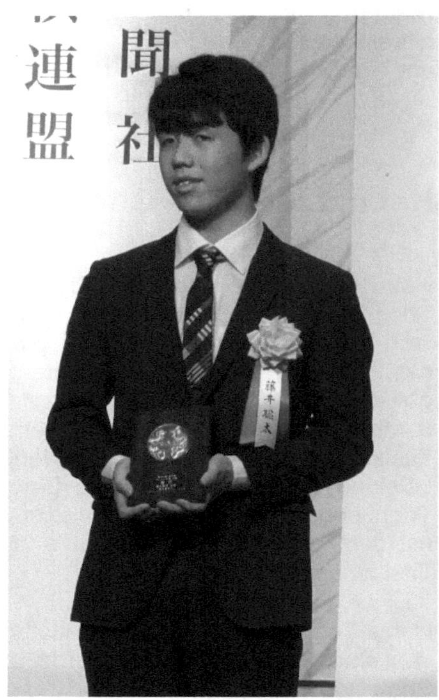

Fujii Sota (Foto: 古賀円, CC BY-SA 4.0)

Taktik, Tricks und Tipps für Fortgeschrittene

Das Fundament für ein erfolgreiches Shogispiel ist bereits gelegt. Die grundlegenden *Gakois* wurden bereits vorgestellt, ebenso wie wichtige Strategien im Mittelspiel und Hinweise für einen erfolgreichen Mattangriff.
In diesem Kapitel beschäftigen wir uns mit zwei Dingen.
Zuerst sehen wir uns an, wie sich die bereits bekannten *Gakois* weiter entwickeln können. Danach lernen wir noch typische Angriffsformationen kennen, die erfolgreich sind, wenn der Verteidiger nicht optimal antwortet. Schließlich gibt es noch Informationen zur deutschsprachigen Shogiszene sowie ein Interview mit einem leibhaftigen Schachweltmeister und Shogiexperten.

Gakois für Fortgeschrittene

Bereits im Kapitel ‚Gakois und Eröffnungsmotive' haben wir einige Formationen kennengelernt, mit denen der eigene König geschützt wird. Diese *Gakois* waren davon abhängig, welche Eröffnungsart (Ranging Rook oder Static Rook) man selber und der Gegner spielt. Im Folgenden wird erläutert, wie sich diese *Gakois* im Laufe des Spiels weiterentwickeln können. Zusätzlich wird ein *Gakoi* vorgestellt, welches sowohl links als auch rechts spielbar ist und als eines der stabilsten überhaupt gilt.

A: Ranging Rook - Static Rook

Die Grundform des *Mino Gakoi*, welches gegen Angriffe von der Seite stark ist, sieht, wie aus dem Kapitel ‚Gakois und Eröffnungsmotive' bereits bekannt, folgendermaßen aus:

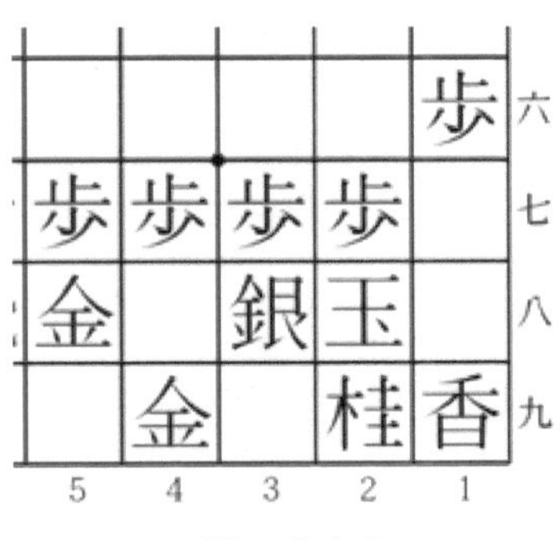

Mino Gakoi

Sollte es im Verlauf der Partie nötig sein, es gegen Angriffe von vorn zu verstärken, so kann das *Gakoi* wie folgt umgebaut werden:

```
P4g-4f
G5h-4g
P3g-3f
N2i-3g
```

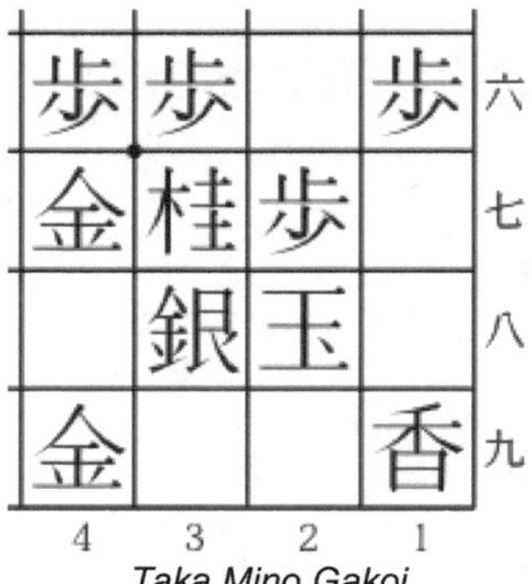

Taka Mino Gakoi

Diese Position wird *Taka Mino (engl. High Mino Castle)* genannt.

Sollte sich der frontale Druck weiter verstärken, so kann dieses *Gakoi* in das *Gin Kanmuri (engl. Silver Crown)* umgewandelt werden.

```
P2g-2f
S3h-2g
G4i-3h
```

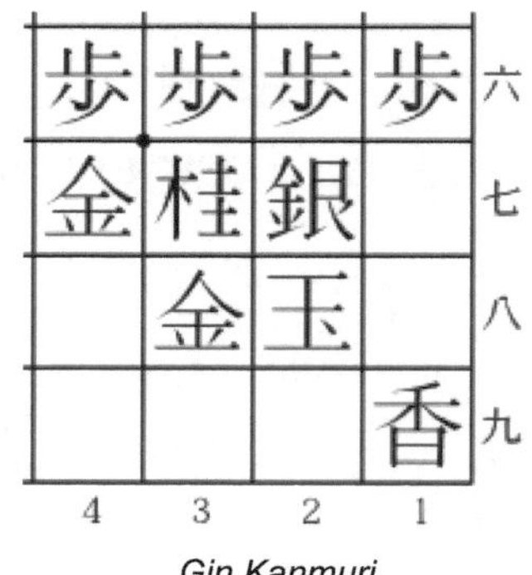

Gin Kanmuri

Dieses *Gakoi* ist nun nach vorne stärker als zur Seite. Die Grundreihe könnte nun für den Gegner zu einem Angriffsziel werden.

Eines der stabilsten *Gakois* überhaupt ist *das Anaguma Gakoi (engl. Bear in the hole)*. Die englischsprachige Bezeichnung kennzeichnet sehr anschaulich, dass der eigene König sich tief verkrochen hat und nur sehr schwer anzugreifen ist. Ein Nachteil ist, dass der König keine Fluchtmöglichkeit besitzt. Außerdem dauert es recht lange, den König tief in seinem *Anaguma Gakoi* unterzubringen. Hier eine beispielhafte Zugfolge:

```
R2h-6h
K5i-4h
K4h-3h
K3h-2h
L1i-1h
K2h-1i
S3i-2h
G4i-3i
G6i-5h
G5h-4h
G4h-3h
```

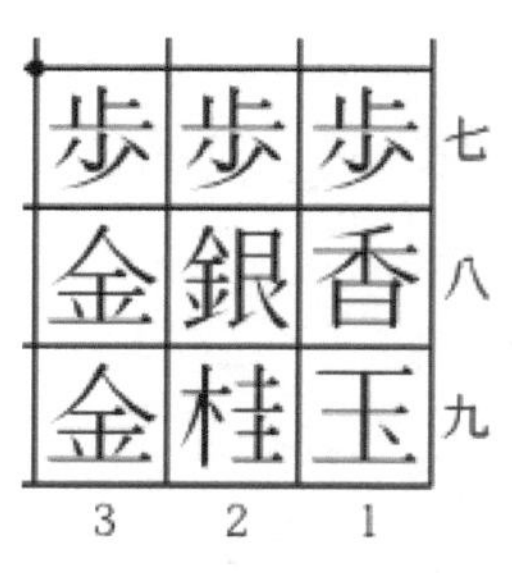

Anaguma Gakoi

B: Static Rook - Ranging Rook

Für den Static Rook-Spieler ist das Funa Gakoi (engl. Boat Castle) eine gute Wahl.

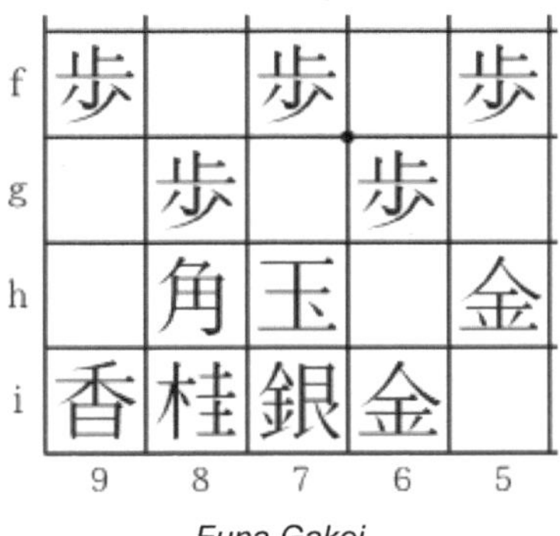

Funa Gakoi

Mit folgenden drei weiteren Zügen aktivieren wir die Silbernen Generäle.

S3i-4h
S7i-6h
S4h-5g

Dieser Aufbau nennt sich *Lozenge Gakoi.*

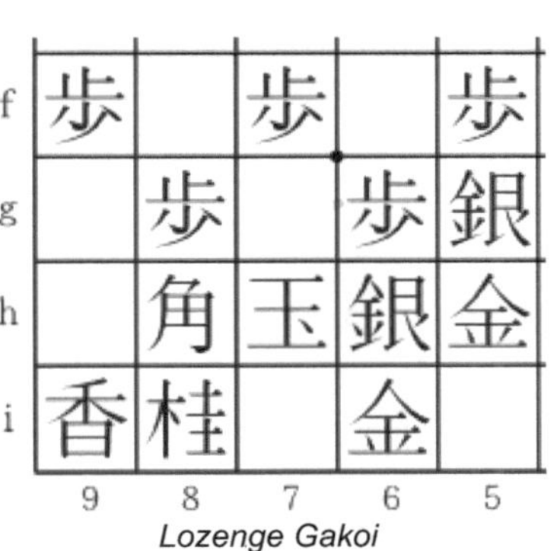

Lozenge Gakoi

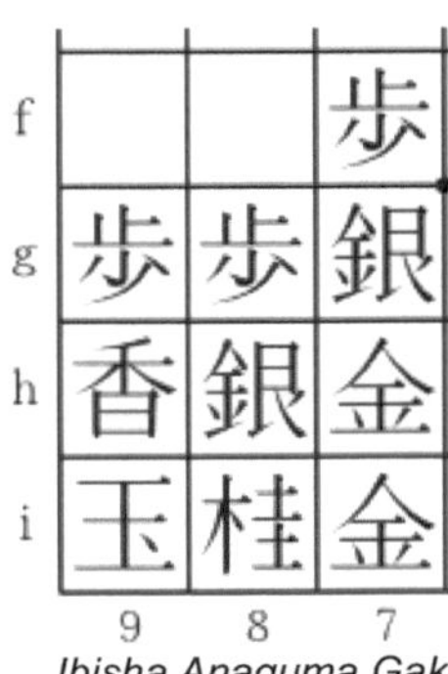

Ibisha Anaguma Gakoi

Wir haben schon das *Anaguma Gakoi* für den Ranging Rook-Spieler auf der rechten Seite kennengelernt. Dieses *Gakoi* können wir auch auf der linken Seite aufbauen, wenn wir den Static Rook-Eröffnungstyp wählen. Es nennt sich dann *Ibisha Anaguma.*

Die Zugfolge kann natürlich variieren, aber wenn man den Aufbau betrachtet, dann erkennt man, dass die Lanze nach vorne und der König in die frei gewordene Ecke gezogen wird, danach folgen die schützenden Generäle.

C: Static Rook - Static Rook

Das Standard-Yagura Gakoi wurde bereits im Kapitel ‚Gakois und Eröffnungsmotive' präsentiert.
Zur Erinnerung folgt hier der Aufbau:

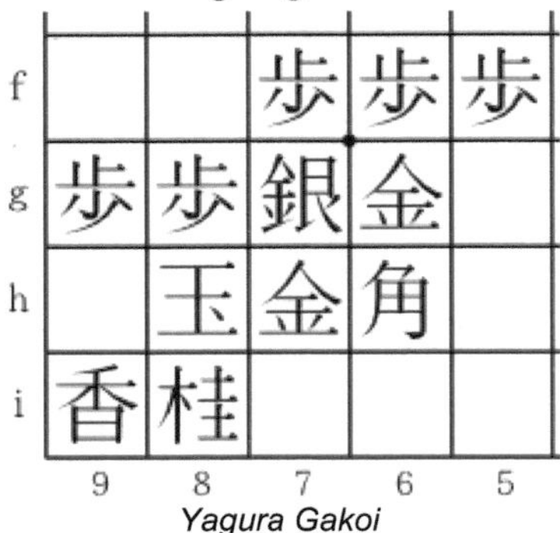

Yagura Gakoi

Es gibt eine Reihe von Variationen des *Yagura Gakois*. Das *Gin Yagura* (engl. *Silver Yagura*) wird mit zwei Silbernen Generälen und einem Goldenen General gebaut. Wenn man das *Gin Yagura* mit dem *Standard-Yagura Gakoi* vergleicht, stellt man fest, dass statt des Goldenen Generals auf 6g dort nun der Silberne General steht. Das Feld 7f kann besser geschützt werden und das *Gakoi* ist etwas flexibler.

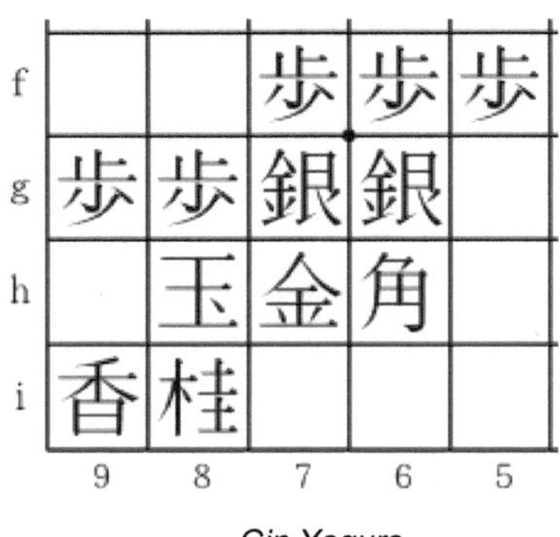

Der dem *Gakoi* fehlende Goldene General wird für den eigenen Angriff genutzt.

Gin Yagura

Eine weitere Variante ist das *Yon-Mai Yagura* (engl.: 4 Piece Yagura).

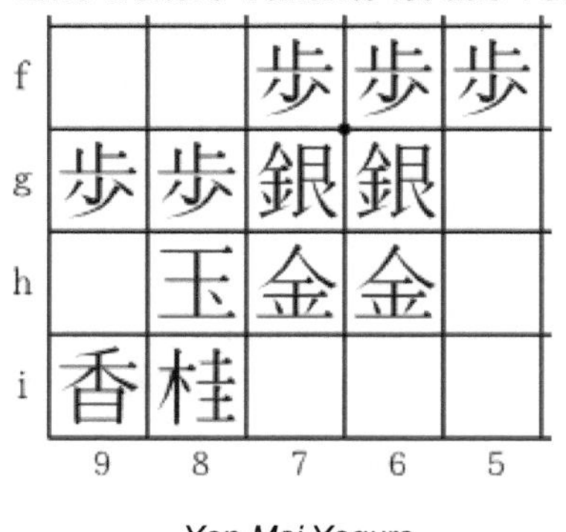

Alle Generäle bewachen hierbei den eigenen König. Dabei fehlt jedoch der eigenen Offensive ein Angreifer.

Yon-Mai Yagura

D: Ranging Rook - Ranging Rook

Das *Anaguma Castle* für die rechte Seite ist auch hier spielbar und wurde bereits vorgestellt.

Eine Alternative ist *das Migi Yagura* (engl. *Right hand Yagura*).

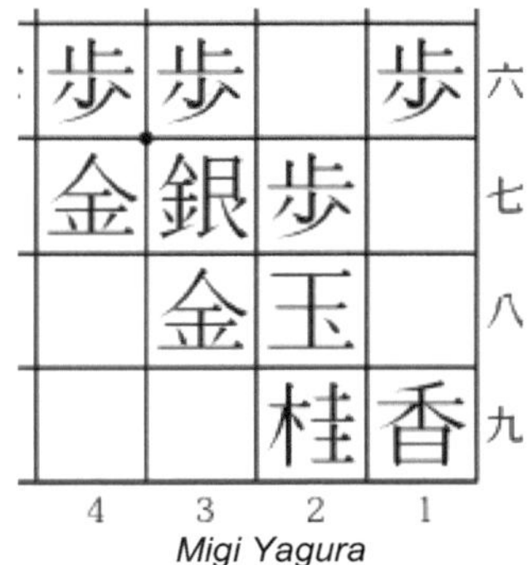

Migi Yagura

Dieses *Gakoi* steht auf der rechten Seite und ist stark gegen Angriffe von vorn.

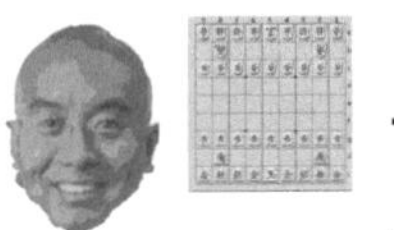

Trainingstipps von Sensei Miyamoto

1. Die hier vorgestellten *Gakois* sind Erweiterungen bereits bekannter *Gakois* bzw. stellen ganz neue Gakois dar (wie z.B. das *Anaguma Gakoi*). Suche dir die *Gakois* heraus, die zu deinem Eröffnungsrepertoire passen und experimentiere mit ihnen. Analysiere nach der Partie, ob die Wahl richtig war. Mit der Zeit findest du die Spielweise, die dir am besten liegt.

2. Wenn du Profipartien nachspielst, sieh dir genau an, wie Profis ihren König schützen. Vielleicht erkennst du bekannte Konstellationen wieder. Vergiss jedoch nicht, dass in diesem Kapitel nur Grundsätze vermittelt werden! Profis halten sich nicht immer daran, und meistens haben sie auch ihre Gründe dafür.

Tricks für Fortgeschrittene

Nachdem wir einige Erweiterungen von *Gakois* kennengelernt haben, folgen hier nun weitere taktische Finessen.

1. *Bogin* (engl. Climbing Silber)

Der englische Begriff deutet bereits an, worum es geht.
In diesem Abspiel versucht die Static-Rook-Seite einen schnellen Angriff mit dem Silbernen General und will einen Durchbruch auf der Turmseite erreichen.
Dazu zieht der Silberne General (hier aus Sicht von *Sente* gesehen) über 3h, 2g nach 2f. Eine typische Konstellation sieht folgendermaßen aus:

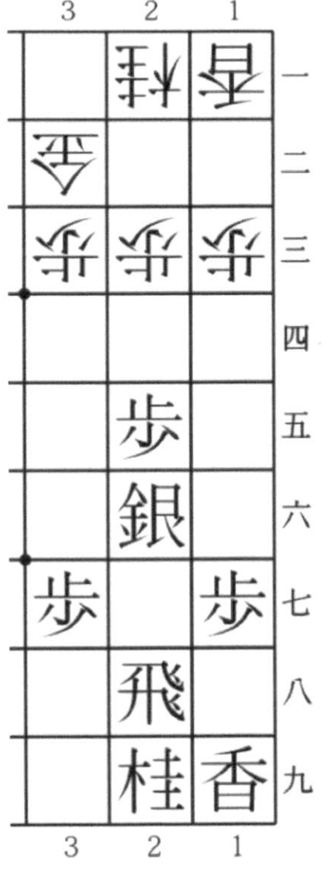

Mögliche Abspiele sind nun:

```
1. S2f-1e      P1c-1d
2. P2e-2d      P1dx1e
3. P2dx2c+
```

bzw.

```
1. S2f-3e      P3c-3d
2. P2e-2d      P3dx3e
3. P2dx2c+
```

mit erfolgreichem Durchbruch auf der zweiten Linie.

Schlägt *Gote* nicht den Silbernen General, sondern versucht sich nach z.B. `1. S2f-3e P3c-3d` mit `2. P2e-2d P2cx2d` zu verteidigen, so kann *Sente* wie folgt fortsetzen:

```
3. S3ex2d      P*2b
4. P*2c        P2bx2c
5. S2dx2c+
```

und *Sente* hat gute Angriffschancen.

Gote kann versuchen, einem solchen Angriff mit sorgfältiger Verteidigung des Feldes 2d zu begegnen, beispielsweise durch das Setzen des eigenen Turms auf die vierte Reihe.

Eine zweite Formation gegen das gegnerische *Yagura Gakoi* hat folgendes Aussehen:

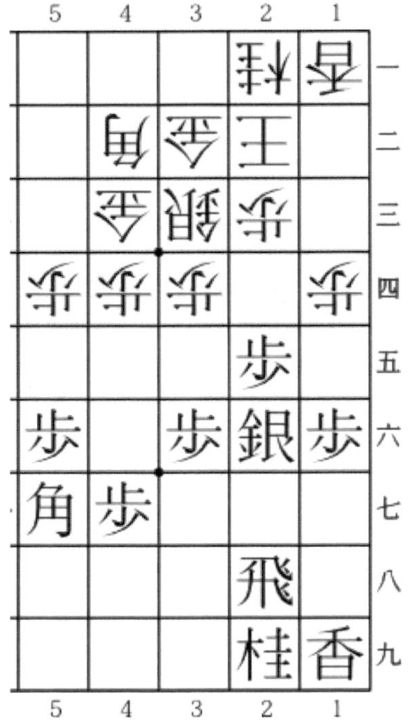

```
1. P1f-1e      P1dx1e
2. S2fx1e      L1ax1e
3. L1ix1e      P*1c
4. L*1g        S*1b
5. R2h-1h
```

und *Sente* kann auf der ersten Linie durchbrechen.

2. *Suzumezashi* (engl.: Spearing the sparrow)

'Den Spatzen aufspießen' ist sicherlich eine etwas drastische Bezeichnung, beschreibt jedoch klar, worum es geht.
Der Angreifer, der Static Rook spielt, möchte auf seiner rechten Seite mit Turm und Lanze (daher der Begriff 'aufspießen') unterstützt vom Springer den gegnerischen Bauern auf 1c (bzw. 9g) angreifen.

Die Angriffsformation stellt sich wie folgt dar:

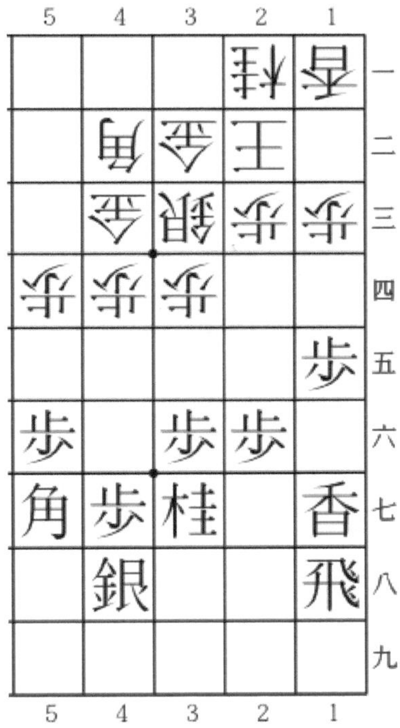

Es kann nun folgen:

```
1. N3g-2e      S3c-2d
2. N2ex1c+     S2dx1c
3. P1e-1d      S1cx1d(falls S1c-2d folgt 4.P2f-2e und
               5.P1d-1c+)
4. L1gx1d      L1ax1d
5. R1hx1d
```

Gote verteidigt sich weiter tapfer gegen die Eindringlinge

```
5. ...         L*1a
6. P*1c        L1ax1c
7. B6hx1c+     N2ax1c
```

Nun folgt L*3i mit dem weiteren Plan P3f-3e, P3dx3e; L*3d mit starkem Angriff nun auf der dritten Linie.

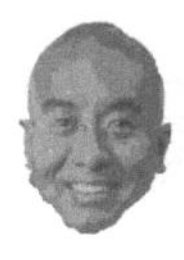
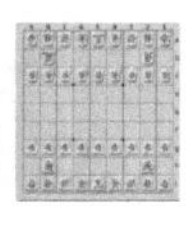

Trainingstipps von Sensei Miyamoto

Präge dir die Angriffsformationen ein!
Versuche, sie in Übungspartien einzusetzen!
Analysiere danach, warum der Angriff erfolgreich war bzw. weshalb er fehlschlug!

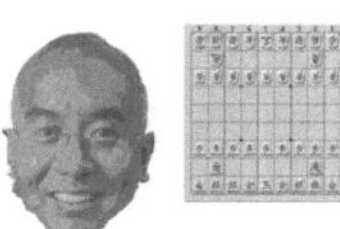

Übungsaufgaben von Sensei Miyamoto

Die folgenden Beispiele stammen aus Profipartien. Versuche, den Angriff erfolgreich abzuschließen! Gib dazu die Stellung in der Software ‚Shogidokoro' ein und lass eine Engine den Part des Gegners übernehmen! Falls du den korrekten Lösungsweg verlässt, wird sich dein Computergegner aus dem Mattnetz herauswinden können.

Aufgabe 1

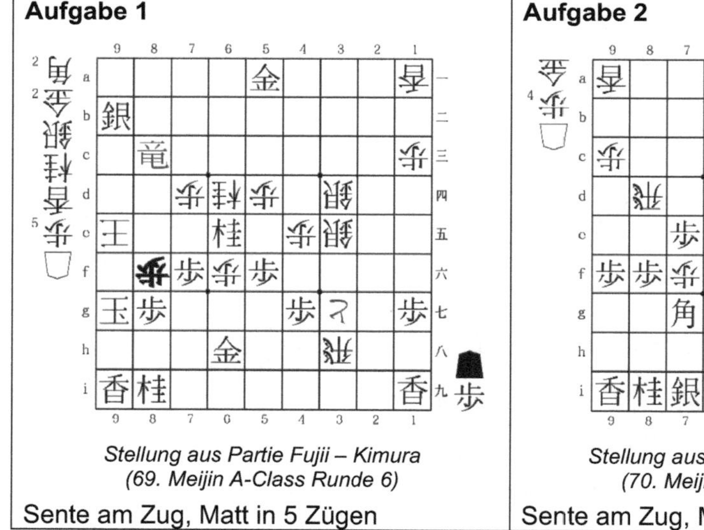

Stellung aus Partie Fujii – Kimura (69. Meijin A-Class Runde 6)

Sente am Zug, Matt in 5 Zügen

Aufgabe 2

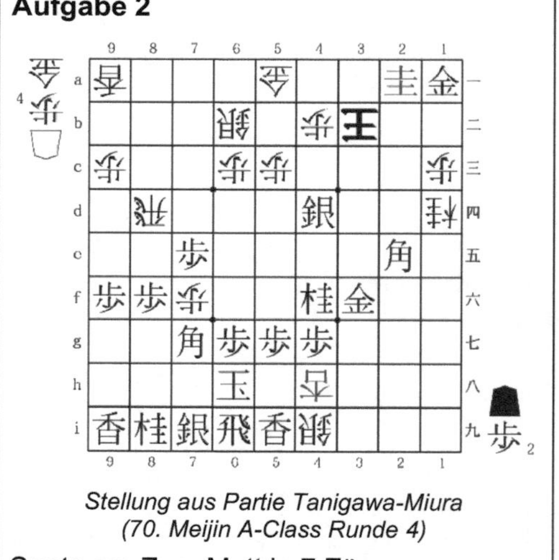

Stellung aus Partie Tanigawa-Miura (70. Meijin A-Class Runde 4)

Sente am Zug, Matt in 7 Zügen

Aufgabe 3

Stellung aus Partie Kubo – Sato
(70. Meijin A-Class Runde 8)

Sente am Zug, Matt in 5 Zügen

Aufgabe 4

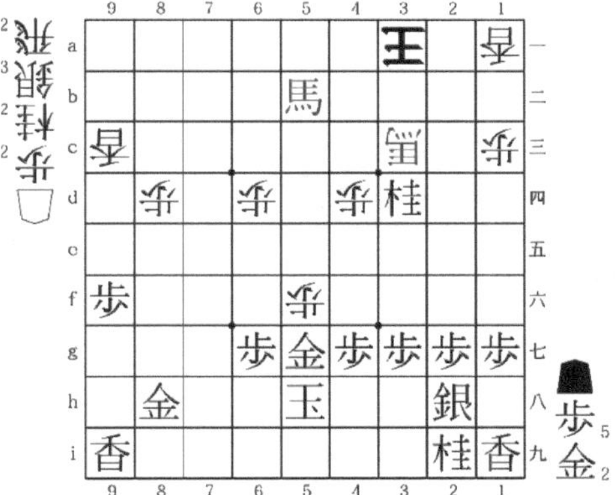

Stellung aus Partie Watanabe – Takahashi
(69. Meijin A-Class Runde 1)

Sente am Zug, Matt in 9 Zügen

Aufgabe 5

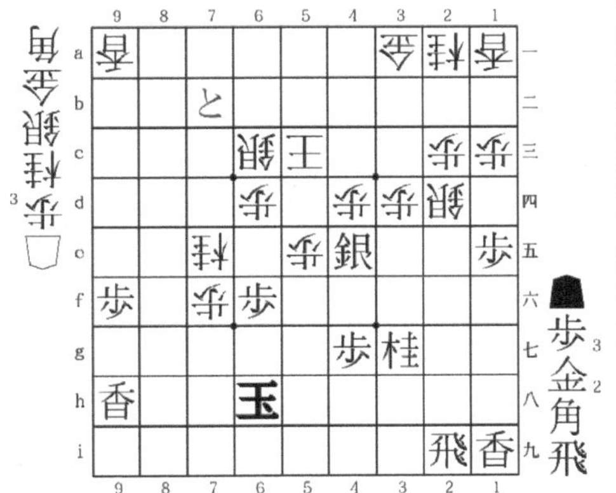

Stellung aus Partie Takahashi – Goda
(70. Meijin A-Class Runde 2)

Gote am Zug, Matt in 7 Zügen

Aufgabe 6

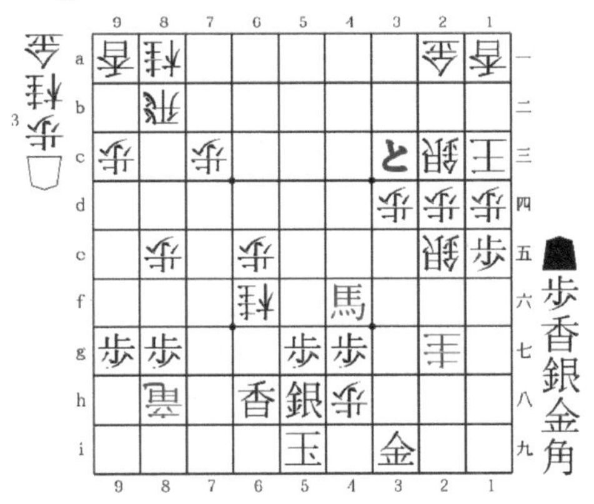

Stellung aus Partie Kubo - Tanigawa
(70. Meijin A-Class Runde 3)

Gote am Zug, Matt in 9 Zügen

Lösungen

Lösung 1

1. +R8cx8f K9e-9d
2. P*9e K9d-9c
3. +R8f-8c und Matt

Lösung 2

1. S4d-3c K3b-4a
2. S3c-3b+ K4ax3b
3. B7g-2b+ K3b-4a
4. +B2b-3a und Matt

Lösung 3

1. N*3d P3cx3d (die Königsflucht nach 1b oder 3b endet mit Turmdrop auf 1c bzw 4b und Matt)
2. G*3c K2b-1b
3. R*1c und Matt

Lösung 4

1. G*2b +B3cx2b
2. +B5b-4a K3a-2a (falls K3ax4a, dann 3. G*4b und Matt)
3. N3dx2b+ K2ax2b
4. G*2c K2b-2a
5. +B4a-3b und Matt

Lösung 5

1. … S*6g
2. K6h-5g (jeder Zug auf die Grundreihe wird mit einem tödlichen Golddrop beantwortet.)
2. … G*5h
3. K5g-4f S2d-3e
4. K4fx5e N*4c und Matt

Lösung 6

1. … N6fx5h+
2. K5ix5h S*6i
3. K5hx6i (falls K5h-5i oder K5hx4h, so setzt G*5h Matt, auf K5h-6g folgt G*6f und Matt)
3. … G*7h
4. K6i-5h (oder auch K6i-5i)
4. … G7hx6h
5. K5hx4h G6h-5h und Matt

Shogi im deutschsprachigen Raum

Klein, aber fein, so kann man die Schar der Shogienthusiasten beschreiben. Es sind ungefähr 100 Spieler in der offiziellen deutschen Rangliste aufgeführt. Regelmäßig finden Turniere statt, bei denen man Gleichgesinnte treffen und 'live' gegeneinander spielen kann. Diese Turniere werden meist an einem Wochenende durchgeführt. Anfänger sind bei allen Turnieren willkommen, selbst bei den deutschen Meisterschaften reicht es aus, sich anzumelden, anzureisen und einfach mitzuspielen.

Hier eine Auswahl der regelmäßig stattfindenden Turniere:

wann	**was und wo**
Mehrmals jährlich	Grand Prix–Turniere in Ludwigshafen
Frühjahr	Deutsche Meisterschaft und Deutsche Jugendmeisterschaft an unterschiedlichen Orten
Sommer	European Shogi Championships / World Open Shogi Championships an unterschiedlichen Orten in Europa
Herbst	Austrian Shogi Open (Österreich)
Herbst	Colmar Open (Elsass, Frankreich)

Eine laufend aktualisierte Liste der anstehenden Turniere finden Sie auch im Internet unter www.shogi24.com .

Interview Larry Kaufman

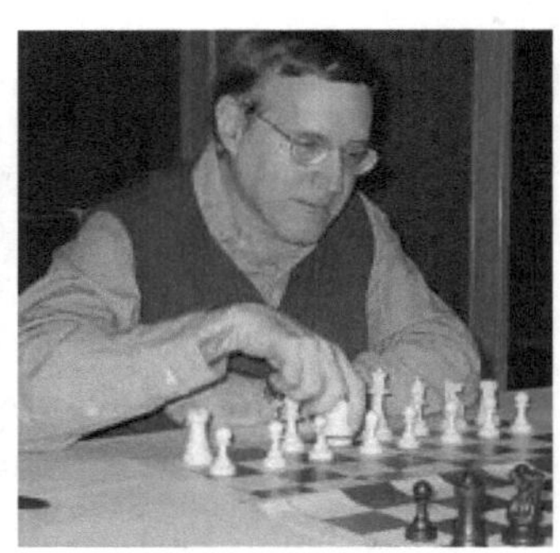

Larry Kaufman ist Schachgroßmeister, mehrfacher Staatsmeister in den Vereinigten Staaten und wurde im Jahr 2008 Seniorenweltmeister. Als Berater trug er dazu bei, dass das Schachprogramm Rybka das stärkste der Welt wurde. Er ist auch einer der führenden Shogiexperten und – als 5. Dan – einer der besten westlichen Shogispieler. Er konnte mehrere Male in Handicapspielen gegen japanische Profispieler gewinnen.

Wie lernten Sie Shogi kennen?
Ein amerikanischer Schachfreund brachte mir die Grundzüge bei. Danach lernte ich vor allem aus dem britischen Shogimagazin „Shogi", welches von dem kürzlich verstorbenen George Hodges herausgegeben wurde.

Was ist für Sie der faszinierendste Aspekt des Shogispiels?
Für mich ist es das fast vollkommende Fehlen von unentschiedenen Partien, und dass die meiste Zeit die Herausforderung nicht darin besteht, einen nützlichen Plan oder Zug zu finden (wie es oft beim Schach der Fall ist), sondern den einzig BESTEN Zug aus einer Reihe von Möglichkeiten.

Lassen Sie uns über Schach und Shogi sprechen. Glauben Sie, dass Shogispielen eine positive Wirkung auf die Stärke beim Schachspielen hat?
Auf jeden Fall hat Shogi meinem eigenen Schach geholfen. Bevor ich Shogi lernte, bin ich einer IM-Norm nicht mal nahe gekommen. Nachdem ich es gelernt und eine Reihe von Jahren gespielt hatte, kehrte ich zum Schach zurück und erfüllte sehr schnell einige IM-Normen hintereinander. Natürlich wird Shogi dem Schachspiel nicht nützen, wenn man es so sehr mag, dass man ein ernsthaftes Schachstudium auf Dauer aufgibt.

Worauf sollte sich ein Shogispieler bei seinem Training konzentrieren, um seine Fähigkeiten zu verbesssern (Partien spielen, Studium von Eröffnungen, Handicapspiele, Analyse von Meisterpartien)?
Bei mir waren das Spielen und Studieren von Handicappartien der Schlüssel. Wenn man niemals Handicapspiele studiert hat, ist es schwer, den Sinn aus Eröffnungen und den Zügen von Profis zu erfassen.

Sie sind auch ein Experte in der Schachprogrammierung. Glauben Sie, dass Computerprogramme in der Zukunft die besten Shogiprofis schlagen werden können.
Ja, ich glaube, dass dieser Zeitpunkt nur ein paar Jahre entfernt ist. Es ist eine viel schwierigere Aufgabe als Top-Profis beim Schach zu schlagen, aber Computerprogramme können bereits Großmeistern einen Bauern vorgeben. Ich sage sogar voraus, dass innerhalb von zehn Jahren Computer in der Lage sein werden, Shogiprofis erfolgreich eine Lanze vorzugeben.

Wie beurteilen Sie die weitere Shogientwicklung? Wird es seinen Weg auch außerhalb von Japan und Asien machen?
Ich habe erwartet, dass dies so sein würde, aber ich bin ziemlich enttäuscht, dass dies bisher nicht in nennenswertem Umfang passiert ist. Zum Teil liegt es an der Sprachbarriere, was sowohl die Beschriftung der Steine als auch die Literatur betrifft. Ich glaube aber auch, dass für die meisten Schach kompliziert und reich genug ist, so dass sie nicht das Bedürfnis nach einer komplizierteren Schachversion haben.

Wenn ein Shogi-Gott drei Wünsche erfüllen würde, die Shogi betreffen, welche würden Sie auswählen?
1. Ich würde mir wünschen, dass die einfache Strategie, den eigenen König in die Ecke zu ziehen und mit Generälen zu umgeben (Anaguma Gakoi), nicht so erfolgreich wäre.
2. Ich würde mir wünschen, dass es immer einen Weg geben würde, den Kampf erfolgreich zu beginnen. In einigen Eröffnungen gibt es objektiv nichts besseres als passive Züge zu machen.
3. Die Impasse-Regel (beide Könige sind im gegnerischen Lager) ist ungeschickt und muss reformiert werden. Ein Profispieler hat vorgeschlagen, dass der erste Spieler, der mit seinem eigenem König das Ursprungsfeld des gegnerischen Königs besetzt, gewinnen sollte.
Dies ist ein Vorschlag, den ich mag.

Shogi mit dem Computer

In diesem Kapitel erfahren Sie etwas über die Möglichkeiten, wie Sie verschiedene Shogi-Programme zur Verbesserung Ihrer Spielstärke nutzen können.

Sie erhalten
- einen Überblick über Shogi-Programme, die zum größten Teil sogar kostenlos sind,
- die Internetadressen, von denen Sie den Download vornehmen können,
- einen Überblick über Stärken und Schwächen der Programme,
- sowie weiterführende Tipps und Tricks, wie Sie die beschriebenen Programme nutzen können, um Ihre Spielstärke weiter zu verbessern.

Zusätzlich gibt es Informationen,
- wie man im Internet auf Shogiservern gegen menschliche Gegner spielen,
- über welche Foren man sich mit Gleichgesinnten austauschen und
- wo man interessante Informationen aus der Shogiszene finden kann.

Schließlich beantwortet noch ein erfolgreicher Computershogi-Entwickler Fragen zum Stand und der Zukunft der Shogiprogrammierung.

Shogiprogramme

Die Shogi-Programme, die hier vorgestellt werden, lassen sich grob in zwei Kategorien unterteilen:

1. Selbständig spielende Shogi-Programme mit eigener Oberfläche.

2. Shogi-Engines.
Darunter werden Programme verstanden, die unter einer gemeinsamen Oberfläche spielen. Viele Schachspieler kennen sicherlich Programme wie z.B. ‚Fritz', die es ermöglichen unter ihrer Oberfläche eine Vielzahl von Schachprogrammen einzubinden. Es gibt auch im Shogibereich freie Software, die eine komfortable Bedieneroberfläche bietet, und den Anschluss verschiedener Shogi-Engines erlaubt.

Für den Shogispieler hat dies zwei Vorteile:
1. Man hat eine Oberfläche, mit der man spielen und analysieren kann. Wenn man gegen eine andere Shogi-Engine spielt, braucht man sich nicht umzugewöhnen.
2. Hat man keine Lust hat, selber zu spielen, dann kann man auch zwei Shogiprogramme gegeneinander antreten lassen, während man selber nur zuschaut oder schwimmen geht.

ShotestShogi 3D

Shotest Shogi 3D ist das einzige kommerzielle Programm in dieser Aufstellung und mittlerweile nur noch für die XBOX erhältlich. Es nutzt die graphischen Möglichkeiten, die Spielekonsolen bieten und vermittelt viel Shogi-Atmosphäre.

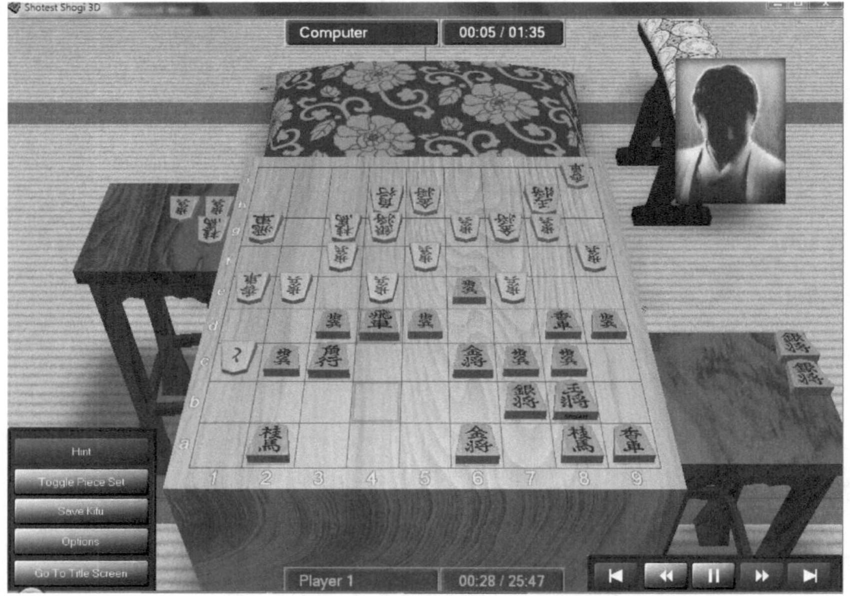

ShotestShogi 3D bietet Profiatmosphäre

Die dreidimensionale Darstellung, die Einblendungen des gegnerischen Computerspieler, der über seinen nächsten Zug grübelt, und die animierten Spielzüge nähren die Illusion, selber um den Titel des Meijin zu spielen. Shotest Shogi 3D bietet insgesamt 30 Spielstufen sowie feste Einstellmöglichkeiten für Partien mit festen Zeitvorgaben pro Zug oder für die gesamte Partie. Handicapspiele werden unterstützt ebenso wie die Möglichkeit gegen einen anderen Menschen zu spielen.

Anfängern bietet Shotest Shogi 3D neben der klassischen Beschriftung zwei weitere Varianten von Spielsteinen an, die die ungewohnten Zugmöglichkeiten stärker visualisieren und den Zugang zum Shogi erleichtern sollen.

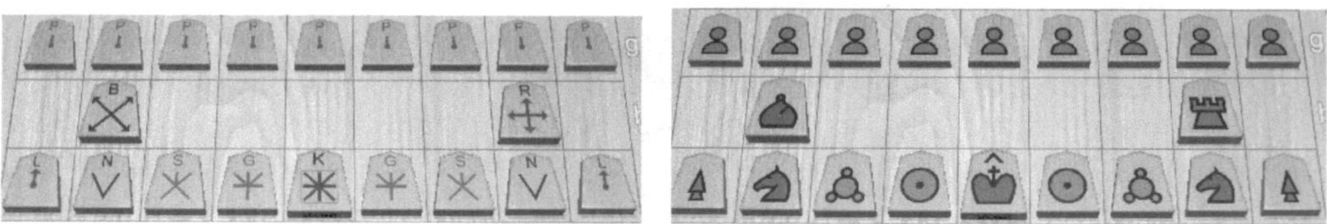

Zwei weitere Beschriftungsvarianten der Spielsteine

Das Programm nutzt die Shogi-Software Shotest, die bei vergangenen Computershogiweltmeisterschaften mehrfach vordere Platzierungen errungen hat.

Shotest Shogi 3D lässt keine Spiele gegen sich selber zu. Auch die Eingabe von Positionen ist nicht möglich. Die Eingabe von Partien ist im Modus Mensch – Mensch möglich, jedoch kann man diese nicht an bestimmten Positionen gegen den Computer weiterspielen.

Alles in allem ein sehr starker Spielpartner, dem man jedoch noch weitere Funktionen wünscht, um ihn zum Training nutzen zu können.

Website: http://www.shotest.co.uk/
Preis: etwa 10 € für die XBOX (Stand: Januar 2026)

Shogidokoro - die Standardoberfläche für Shogi-Engines

Shogidokoro ist kein Spielprogramm, sondern nur eine graphische Oberfläche die verschiedene Shogi-Programme (so genannte Engines) nutzen können. Aber die Möglichkeiten, die Shogidokoro und geeignete Engines bieten, sind so umfassend, dass sie eine echte Trainingshilfe darstellen.

Im Folgenden werden die Funktionen kurz beschrieben, anschließend etwas ausführlicher die konkreten Möglichkeiten, die Shogidokoro mit geeigneten Engines bietet, um als starker Trainingspartner zu dienen.

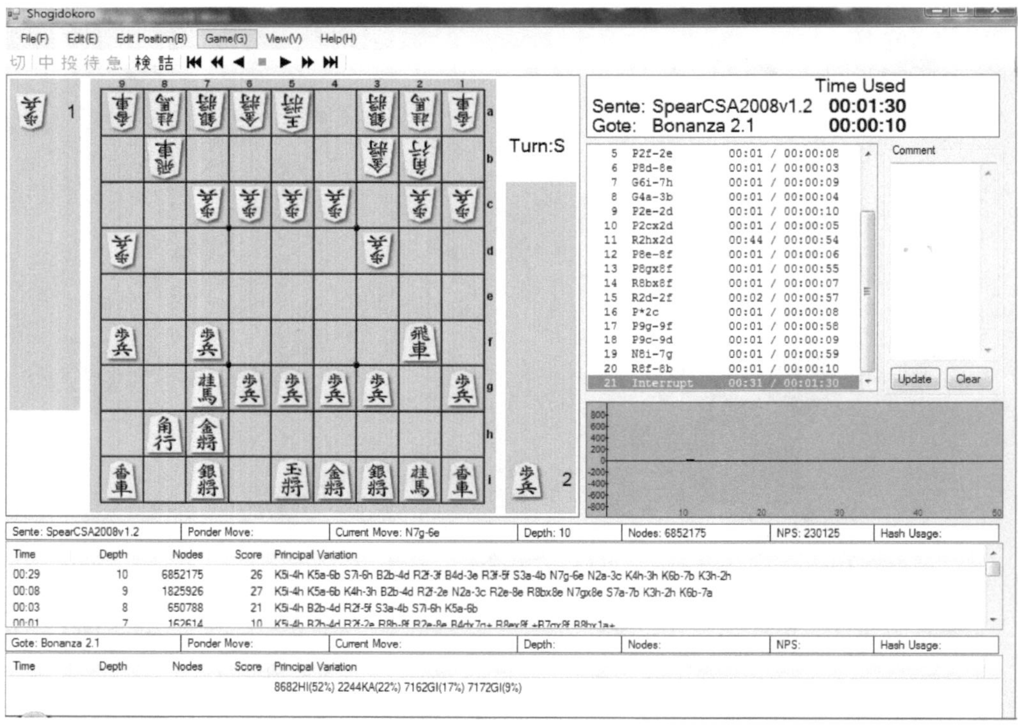

Shogidokoro ist DIE Oberfläche für viele Shogi-Engines

Shogidokoro bietet die Möglichkeit, bestimmte Engines zu laden und so unter einer Oberfläche mit unterschiedlichen Programmen zu spielen. Zeiten zur Partiedauer und zum Byoyomi können frei eingegeben werden, werden aber nicht von allen Programmen berücksichtigt. Neben der Möglichkeit, gegen andere menschliche Gegner zu spielen und Shogidokoro nur als Spielbrett zu nutzen, existiert auch ein Modus, verschiedene Programme automatisch gegeneinander spielen zulassen. Dabei werden die Anzahl der Partien und die Bedenkzeit angegeben. Shogidokoro führt die Partien automatisch aus und speichert sie in einem angegebenen Verzeichnis ab.
Während einer Partie werden die aktuellen Bewertungen mit der erwarteten Variante angezeigt, so dass man einen Blick 'in das Gehirn' der Programme werfen kann.

Abgerundet wird Shogidokoro durch die Möglichkeit, Stellungen einzugeben, Stellungen zu analysieren und auch nach einem Matt zu suchen.
Das Speichern und Laden von Partien wird in den Formaten KIF, PSN und CSA vorgenommen.

Shogidokoro ist Freeware und kann von folgender Website heruntergeladen werden: https://shogidokoro2.stars.ne.jp/download.html

Eine relativ schwache Engine ist bereits bei Shogidokoro enthalten.
Unter folgender Website werden die verfügbaren Engines aufgelistet: https://shogidokoro2.stars.ne.jp/enginelink.html

BCM Games – Analysieren und mehr ...

Einen interessanten neuen Weg bietet die Software BCM Games. Entwickelt hat sie Bernhard C. März aus Regensburg und sie zieht in der Shogiszene immer weitere Kreise. BCM Games kann die gleichen Engines nutzen, die auch Shogidokoro einbinden kann. Der Schwerpunkt liegt aber nicht im Spiel gegen diese Engines (so kann man zum Beispiel nicht die in SPEAR enthaltenen Spielstufen einstellen), sondern in einer vollautomatischen Analysemöglichkeit von Partien. Die Bewertungen der Stellungen werden als Kommentare eingetragen und können so später studiert werden. Auch die interaktive Analyse wird gut unterstützt. In einem eigenen Fenster zeigt die eingebundene Engine die favorisierte berechnete Variante an. Möchte man diese nachspielen oder vielleicht auch andere Wege ausprobieren, so kann man den Zug ausführen. Automatisch wird in der Notation eine Variante angelegt, die man auch mit eigenen Kommentaren versehen kann. Die Speicherung dieser Notation mit allen angelegten Varianten erfolgt in einem eigenen Format und ist zur Zeit nur über BCM Games aufrufbar.

Die Beschreibung dieser hilfreichen Möglichkeiten erfolgt etwas später in diesem Kapitel.

Spielbrett und –steine können aus einer Vielzahl von Vorlagen frei gewählt werden. Auch das Einbinden eigener Designs ist möglich.

Viele Features bieten hilfreiche und auch ungewohnte Unterstützung beim Shogitraining. Bewegt man die Maus über die Spielsteine, so zeigen Pfeile die möglichen Züge an. Sehr interessant auch beim Nachspielen von Partien ist die Einstellung, die Beherrschung der Felder anzeigen zu lassen. So erkennt man auf einen Blick Einsetzmöglichkeiten von Steinen und sieht, welche Teile des Brettes vom welchem Spieler beherrscht werden.
Eine weitere Option heißt ‚Shogi22680', bei der die Anordnung der Steine auf der Grundreihe per Zufall ermittelt wird.

BCM Games kann über den folgenden Link heruntergeladen werden:
http://www.shogi24.com/links.htm

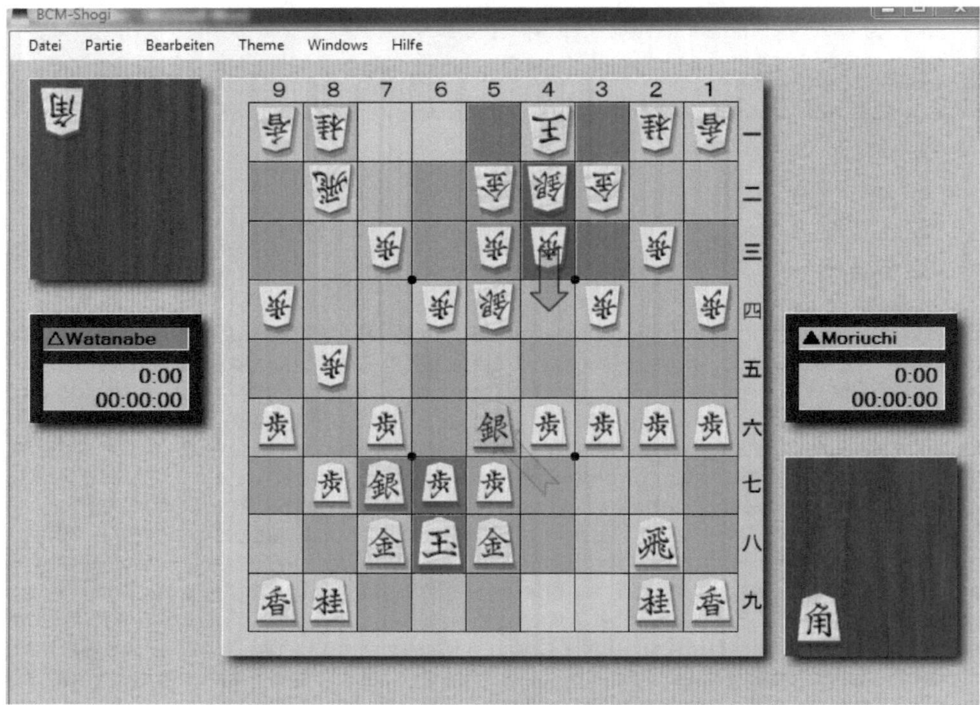

BCMGames ist DAS Analysetool mit vielen Features

Engines für Shogidokoro und BCM Games

Es gibt eine ganze Reihe von Engines, die man mit den Oberflächen von Shogidokoro und BCM Games nutzen kann.

Ich möchte zwei Engines hervorheben.

SPEAR von Reijer Grimbergen

SPEAR wurde von Reijer Grimbergen zu Forschungszwecken im Bereich künstlicher Intelligenz realisiert und hat viele Jahre lang an der jährlich stattfindenden Computer-Shogi-Weltmeisterschaft teilgenommen. Es bietet 10 Spielstärken und eine eigene Mattsuche-Stufe.

Partien können in verschiedenen Formaten gespeichert werden, wie zum Beispiel das CSA-Format und das PSN-Format. Das PSN-Format hat den Vorteil, dass es weitgehend der Notation entspricht, die in diesem Buch angewendet wird und man problemlos auch ohne Computer eine Partie nachspielen kann.

SPEAR spielt so stark, dass das Programm für einen Amateur lange eine Herausforderung ist. Die Spielstärke liegt schätzungsweise bei 1. Dan.

SPEAR ist Freeware und unter folgender Web-Site herunterzuladen:
http://www2.teu.ac.jp/gamelab/SHOGI/shogipage.html

Bonanza

Bonanza stammt von einem japanischen Autor und ist ebenfalls regelmäßiger Teilnehmer an der Computer-Shogi-Weltmeisterschaft. Der größte Erfolg gelang 2006, als es den ersten Platz errang. Eine besondere Ehre war sicherlich auch das Spiel gegen den Profi Watanabe im Jahr 2007, welches Bonanza verlor. Die Partie ist im Partienteil dargestellt.

Die Spielstärke Bonanzas kann man über die Anzahl der Halbzüge oder die Bedenkzeit pro Zug einstellen.

Bonanza gehört sicherlich zu den spielstärksten Programmen. Die Freeware ist im Internet unter folgender Adresse aufgelistet:
https://shogidokoro2.stars.ne.jp/enginelink.html

Von hier kann man zu den Downloadseiten von Bonanza und der ebenfalls erforderlichen Software Bonadapter verzweigen.

Training mit Shogidokoro und BCM Games

Wie kann man nun die vorgestellten Programme am sinvollsten für das eigene Training nutzen? Gerade Shogidokoro und BCM Games bieten eine Reihe von Möglichkeiten, als persönliche Shogitrainer zu fungieren.
Hier folgen einige Erfahrungen und Ratschläge, die vorgestellte Software effektiv zu nutzen.

Beginnen möchte ich mit dem Einsatz von Shogidokoro.

Training mit Shogidokoro

Als Engine, die die gesamte Funktionalität Shogidokoros unterstützt, habe ich SPEAR ausgewählt.

Vorarbeiten:
Bevor das Training beginnen kann, muss Shogidokoro die Engines kennen, die das Shogiwissen beinhalten.
Die Adressen zum Herunterladen findet man unter:
https://shogidokoro2.stars.ne.jp/enginelink.html

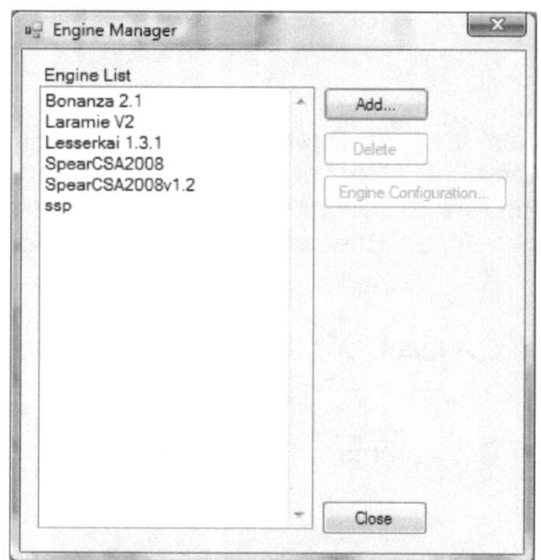

Der Engine Manager von Shogidokoro

Die Integration der Engines erfolgt über das Menü Game --> Engine Manager.

Über die Schaltfläche ‚Add...' kann die gewünschte Engine ausgewählt werden.

Trainingsspiele

Über das Menü können über Game → Start New Game... verschiedene Einstellungen für eine Trainingspartie getroffen werden.

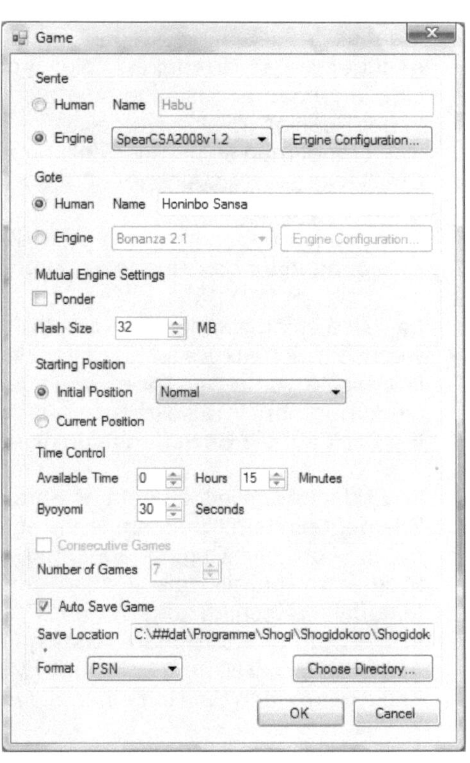

Einstellungsmöglichkeiten vor Partiebeginn

Vor der ersten Partie wird ausgewählt, wer *Sente* und wer *Gote* ist. Die spezifischen Parameter der Engine müssen über die Schaltfläche ‚Engine Configuration...' eingestellt werden.

Im Bereich ‚Starting Position' kann man die normale Startaufstellung oder auch verschiedene Handicapstufen wählen.

Dann erfolgt die Eingabe der Bedenkzeit. Die Engine SPEAR hält sich auch grundsätzlich an diese Vorgabe, andere Engines ignorieren diese. Ein Überschreiten der Bedenkzeit durch den menschlichen Gegner führt aber nicht zum automatischen Verlust der Partie. Hier liegt es an einem selbst, wie eng man die Vorgabe der Bendenkzeit sehen möchte.

Eine automatische Speicherung der Partie findet im angegebenen Verzeichnis statt.

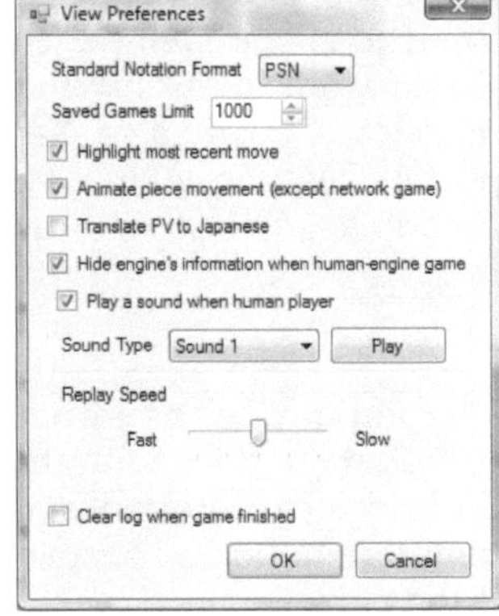

Über das Hauptmenü ‚View...' --> ‚Preferences...' kann man beim Punkt ‚Hide engine's information...' entscheiden, ob man die aktuell erwartete Variante und die Bewertung des Programms sehen möchte oder ob einem - wie bei einer ernsthaften Partie - die Pläne und Überlegungen des Gegners erst auf dem Brett präsentiert werden.

Computer – Computer

Einfach zurücklehnen und entspannt einer gute Partie zuschauen...
Shogidokoro kann gegen sich selber spielen und der Trainingseffekt für den Zuschauer sollte nicht unterschätzt werden.
Man sollte dabei die Bedenkzeit für den Computer nicht zu gering wählen, um genügend Zeit zu haben, die Stellung zu analysieren und eigene strategische Überlegungen anzustellen oder sich auf einen Zug festzulegen, welchen man selber in der Position spielen würde.
Wie ordnet man selber die Stellung ein? Ist *Sente* oder *Gote* im Vorteil?
Die Bewertungsanzeige im unteren Teil des Bildschirms zeigt, wie das Programm die Situation sieht.
Man kann beobachten, wie sich die Eröffnung entwickelt. Vielleicht erhält man ja Anregungen für das eigene Eröffnungsrepertoire.

Im Mittelspiel nimmt die Komplexität stark zu. Drohungen und Gegendrohungen wechseln sich ab. Es ist hier nicht leicht, den Überblick zu behalten.
Man sollte versuchen, den Zweck jeden Zuges zu erkennen. Welche Steine werden direkt bedroht? Wie sollte man auf diese Drohung reagieren? Wer ist nun im Vorteil?
Ein Blick auf die Bewertungsfunktion zeigt auch die geplante Hauptvariante.

Im Endspiel schließlich geht es darum, die Entscheidung zu erzwingen.
Wie geht es dem König an den Kragen?
Es ist von der Engine abhängig, ob bis zum Matt gespielt wird, oder ob das Programm bereits die Partie aufgibt, wenn ein Matt unabwendbar oder der Materialunterschied zu gravierend ist.
In diesem Fall sollte man versuchen, die Partie zu Ende zu spielen und die bereits gewonnene Stellung bis zum Matt zu führen. Dies schult die technischen Fähigkeiten, den Gewinn einer ‚eigentlich' gewonnenen Stellung zu realisieren.

Auch Partien Computer-Computer können gespeichert werden, um diese bei Bedarf nachzuspielen und kritische Situationen in Ruhe – auch mit Hilfe des Computers - zu analysieren.

Eine schöne Möglichkeit besteht auch darin, verschiedene Engines unter Matchbedingungen gegeneinander spielen zu lassen.
Dazu wählt man im Hauptmenü ‚Game -> Start New Game ...' aus und stellt im Bereich ‚Consecutive Games' die Anzahl der Partien ein, die gespielt werden sollen. Bei Aktivierung ‚Auto Save' werden auch alle Partien gespeichert. Die Einstellung der Engines sollte nach Auswahl der Schaltflächen ‚Engine Configuration' kontrolliert bzw. angepasst werden.

Partien mit Zeitbegrenzung

Bei Partien, die im Internet gespielt werden, finden Zeitkontrollen statt. Diese können in Shogidokoro ebenfalls eingestellt werden und sind ein gutes Mittel, um das Spiel unter Zeitdruck zu simulieren. Die Einstellung erfolgt im Hauptmenü unter 'Game... -> Start New Game...'
Shogidokoro bricht die Partie nicht ab, wenn ein Partner die Zeit überschritten hat, anders als die Internet-Server, die gnadenlos eine durch Zeitüberschreitung

beendete Partie als verloren werten. Somit liegt es bei einem selber, die Zeitüberschreitung als Niederlage zu werten ... oder eben nicht.
Die Zeitbegrenzung sollte auch als Trainingsmittel eingesetzt werden. Möchte man sich auf ein Live-Shogi-Turnier vorbereiten (also auf ein Turnier, bei dem sich sie zwei Spieler tatsächlich gegenübersitzen), so sollte auch die Zeitkontrolle den Turniervorgaben entsprechen. Diese beträgt häufig 45 Minuten für die gesamte Partie, evtl. mit Byoyomi.
Kurze Bedenkzeiten sollten erst dann gewählt werden, wenn man den Blick für Shogistellungen geschult hat. Qualität geht vor Quantität, d.h. es ist besser eine durchdachte Shogipartie zu spielen als zehn dahingeworfene Blitzpartien.

Mattsuchestufe
Mittlerweile dürfte sich eine Vielzahl von Partien auf der Festplatte des PCs gesammelt haben. Nicht alle enden mit einem Matt, da einer der Gegner vorher aufgegeben hat. Aber vielleicht ist ein Matt ja zwingend.
Shogidokoro bietet eine Mattsuchestufe an.
Im Hauptmenü wählen Sie unter 'Game -> Solve Mate Problem...' die Engine aus, die das Matt suchen soll. Nicht alle Engines unterstützen diese Funktionalität. Jedoch liefert die Engine SPEAR sehr gute Ergebnisse.
Um zu untersuchen, ob eine Stellung zwingend zu einem Matt führt, positionieren Sie sich auf den letzten Zug des Spielers, der verloren hat und betätigen das Icon 'Solve Mate Problem'.
Shogidokoro meldet in Sekundenschnelle, ob ein Matt gefunden wurde und in wie viel Halbzügen es erfolgt. Außerdem wird eine Zugfolge in der Partienotation angehängt.

Um die eigenen kombinatorischen Fähigkeiten zu schulen, sollte man versuchen, bei Stellungen, in denen ein Matt zwingend ist, dieses auch zu finden. Dazu wählt man als Gegner eine Engine aus und spielt ab der Position, in der Shogidokoro ein unabwendbares Matt gefunden hat. Der Computer wird die beste Verteidigung finden.

Diese Trainingsmethode bewirkt zweierlei. Zum einen kann man das schöne Gefühl genießen, den Gegner mattzusetzen, zum anderen - und das ist viel wichtiger - schärft man den Blick für die Positionen, denen ein Matt innewohnt und erlernt die Methoden, dieses Matt zu forcieren.

Training mit BCM Games
Bevor das Training beginnen kann, muss BCM Games die Engines kennen, die das Shogiwissen beinhalten. Standardmäßig wird SPEAR mit ausgeliefert.
Weitere Adressen zum Download von Engines findet man unter:
https://shogidokoro2.stars.ne.jp/enginelink.html

Die Integration der Engines erfolgt direkt über Einträge in der Datei ‚engines_0.ini'.

Es reicht normalerweise, das Verzeichnis und die exe-Datei der Engine einzutragen, und schon ist die Engine für BCM Games verfügbar.

Eine Ausnahme ist die Engine ‚Bonanza', bei der man zusätzlich das Programm ‚Bonadapter' in das gleiche Verzeichnis, in dem ‚Bonanza liegt' herunterladen und in die Datei ‚engines_0.ini' eintragen muss.

Hier ein Beispiel für die Engine ‚Bonanza', wenn die heruntergeladenen Dateien im USI-Verzeichnis von BCM Games liegen:

```
[Engine:Bonanza V6.0]
CMD=USI\bonanza_v6.0\winbin\Bonadapter.exe
```

Eröffnungstraining

In Computerprogrammen sind häufig ganze Eröffnungsbibliotheken gespeichert, die viele tausend Züge und Positionen umfassen können. Man kann versuchen, diese 'buchmäßigen' Eröffnungen zu ermitteln und sein eigenes Eröffnungsrepertoire mit ihnen zu erweitern.
Vorgehen kann man wie folgt:
Im Menü stellt man unter Windows → Optionen → Registerkarte Lernhilfen die Option ‚Zeige Buchzüge' ein.

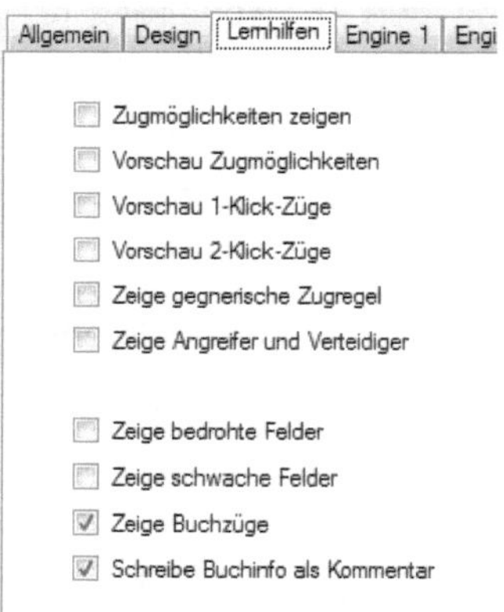

Kehrt man dann zum Spielbrett zurück, so werden mittels verschieden großer Pfeile die in der Eröffnungsbibliothek enthaltenen Züge angezeigt. Dabei zeigt ein breiter Pfeil, dass dort mehr Varianten gespeichert sind, als bei einem dünnen Pfeil.

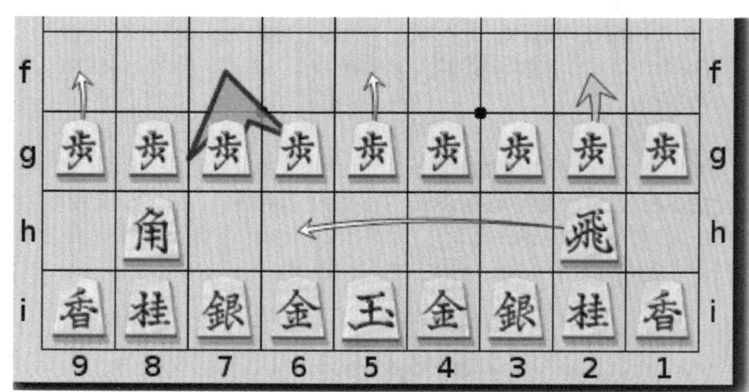

Eröffnungsvarianten in der Anzeige von BSM Games

Nun kann man bequem die Züge nachspielen und erfährt so, welche Varianten in der Bibliothek enthalten sind.

Dieses Verfahren erklärt natürlich nicht, warum ein gespeicherter Zug Bestandteil der Eröffnungsbibliothek ist und welche strategischen Überlegungen dahinterstecken. Es kann jedoch helfen, in der ersten Zeit Züge auszuwählen, die nicht unmittelbar zum Nachteil führen. Man bewegt sich auf bekannten Pfaden und läuft nicht Gefahr, bereits in den ersten Zügen orientierungslos herumzuirren.

Wenn man selber einen bestimmten Eröffnungstyp bevorzugt (z.B. Static Rook), so kann man auch nach den ersten Zügen den Computer einfach gegen sich selber spielen lassen und zusehen, wie sich die Partie entwickelt und ob sich bestimmte typische Angriffsmuster ergeben.

Dazu wählt man im Menü Partie → Spielmodus und lässt die Engine gegen sich selber spielen (Startstellung = ‚Diese Stellung‘).

Automatische Analyse von Partien

Hier liegt die Hauptmotivation und die eigentliche Stärke von BCM Games. Eigene Partien können automatisch analysiert werden. Die Analysearbeit übernimmt dabei die gewählte Engine.

Die zu analysierende Partie wird geladen. Danach wird der Menüpunkt Partie → Spielmodus ausgewählt. Hier sollte man ‚Berechnungen als Kommentare' und ‚Autoanalyse' markieren.

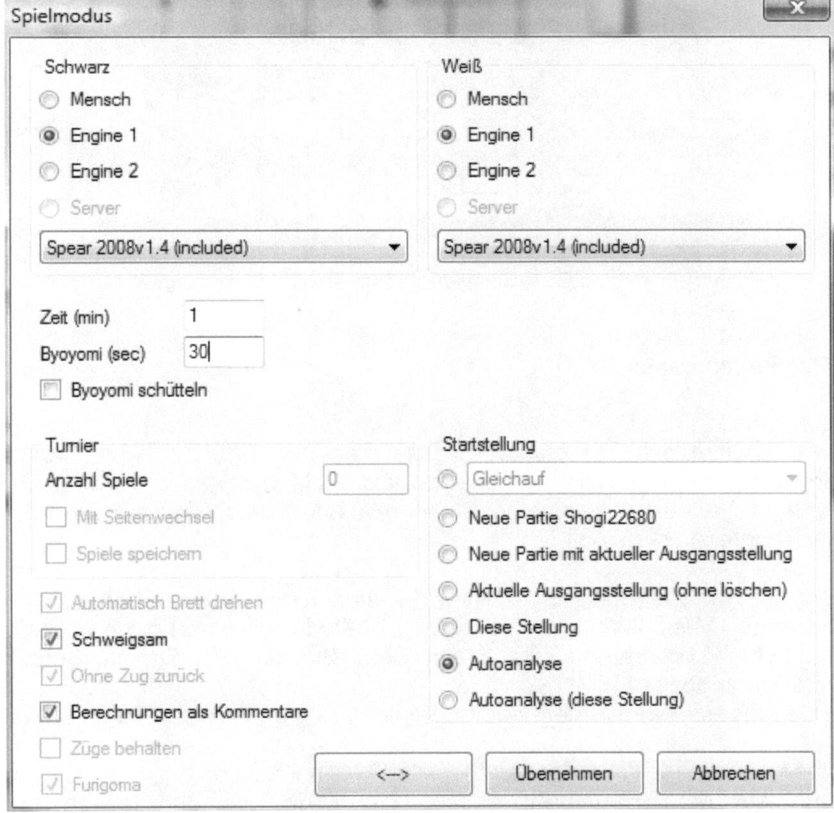

Einstellungsmöglichkeiten von BCM Games: auch eine Autoanalyse ist möglich!

Im Folgenden wird die Partie automatisch durchgespielt. Man erhält sehr schnell einen Überblick über die kritischen Züge, in denen vielleicht die eigene Partie gekippt ist oder wie man im Endspiel den gegnerischen König hätte mattsetzen können. Die Partienotation wird um Kommentare ergänzt, in denen die Bewertung der Engine abgelegt wird.

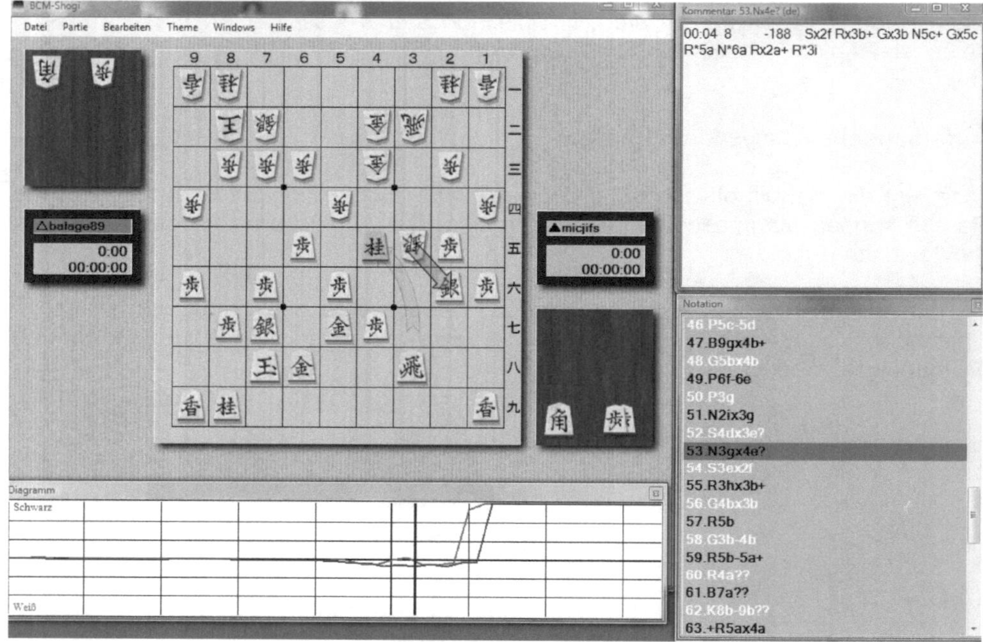

Alles auf einen Blick: Brett, Kommentar, Notation und Bewertungsverlauf

Eigene Partien analysieren

Spielstärke gewinnt man nur dadurch, dass man aus eigenen Fehlern oder aus denen des Gegners lernt. Die Autoanalyse von BCM Games ist der erste Schritt, diese Fehler zu erkennen. Kritische Stellungen lassen sich auf einfache Art und Weise näher untersuchen.

Dazu geht man an die Stelle der Partie, die man näher untersuchen möchte und blendet über das Menü (Windows -> Engine1 und/oder Engine2) die Analysefenster der gewünschten Programme ein. Nach dem Starten der Engine werden die Hauptvarianten angezeigt.
Auf dem Hauptfenster wird zudem der empfohlene Zug durch einen Pfeil dargestellt.

Sie möchten nun einige Varianten durchspielen? Kein Problem!
Sie führen auf dem Hauptbrett einfach die Züge aus und lassen sich im Analysefenster die augenblickliche Bewertung der Engine anzeigen. Die durchgespielten Varianten können ebenfalls mit Kommentaren versehen und neben

der Notation mitgespeichert werden. Dies geschieht jedoch in einem eigenen Format, welches nur von BCM Games gelesen werden kann.

Engine 1: Spear2008v1.4 (without book) (Nodes:18873096)

Zeit	Tiefe	Wert	Zugfolge
01:21	10	-132	Sx2f Rx3b+ Gx3b B*6b B*3g R*5a R*6a R5b+ G3b-4b +Rx6a Sx6a B5a+
00:42	9	-132	Sx2f Rx3b+ Gx3b B*6b B*3g R*5a R*6a R5b+ G3b-4b +Rx6a Sx6a B5a+
00:04	8	-188	Sx2f Rx3b+ Gx3b N5c+ Gx5c R* 5a N*6a Rx2a+ R*3i
00:02	7	-201	Sx2f Rx3b+ Gx3b N5c+ Gx5c R* 5a N*6a Rx2a+
00:00	6	-88	Sx2f Rx3b+ Gx3b R*5a R*6a R5b+ G3b-4b
00:00	5	-83	Sx2f Rx3b+ Gx3b R*5a R*6a R5b+
00:00	4	-212	Sx2f Rx3b+ Gx3b R*5a G2b R3a+
00:00	3	-381	Sx2f Rx3b+ Gx3b G5g-5h
00:00	2	-401	Sx2f Rx3b+ Gx3b
00:00	1	-390	Sx2f

Detaillierte Anzeige der Stellungsbewertung

Mit BCM Games kann man auch Partien nachspielen und analysieren, die im Internet auf dem Shogiserver Lishogi gespielt worden sind. Die genaue Beschreibung der Funktionalitäten von Lishogi findet sich im Kapitel ‚Shogispielen im Internet'.

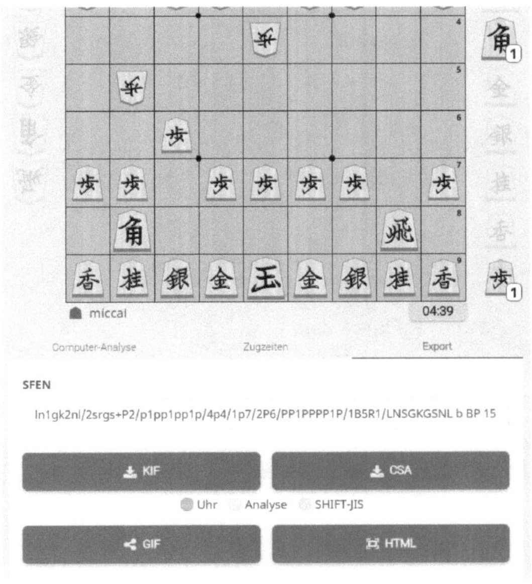

Lishogi-Notation herunterladen

Hier der Weg, diese Partien vom Server zu laden:

- direkt nach der Partie das ‚Analysebrett' wählen.
- dort im unteren Bereich ‚Export' wählen und die Partienotation entweder im CSA- oder KIF-Format auf den PC herunterladen.

BCM Games liest diese Partie ein, wenn man im Hauptmenü ‚Datei -> Laden' wählt.

Dateien vom Spieleserver ‚**Playok.com**' können wie folgt heruntergeladen werden: Nach dem Einloggen, den Punkt ‚Statistik' wählen, dann die Registerkarte ‚Spiele' anklicken und hinter dem gewünschten Spiel auf ‚txt' klicken oder aber den Punkt ‚Spiele im Textformat herunterladen' wählen.

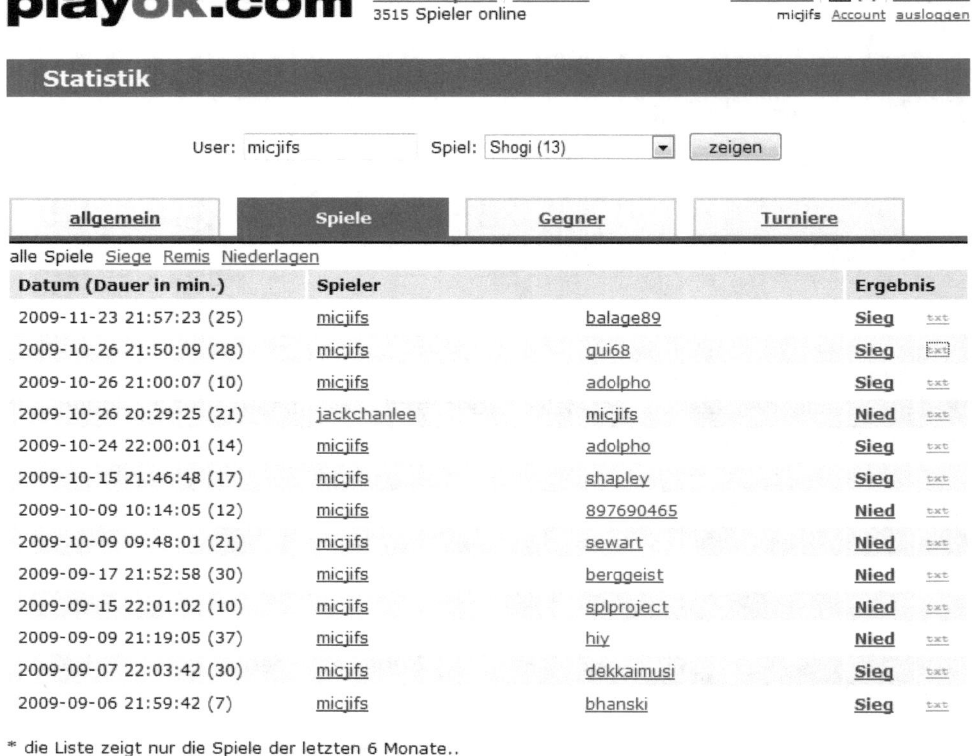

Datum (Dauer in min.)	Spieler		Ergebnis	
2009-11-23 21:57:23 (25)	micjifs	balage89	Sieg	txt
2009-10-26 21:50:09 (28)	micjifs	gui68	Sieg	txt
2009-10-26 21:00:07 (10)	micjifs	adolpho	Sieg	txt
2009-10-26 20:29:25 (21)	jackchanlee	micjifs	Nied	txt
2009-10-24 22:00:01 (14)	micjifs	adolpho	Sieg	txt
2009-10-15 21:46:48 (17)	micjifs	shapley	Sieg	txt
2009-10-09 10:14:05 (12)	micjifs	897690465	Nied	txt
2009-10-09 09:48:01 (21)	micjifs	sewart	Nied	txt
2009-09-17 21:52:58 (30)	micjifs	berggeist	Nied	txt
2009-09-15 22:01:02 (10)	micjifs	splproject	Nied	txt
2009-09-09 21:19:05 (37)	micjifs	hiy	Nied	txt
2009-09-07 22:03:42 (30)	micjifs	dekkaimusi	Sieg	txt
2009-09-06 21:59:42 (7)	micjifs	bhanski	Sieg	txt

Liste der eigenen Spiele bei Playok.com

Die Notation muss man in eine Text-Datei kopieren und mit der Endung ‚psn' versehen. BCM Games ist dann in der Lage, die Partie zu laden.

Auch das Herunterladen von Partien des Servers ‚**81Dojo**' ist sehr einfach. Man kann direkt nach der Partie über ein Icon die Partie speichern (mit der Endung ‚kif'). BCM Games kann auch dieses Format problemlos laden.
Möchte man früher gespielte Partien herunterladen, so bietet 81Dojo eine Suchfunktion an, die die Partien auflistet.

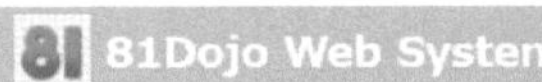

Kifu search result

New search

11 wins - 12 losses - 0 draws

	Time(UTC)	Players	Rule	Opening	Moves	Ending	Link
	2017-09-08 06:56	☗1495 Vito ☖1632 nk0313	Rated 5-30				Playing
○	2017-09-08 06:32	☗1286 GREAdes ☖1488 **Vito**	Rated 5-30	4th-file Rook	92	Resign	KIFU
●	2017-09-08 06:25	☗1658 **kemuri** ☖1497 Vito	Rated 5-30	Side Pawn	74	Illegal	KIFU
○	2017-09-07 06:54	☗1482 **Vito** ☖1464 pritz	Rated 5-30	4th-file Rook	75	Time-up	KIFU
●	2017-09-07 06:42	☗1446 **pritz** ☖1500 Vito	Rated 5-30	Free style	67	Resign	KIFU
●	2017-09-06 04:49	☗1502 Vito ☖1181 **fudou**	Rated 5-30		34	Resign	KIFU
●	2017-09-06 04:08	☗1623 **james55** ☖1513 Vito	Rated 5-30	Free style	95	Resign	KIFU
●	2017-09-06 03:23	☗1765 **BichonFrise** ☖1519 Vito	Rated 5-30	Side Pawn	63	Resign	KIFU

Partiesuche bei 81Dojo

Meisterpartien nachspielen und analysieren

Wie bereits gerade erläutert, ist es sinnvoll, eigene Partien zu analysieren und aus den eigenen und fremden Fehlern zu lernen.
Beim Nachspielen von Meisterpartien wird man Fehler kaum selber feststellen können. Was man jedoch tun kann, ist, Meisterpartien zu genießen und zu versuchen, den Sinn der Züge zu begreifen.
Computerprogramme können dabei eine Hilfestellung darstellen.

Eine Reihe Profipartien finden sich auf der Internetseite www.shogi24.com. Diese können heruntergeladen und mit BCM Games geöffnet werden.

Wie bereits bei der Analyse eigener Partien öffnet man das Engine-Fenster und lässt das gewählte Programm die aktuelle Stellung bewerten.

Ist einem der Sinn eines Zuges vollkommen unklar oder glaubt man sogar, der ausgeführte Zug sei fehlerhaft, so prüft man die eigene Idee, indem man den Zug auf dem Hauptbrett ausführt. Oft reicht die im Engine-Fenster angezeigte Hauptvariante bereits aus, um festzustellen, dass die eigene Idee nicht unbedingt erfolgversprechend war. Man kann jedoch auch den vorgeschlagenen Antwortzug ausführen und dann seinerseits auf diesen Zug reagieren. Diese Variante kann neben der Notation gespeichert werden.

Shogispielen im Internet

Haben Sie genug von Training und Theorie und wollen endlich Praxis? Das notwendige Rüstzeug haben Sie bereits. Nun können Sie es endlich erproben und gegen leibhaftige Gegner spielen.
In diesem Kapitel erfahren Sie, wo Sie im Internet zu jeder Tages- und Nachtzeit Spielpartner treffen, mit diesen freie oder auch ‚gewertete' Partien spielen, denn einen nicht unerheblichen Reiz des Spielens über das Internet macht es aus, einen Maßstab zur eigenen Spielstärke zu erhalten und die Entwicklung zu verfolgen.

Sind Sie bereit?

Spiele für jeden – www.playok.com

Auf dem Spieleserver ‚Playok.com' ist für jeden etwas dabei, von Schach bis Mau-Mau. Auch Shogi hat dort eine Ecke gefunden.

Die gesamte Oberfläche ist auch in Deutsch gestaltet, leider mittlerweile mit Werbeanzeigen verschandelt. Nach der kostenlosen Anmeldung, in der nur eine frei wählbare Userkennung und ein Kennwort eingegeben werden müssen, kann man auch sofort mit dem Spielen starten.

Zu Beginn wählt man sich einen Raum, in dem man spielen oder auch nur zusehen möchte.

Durch Doppelklick auf einen belegten Tisch kann man bei einer Partie zusehen. Man kann aber auch eine Partie an einem bereits bestehenden Tisch spielen oder selbst einen Tisch eröffnen Die Bedenkzeit kann natürlich auch bestimmt werden.

Über das Feld ‚Symbole' können Sie einstellen, dass Sie statt der japanischen Originalsteine eine dem westlichen Auge vertrautere Darstellung der Steine wählen.
Aber eigentlich haben wir doch die japanische Darstellung verinnerlicht, oder?
Na ja, wie auch immer, Sensei Miyamoto wird ein Auge zudrücken…

Danach muss man sich nur noch an den Tisch setzen und auf Gegner warten oder auch bestimmte Gegner zu einer Partie einladen. Das Setzen der Steine geschieht ganz intuitiv.
Am besten probiert man es mal bei einer freien Partie aus.

Wenn man gewertete Partien spielt, so berechnet der Spieleserver eine relative Wertungszahl, die sich nach gewonnenen Partien erhöht, nach verlorenen sinkt und auch von der Spielstärke des Gegners abhängt.

81Dojo – der Server für Spieler aus aller Welt

In der Shogiszene außerhalb Japans wurde lange über die Installation eines eigenen Shogiservers diskutiert, um auch nichtjapanischen Spielern eine eigene Online-Heimat zu bieten. Die vielen Ideen wurden durch einige unermüdliche Aktivisten in die Tat umgesetzt und ein neuer Platz zum Shogispielen geschaffen: 81Dojo (https://81dojo.com/)

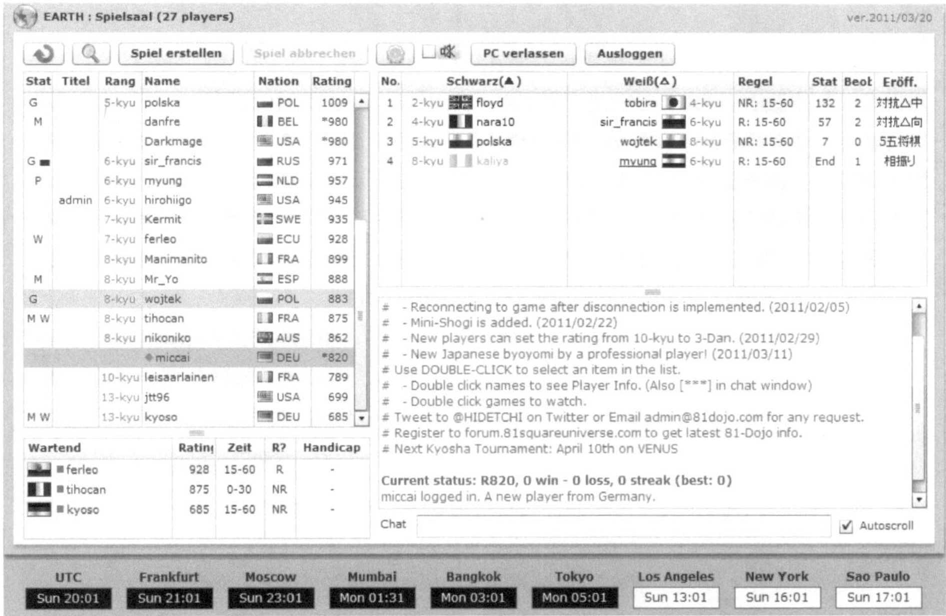

Die Einstiegsseite von 81Dojo

Zur kostenlosen Anmeldung wählt man einen Namen und ein Kennwort. 81Dojo ist mehrsprachig. Auch eine deutschsprachige Oberfläche lässt sich auswählen.

Will man bei einem Spiel nur zusehen, so kann man dieses per Doppelklick auswählen. Spieler, die auf Gegner warten, werden ebenfalls angezeigt und können herausgefordert werden. Als Bedenkzeiten werden folgende angeboten:

- 15 Minuten und 60 Sekunden Byoyomi
- 10 Minuten und 30 Sekunden Byoyomi
- 5 Minuten und 30 Sekunden Byoyomi
- 30 Sekunden Byoyomi

Es werden Wertungszahlen berechnet, die sich nach den Ergebnissen und der Spielstärke der Gegner richten. Aufgrund dieser Zahlen wird auch ein Dan- oder Kyu-Rang vergeben.

Auch das Spielen auf dem Shogibrett erfolgt intuitiv. Die Oberfläche ist liebevoll gestaltet. Man kann aus sehr klar gestalteten Mustern seinen Lieblingssatz an Steinen auswählen.

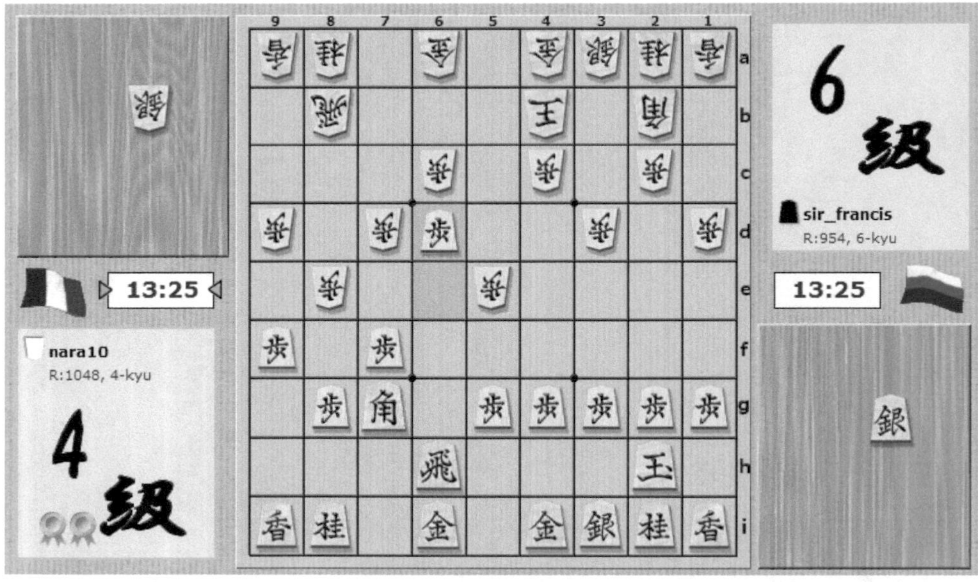

81Dojo besticht durch seine ansprechende Grafik und Interaktionsmöglichkeiten

Der Download der Partienotation erfolgt entweder direkt über eine Schaltfläche neben dem Spielbrett oder über einen eigenen Menüpunkt, bei dem man Partien suchen kann.

Geradezu revolutionär ist jedoch, dass man mit anderen Spielern eine Partie analysieren kann. Dazu können nach der Partie beide Spieler wie bei einem richtigen Brett, die Steine frei bewegen und per ‚Chat' kommentieren.

81Dojo überträgt zum Teil auch Partien von Titelkämpfen. Auch hier können sich die Zuschauer per Chat austauschen. Darüber hinaus können Pfeile, die jeder Zuschauer auf dem Brett ziehen kann, bestimmte Züge verdeutlichen.

Im 81Dojo werden regelmäßig Turniere angeboten, zu denen sich jeder anmelden kann. Diese Turniere erstrecken sich über mehrere Wochen.

Lishogi – die jüngere Schwester von Lichess

Kennen Sie den kostenlosen Schachserver Lichess? Falls ja, dann werden Sie sich mit Lishogi schnell anfreunden.

Unter https://lishogi.org/ finden Sie eine Oberfläche, die sowohl Spiel als auch Training ermöglicht.

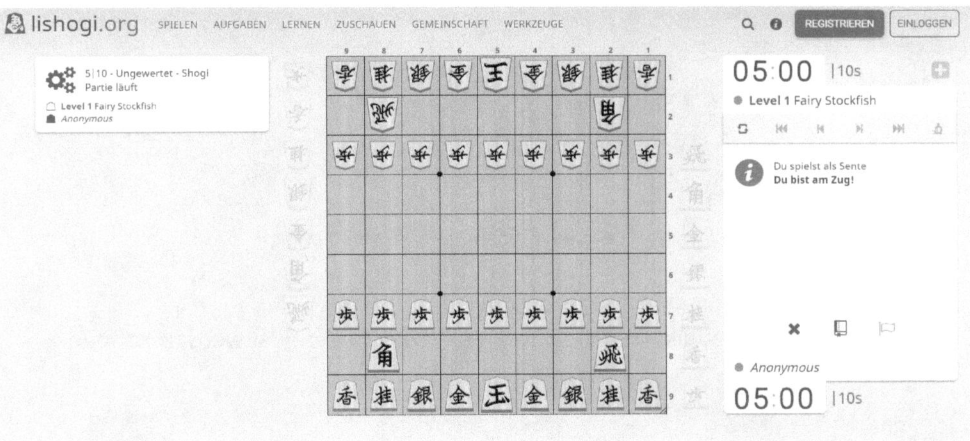

Soll es schnell gehen, wählt man eine der gängigen Bedenkzeiten aus und lässt sich einen Gegner zuteilen. Eine Angabe der gewünschten Spielstärke garantiert, dass man auf etwa gleich starke Spieler trifft – wenn man das so will.

Man kann sich aber auch mit Shogifreunden zu einer Partie treffen, indem man Lishogi einen Link generieren lässt, der den Partner genau zum eigenen Brett führt. Der Server ist zu jeder Zeit so gut besucht, so dass man immer einen Gegner finden sollte.

Lishogi bietet mehrere Besonderheiten, die man auf anderen Plattformen so nicht findet.
Wenn einem einmal nicht der Sinn nach einem menschlichen Gegner steht, so kann man jederzeit gegen einen Computergegner antreten, den man in der Spielstärke variieren kann. Auch die Analyse von Partien ist möglich. Eigene Partien können exportiert und zur Analyse wieder importiert werden.

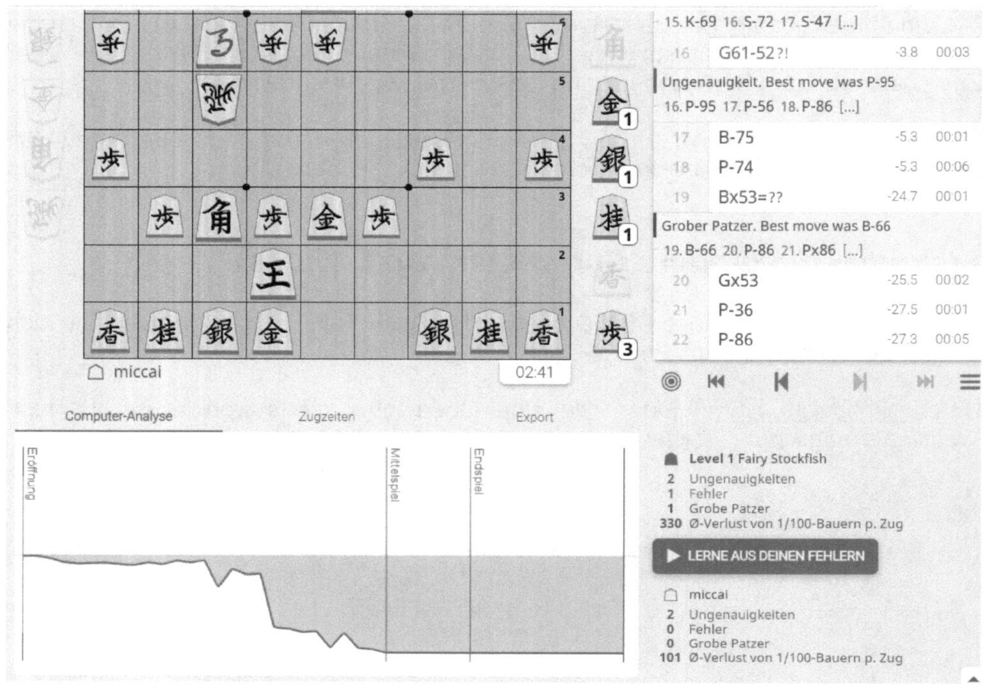

Lishogi-Analyse – Lernen Sie aus Ihren Fehlern!

Eine weiter Trainingsmöglichkeit sind Tsumes, die online gelöst werden können.

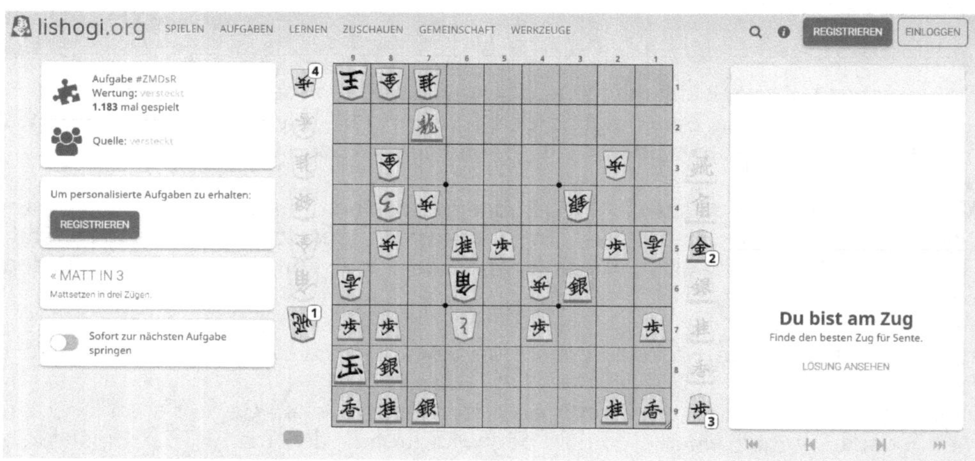

Übung macht den Meister: Online-Tsumes bei Lishogi

Verschiedene Turniere werden in einem eigen Bereich angeboten. Sowohl kurze, die täglich stattfinden, als auch Turniere, die über mehrere Wochen gehen können.

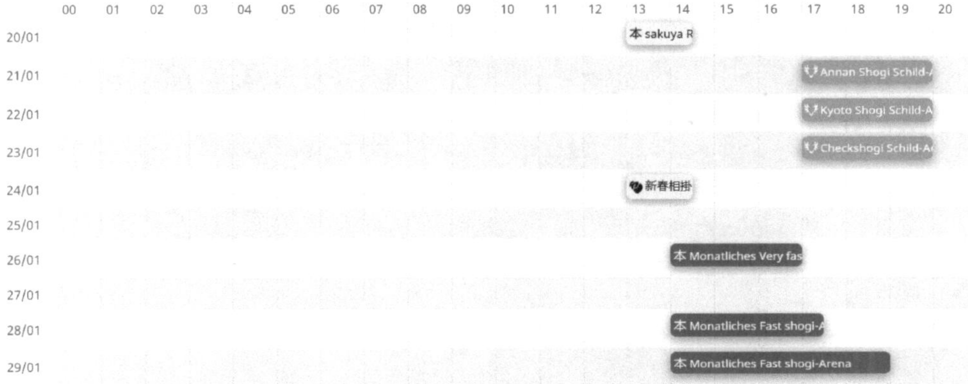

Genug trainiert… Bereit für ein Turnier?

Zum Entspannen bietet Lishogi mehrere Shogivarianten an. Traditionalisten spielen Chu Shogi, eine alte Shogivariante, die mit zusätzlichen Steinen auf einem 12 mal 12 Felder großen Brett gespielt wird.

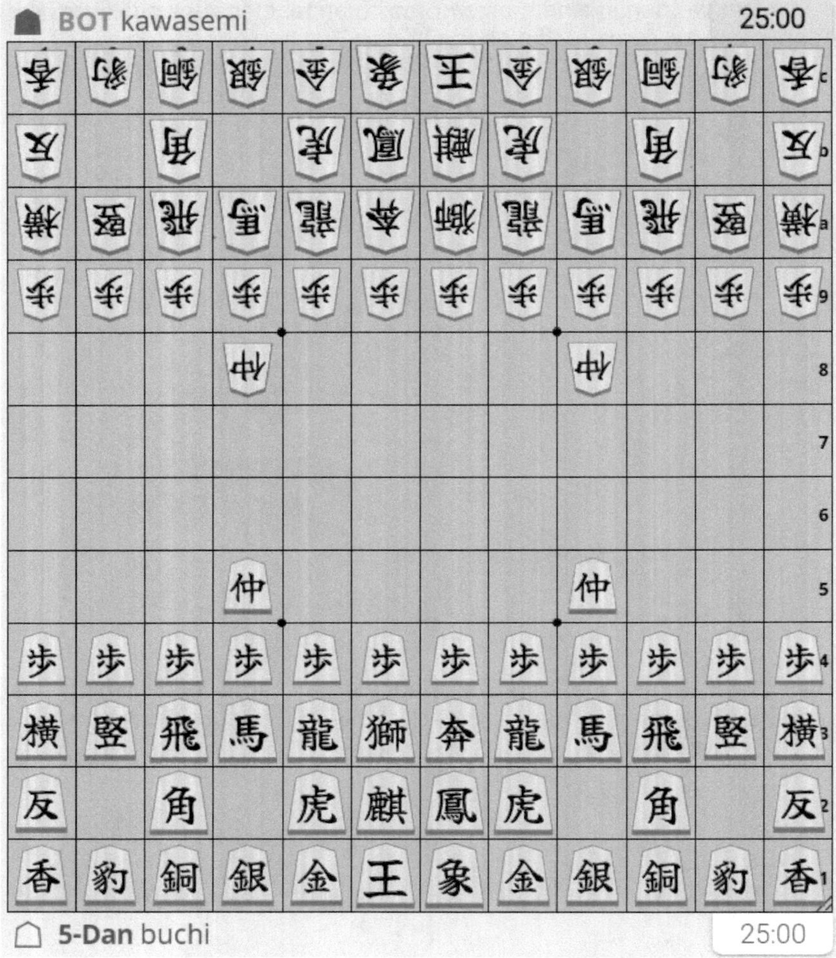

Chu Shogi – für Spieler, denen 9 mal 9 Felder zu übersichtlich sind.

Alles in allem ist Lishogi eine komplette Online-Shogiplattform, die keine Wünsche offen lässt.

Fazit

Zum Einstieg ist PlayOK.com sicherlich geeignet, weil es auch symbolische Spielsteine anbietet. Es gibt jedoch nur relativ wenige Spieler dort und die Spielstärke reicht vom Dan-Niveau japanischer Spieler bis zu Spielern, die sich vom Canasta kommend, in den Shogibereich verirrt haben.

81Dojo glänzt mit Atmosphäre. Viele Details geben einem das Gefühl sich in einem japanischen Shogi-Dojo zu befinden. Die Benutzerzahl ist über die Jahre stetig gewachsen, weil mittlerweile auch viele japanische Spieler hier ihre ‚Heimat' gefunden haben.

Lishogi kann die Nähe zu Lichess nicht verleugnen und bietet mit Computergegnern, Analysefunktion und Tsumes konkurrenzlose Möglichkeiten an.

Shogi-Apps für Tablet-PCs und Smartphones

Neben den Anwendungen für PCs spielen seit den letzen Jahren auch immer mehr Programme für Tablet-PCs eine Rolle. Sie sind zurzeit noch nicht so komfortabel wie BCM Games oder Shogidokoro, haben jedoch auch ihren Reiz und sind zudem meist kostenlos oder gegen geringen Preis zu haben.
Die folgende Betrachtung richtet sich auf Programme für Android-Betriebssysteme. Für Apple-Jünger stehen jedoch ähnliche Programme zur Verfügung.

1. 81 Dojo
Diese App ermöglicht den mobilen Zugriff auf den gleichnamigen Server. Grafik und Handhabung ähneln sehr der Browserversion, sodass man sich schnell zurechtfindet. Mit dieser App hat man die Möglichkeit, überall und jederzeit einen Gegner herauszufordern.

2. Kanazawa Shogi LITE
Die kostenlose Version bietet fünf Spielstufen an, die Vollversion sogar 100. Wenn es gelingt, das Programm auf einer Spielstufe zu besiegen, so erhält man dafür sogar eine Medaille. Die Grafik ist liebevoll gestaltet und ermöglicht ein automatisches Hineinzoomen in den Bereich, in den man seinen Stein zieht. Ein versehentliches Ablegen des Steins auf ein falsches Feld sollte damit der Vergangenheit angehören.

3. Shogi live
Diese App ist kostenpflichtig und überträgt live alle Partien der japanischen Shogiprofis. Zwar ist die Menüführung auch auf Englisch verfügbar, die Kommentare zu den Partien sind jedoch zurzeit nur auf Japanisch. Ein Archiv bietet den Zugang zu Hunderten von vergangenen Partien.

Interview mit Reijer Grimbergen

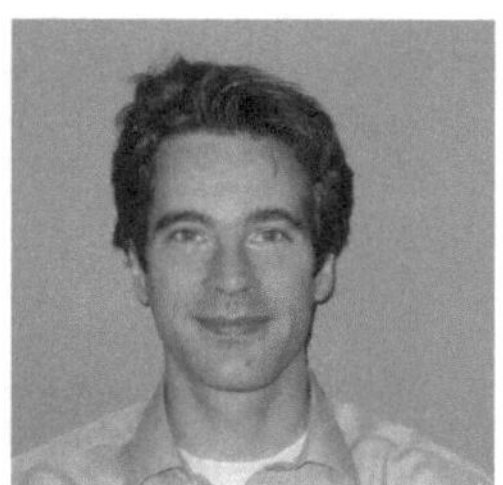

Reijer Grimbergen, dreifacher Shogi-Europameister und Programmierer des bekannten Shogiprogramms SPEAR, lebt seit 1995 in Japan und lehrt dort an der Yamagata Universität Informatik. Seit 1997 nimmt er mit seinem Programm SPEAR an der Computershogiweltmeisterschaft teil, bei der er im Jahr 2007 nur knapp das Finale der besten 8 verpasste.
Sehr empfehlenswert ist seine Website http://www2.teu.ac.jp/gamelab/SHOGI/shogipage.html mit Informationen über die Profishogiszene in Japan und Aktivitäten aus dem Computershogiumfeld.

Im Jahr 2008 sind zwei sehr starke Amateurspieler bei nur 15 Minuten Bedenkzeit von zwei Shogi-Programmen geschlagen worden. Im Jahr 2007 hat Watanabe Akira (9. Dan) das Programm Bonanza geschlagen. Wie bewertest du die Stärke der Computerprogramme? Irgendwo zwischen Top-Amateuren und Profis? Wann werden Computershogiprogramme in der Lage sein, Top-Profis zu schlagen?

Die besten Shogi-Programme sind etwa so stark wie die stärksten Amateurspieler. Da es keine klare Trennungslinie zwischen der Stärke von Amateuren und Profis gibt, bedeutet dies, dass zumindest ein Teil der Profis als schwächer als der Computer angesehen werden kann. Ich glaube, dass circa 80 % der Profispieler in der Lage sind, den Computer bei normaler Bedenkzeit (wie zwei Stunden wie in der Partie zwischen Watanabe und Bonanza) zu schlagen. Dieser Prozentsatz wird jedes Jahr geringer und nach meiner Schätzung wird in zehn Jahren - wenn überhaupt - nur eine Handvoll Profis den Computer noch schlagen können. Es wird in den Händen von den außerordentlich Begnadeten wie Habu Yoshiharu liegen, wie lange Menschen dem Computer noch Widerstand leisten können.
(Anmerkung des Autors: Dieses Interview wurde im Jahr 2008 geführt. Im Jahr 2014 ging ein Wettkampf zwischen Computern und Shogiprofis 4:1 aus – für die Computer!)

Erstklassige Schachspieler wie Kasparow und Kramnik wurden von Computerprogrammen nicht nur in einem Spiel, sondern in einen ganzen Wettkampf geschlagen. Ist deiner Meinung nach Schach leichter als Shogi?

Solange Computer so gut wie alle Zugmöglichkeiten untersuchen, ist Schach leichter als Shogi, da im Schach keine Spielsteine wieder eingesetzt werden. Das bedeutet jedoch nicht, dass für Menschen Schach einfacher als Shogi ist. Menschliche Spieler benutzen höchst selektive Strategien, um sich für einen Zug zu entscheiden. Diese Strategien ändern sich nicht bei den Spielen, obwohl die Qualität der Selektivität sich beträchtlich unterscheiden kann.

Zwei Fragen zu deinem Programm SPEAR: Ich habe gelesen, dass du eine Eröffnungsdatenbank benutzt. Benutzt du auch eine Datenbank für das Endspiel?

Benutzt du die Brute-Force-Methode oder versuchst du, bestimmte Züge auszuwählen, die dann weiter untersucht werden?

Im Shogi verschwinden die Spielsteine nicht aus dem Spiel, so dass eine Endspieldatenbank fast nutzlos ist. Allerdings benutze ich ein Programm zum Lösen von Shogi Tsumes. Wie jedes Schachprogramm untersucht SPEAR aussichtsreiche Züge (z.B. Schlagen von Steinen) tiefer als aussichtslose Züge (wie Materialverlust). Dennoch verwirft SPEAR keine Züge für immer, wie dies von einigen anderen Shogiprogrammen gehandhabt wird.

Wird es irgendwann möglich sein, die Überlegungen eines Shogi-Profis zu ‚imitieren'?

Das hoffe ich (und ich arbeite daran), aber auf diese Art werden Shogiprogramme nicht die besten Shogi-Profis schlagen. Die besten Spieler werden durch ähnliche Strategien besiegt, die auch die Top-Schachspieler besiegt haben.

Warum beschäftigst du persönlich dich mit Shogi-Programmierung? Interesse an Shogi? Interesse an Computern? Oder ist die Entwicklung von Shogiprogrammen auch außerhalb des Shogi im ‚wahren Leben' nützlich?

Der Hauptgrund ist, dass es Spaß macht. Es ist einfach großartig, ein Programm zu erstellen, welches immer stärker wird. Die unvermeidlichen Rückschläge machen die Reise sogar noch interessanter. Ich glaube, es ist nicht Shogi (obwohl ich das Spiel mag) und es ist sicherlich nicht das Interesse an Computern, es ist die Herausforderung, den eigenen Mount Everest zu besteigen. In Anbetracht der Art und Weise, wie Shogi-Programme gegenwärtig erstellt sind, zweifele ich daran, dass es irgendeinen nützlichen Nebeneffekt bei dem, was wir tun, gibt. Vielleicht gibt es einen Nutzen, aber dies wäre Zufall und kein Ziel.
Mein ursprüngliches Ziel bestand darin, ein Programm zu schaffen, welches das menschliche Denken beim Spielen (Shogi) imitiert. Dieses Interesse besteht weiterhin, aber SPEAR wird nicht länger mit diesem Ziel weiterentwickelt. Zurzeit arbeite ich an einem anderen Programm, welches hoffentlich ‚menschlicher' sein kann.

Wenn eine wunderschöne Fee dir drei deiner Shogi-Wünsche erfüllen könnte, welche drei Wünsche würdest du ihr nennen?

Drei Wünsche! Das ist eine Menge und macht es sehr einfach:
Mache mich zum ersten nicht-japanischen professionellen Shogi-Spieler!
Lass mich das erste Programm erschaffen, welches einen Top-Shogi-Profi schlägt!
Lass mich das menschliche Denken beim Shogispielen gut genug verstehen, um ein Programm zu schreiben, welches dies abbildet!

Wenn ich nur einen Wunsch hätte, dann wäre es wahrscheinlich Nummer 3.

Reijer, vielen Dank für das Interview und alles Gute für die Zukunft!

Ein paar letzte Tipps ...

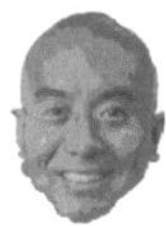
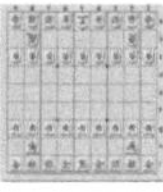

Ich hoffe, Shogi hat dich genau so fasziniert wie mich. Es wird dir sicherlich noch viele an- und aufregende Stunden bieten. Zum Schluss möchte ich dir noch ein paar Hinweise geben, was du tun kannst, um weiter an Spielstärke zu gewinnen.

Analysiere deine Partien!
Besonders die Partien, die du verloren hast, können dir helfen, deine Spielstärke zu verbessern. Wenn möglich, diskutiere die Partie mit deinem Gegner. Ansonsten nutze den Computer, um kritische Situationen zu analysieren.

Löse Tsumes!
Das Lösen von Mattproblemen hilft dir, in einer Partie schneller einen Blick für die Situation zu bekommen und einen entscheidenden Angriff zu starten.

Studiere Profipartien!
Du wirst nicht jeden Zug verstehen, aber du erkennst mit der Zeit immer mehr typische Vorgehensweisen der Profis. Wie wird der Angriff gestartet? Auf welche Weise wird der eigene König gesichert? Wähle Sente oder Gote und versuche dann, für diese den jeweils nächsten Zug vorherzusehen.

Spiele Handicap-Partien, wenn der Spielstärkeunterschied zu groß ist
Du lernst am meisten, wenn du gegen einen Gegner spielst, der vielleicht etwas stärker ist als du. Ist der Unterschied zu groß, so gib oder nimm ein Handicap!

Beschäftige dich mit weiterer Literatur
Du kannst Eröffnungen, Tsumes, typische Angriffsmotive etc. weiter studieren. Im Internet und in (meist englischsprachigen) Büchern findest du Material genug, in das du dich vertiefen kannst.

Spiel Shogi!
Mit jeder Partie lernst du etwas mehr von der unermesslichen Größe des Shogi-Universums kennen. Genieße diese aufregende Reise!

Profipartien

Partie 1

Sente: Ohashi Sokei
Gote: Honinbo Sansa

Die erste Partie dieser kleinen Sammlung ist die erste überhaupt vollständig erhaltene Shogipartie. Sie fand im Jahre 1607 statt. Honinbo Sansa war nicht nur ein hervorragender Shogispieler und als 'Shogidokoro' eine Art Shogiminister unter dem damaligen Shogun, sondern auch ein führender Gospieler. Sein Gegner Ohashi Sokei errang später als Erster den Titel 'Meijin', der bis heute vergeben wird.

```
1.   P7g-7f      P3c-3d
2.   S3i-4h      P4c-4d
3.   P4g-4f      S3a-4b
4.   S4h-4g      S4b-4c
5.   P3g-3f      R8b-4b
6.   R2h-4h      B2b-3c
7.   P1g-1f      P1c-1d
8.   P2g-2f      K5a-6b
9.   K5i-6h      K6b-7b
10.  K6h-7h      S7a-6b
11.  G4i-5h
```

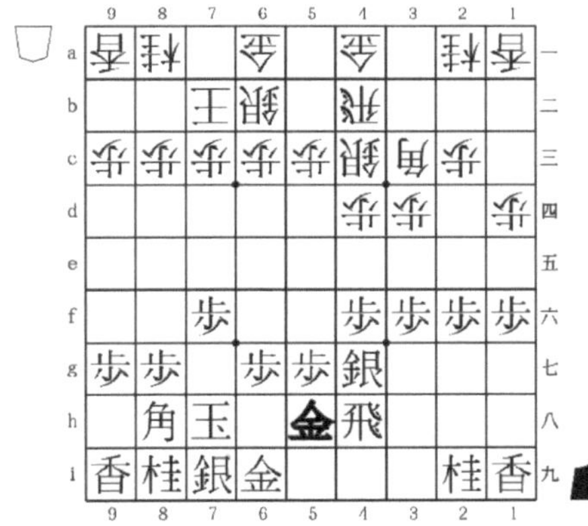

Ohashi sichert seinen König im Funa Gakoi.

```
11.  ...         P5c-5d
12.  P5g-5f      S6b-5c
13.  S7i-6h      P6c-6d
14.  P6g-6f      G4a-5b
15.  S6h-6g      G5b-6c
16.  P9g-9f      P9c-9d
17.  P8g-8f      P7c-7d
```

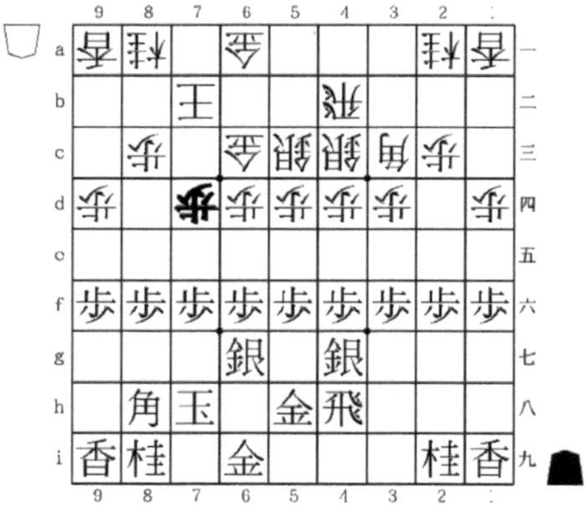

Ohashi hat nun alle Bauern auf seiner vierten Reihe platziert und Honinbo hat seine meisten Bauern diesen gegenüber gestellt. Dieser langsame Aufbau ist in moderneren Spielen eher unüblich.

```
18.  K7h-8g        K7b-8b
19.  G6i-7h        G6a-7b
20.  N8i-7g        P8c-8d
21.  R4h-3h        R4b-3b
```

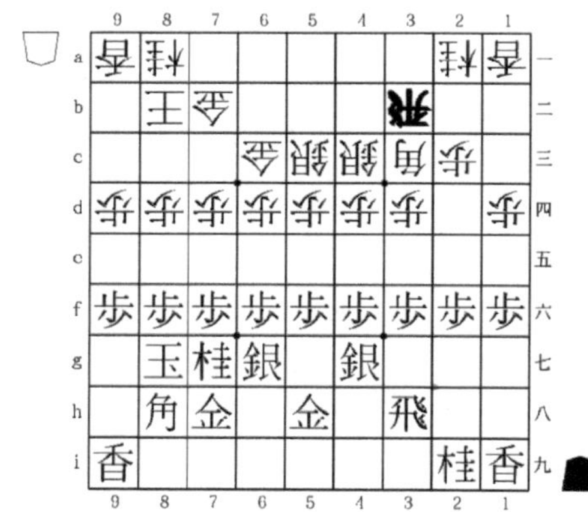

Wer wird als erster die Stellung öffnen?

```
22.  P2f-2e        B3c-5a
23.  R3h-2h        R3b-2b
24.  P6f-6e        N8a-7c
25.  P6ex6d
```

Ohashi beginnt mit einem Bauernabtausch.

```
25.  ...           G6cx6d
26.  P4f-4e        B5a-3c
```

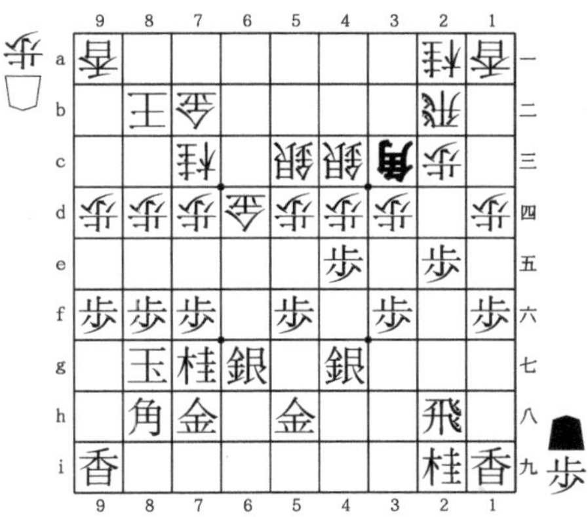

Falls *Gote* 26. ... P4dx4e spielen würde, hätte *Sente* einen schönen Abzug: 27. N7g-6e S5c-4d, 28. N6e-5c+

```
27.  N2i-3g          P*6e
28.  R2h-2i          P7d-7e
29.  P7fx7e          G6dx7e
30.  P*7f            G7e-7d
31.  R2i-6i          S5c-6d
32.  N7gx6e          N7cx6e
33.  P*6f
```

Dieser Zug wäre wohl auch gekommen, wenn Honinbo mit seinem Silbernen General oder seinem Goldenen General auf 6e geschlagen hätte.

```
33.  ...             P8d-8e
34.  P8fx8e          P*7g
35.  G7h-7i          N*7e
```

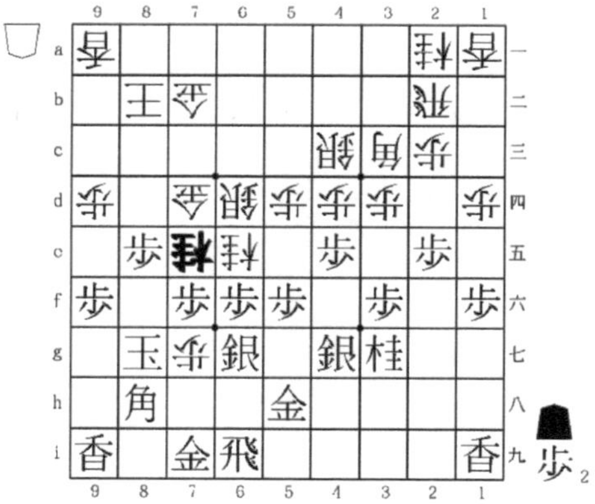

Honinbo attackiert den gegnerischen König.

36. P7fx7e S6dx7e
37. P*7f P*8f
38. K8g-9h P9d-9e

Honinbo greift weiter an, hat aber keine Steine mehr zum Einsetzen.

39. P7fx7e G7dx7e
40. S*7f G7ex7f
41. S6gx7f P9ex9f
42. P6fx6e S*7h
43. P*9b L9ax9b
44. N*8d

Eine schöne Gabel. Ohashi versucht zu kontern.

44. ... B3c-5a
45. N*7d K8b-8c
46. N8dx9b+ K8cx9b
47. B8hx7g S7hx6i+
48. G7ix6i

Nach diesem Abtausch scheint *Sentes* König keine unmittelbare Gefahr zu drohen.

48. ... P*7e
49. P*9c K9b-8a
50. B7gx8f P7ex7f
51. G*9b K8a-7a
52. B8f-5c+ K7a-6a
53. L*6d P*6b
54. +B5cx4c N*5b
55. K9h-8g

Ein Sicherheitszug, um *Sentes* König die Flucht nach vorne zu ermöglichen.

```
55.  ...          R*8i
```

Gote hat nun wieder die Initiative. Doch reicht es zum Mattangriff aus?

```
56.  K8g-7h       P7f-7g+
57.  K7hx7g
```

Der Zug 57. K7hx8i führt nach 57. ... S*8h, 58. K8i-9h P9f-9g+ zum Matt.

```
57.  ...          R8ix6i+
58.  S*5c         S*6f
59.  K7g-8f       +R6i-8i
60.  K8f-9e
```

Sentes König flieht nach vorne.

```
60.  ...          P6b-6c
61.  S*6b
```

Nun ist die Initiative wieder an *Sente* gegangen. Wird er die Entscheidung erzwingen?

```
61.  ...          B5ax6b
62.  S5cx6b+      G7bx6b
63.  N7dx6b+      K6ax6b
64.  B*5c         K6b-7c
65.  G*8d         K7c-7b
66.  P*7c         K7b-6a
67.  L6dx6c+      1-0
```

Honinbo Sansa gibt hier auf. Es droht B5c-6b+ und Matt.
Auch ein verzweifelter Angriff auf den gegnerischen König ist zwecklos, z.B. 67. ... S*8f, 68. K9e-9d G*9e, 69.K9d-8c S*9d, 70. G8dx9d G9ex9d, 71. B5c-6b+ und Matt.

Partie 2

Sente: Watanabe Akira
Gote: Habu Yoshiharu

Erste Partie des 21. Ryu-O-Wettkampfes am 18./19.10.2008 in Paris

Die Hintergründe dieser Partie sind bereits in Kapitel ‚Ryu-O, der Kampf des Drachenkönigs' erläutert worden. Hier folgt nun die vollständige Notation.

1.	P7g-7f	P3c-3d
2.	P2g-2f	G4a-3b
3.	G6i-7h	B2bx8h+
4.	S7ix8h	

Ein früher Läufertausch. Beide Spieler müssen nun auf gefährliche Drops achten.

4.	...	S3a-4b
5.	S3i-3h	S7a-6b
6.	P1g-1f	P1c-1d
7.	K5i-6h	P6c-6d
8.	S8h-7g	S6b-6c
9.	G4i-5h	G6a-5b
10.	K6h-7i	P7c-7d
11.	P2f-2e	S4b-3c
12.	S3h-2g	N8a-7c
13.	S2g-2f	R8b-8a
14.	P3g-3f	S3c-4d
15.	S2f-3g	K5a-6b
16.	S3g-4f	P8c-8d
17.	P6g-6f	P9c-9d
18.	P9g-9f	P5c-5d
19.	G5h-6g	P8d-8e
20.	N2i-3g	K6b-7b
21.	K7i-8h	G5b-6b
22.	L9i-9h	

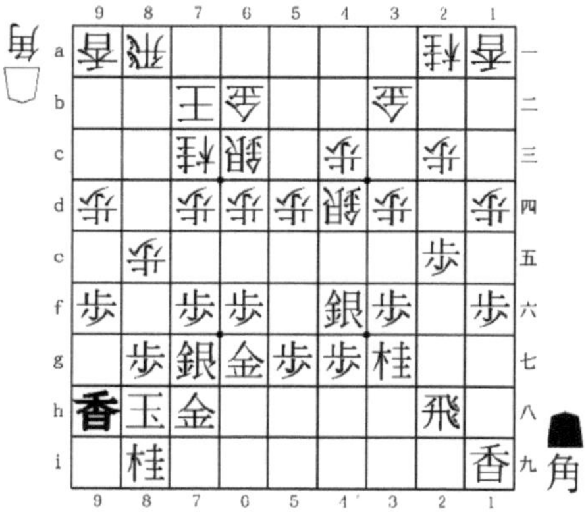

Sentes König sucht Schutz im Anaguma Gakoi, während *Gote* seinen König bisher in der Nähe seinen eigenen Turms postiert. Dies widerspricht eigentlich der Shogigrundregel, Turm (als Angreifer) und König (als zu schützendem Stein) voneinander zu trennen.

```
22.  ...        N2a-3c
23.  K8h-9i     S4d-5c
24.  G6g-6h     P4c-4d
25.  P2e-2d     P2cx2d
26.  R2hx2d     P6d-6e
27.  B*2c       G3bx2c
28.  R2dx2c+    P6ex6f
29.  +R2cx3c    P6f-6g+
30.  G6hx6g     B*6i
31.  G6g-6h     B6ix4g+
```

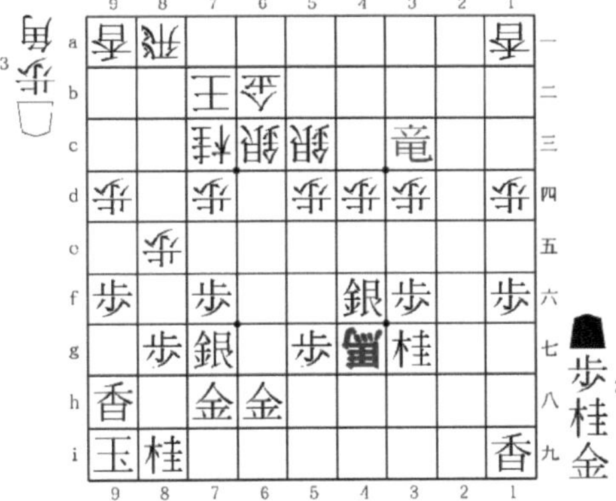

Sente und *Gote* haben nun beide einen beförderten Stein im gegnerischen Lager.

```
32.  G*4c       B*6d
33.  P7f-7e     P*6g
34.  G6hx6g     P8e-8f
35.  S7gx8f     P*6f
36.  G6g-7g     +B4gx4f
37.  P7ex7d     S6cx7d
38.  P*7e       P*7f
39.  G4cx5c     B6dx5c
40.  P7ex7d     P7fx7g+
```

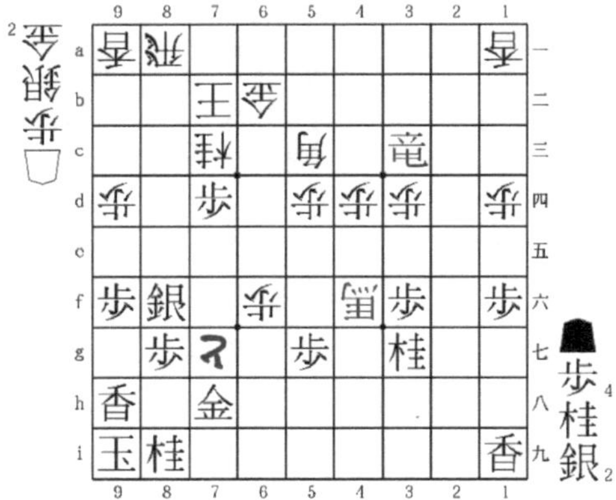

Beide Spieler scheinen wie zwei Boxer ihre Deckung aufzugeben und dem Gegenüber den entscheidenen Schlag versetzen zu wollen.

```
41.  N8ix7g          B5cx8f
```

Es droht jetzt ein Mattangriff mit z.B. 42.L1i-1h B8fx7g+, 43.G7hx7g S*8h, 44.K9ix8h N*7f, 45.G7gx7f G*8i, 46.K8h-7h G*6g, 47.K7h-6i S*6h und Matt.

```
42.  P7dx7c+         +B4fx7c
43.  N7g-6e
```

Beide Spieler haben ihre Steine in Angriffsposition gebracht. Wer kann nun als Erster entscheidend in Vorteil kommen?

```
43.  ...             S*6g
44.  N6ex7c+         G6bx7c
45.  G7hx6g          G*8h
46.  K9ix8h          G*7h
47.  0 - 1
```

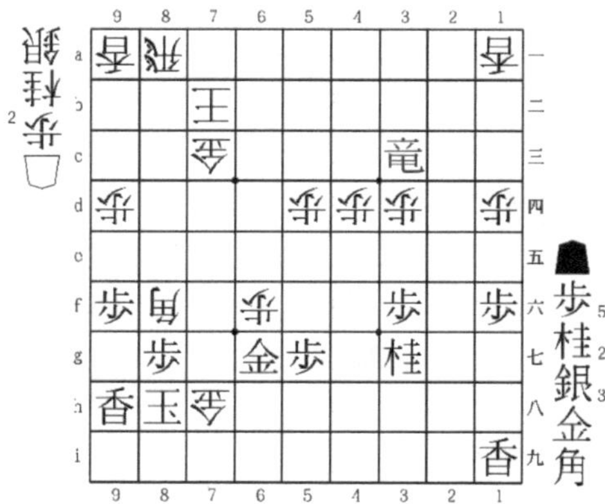

Es droht nun z.B. 47.K8hx7h P6fx6g+, 48.K7hx6g N*5e, 49.K6g-5h S*4g. 50.K5h-4i G*4h und Matt.

Partie 3

Sente: Habu Yoshiharu
Gote: Watanabe Akira

Vierte Partie des 21. Ryu-O-Wettkampfes am 26./27.12.2008

Habu konnte die ersten drei Partien dieses Wettkampfs gewinnen. Falls er auch diese Partie für sich entscheiden würde, so hätte er mit 4-0 den Ryu-O-Titel errungen. Watanabe musste also in dieser Partie unbedingt siegen.

```
1.  P2g-2f    P8c-8d
2.  P2f-2e    P8d-8e
3.  G6i-7h    G4a-3b
4.  P2e-2d    P2cx2d
5.  R2hx2d    P*2c
6.  R2d-2h    S7a-7b
7.  S3i-3h    P3c-3d
8.  P9g-9f    P9c-9d
9.  P1g-1f    P1c-1d
```

Beide Spieler spielen Static Rook.

```
10.  S3h-2g    P8e-8f
11.  P8gx8f    R8bx8f
12.  P*8g      R8f-8d
13.  S2g-3f    K5a-5b
14.  P7g-7f    P7c-7d
15.  B8hx2b+   S3ax2b
16.  S7i-8h    S7b-7c
17.  S8h-7g    S7c-6d
18.  S3f-4e    P7d-7e
19.  S4e-5f    S2b-3c
20.  P6g-6f    S3c-4d
21.  S5f-6g    G6a-7b
22.  K5i-6h    N8a-7c
23.  G4i-5h
```

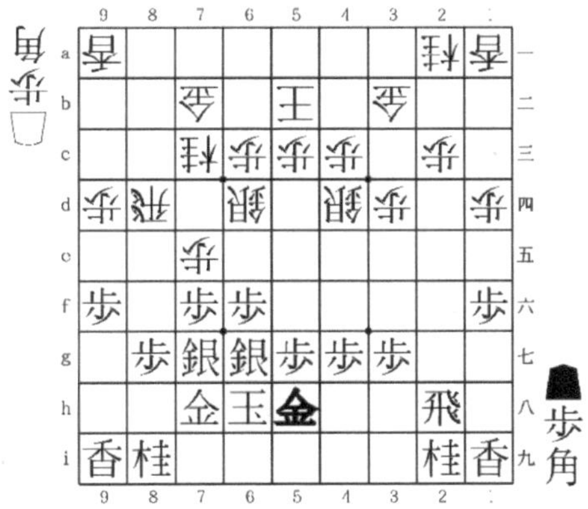

角歩

	9	8	7	6	5	4	3	2	1	
a	香							桂	香	一
b			金		王		金			二
c			桂	歩	歩	歩		歩		三
d	歩	飛		銀		銀	歩		歩	四
e			歩							五
f	歩		歩	歩					歩	六
g		歩	銀	銀	歩	歩	歩			七
h			金	玉	金			飛		八
i	香	桂						桂	香	九
	9	8	7	6	5	4	3	2	1	

歩角

Habus König sieht gut geschützt aus, seine vier Generäle hat er um sich geschart. Watanabe hat seine beiden Silbernen Generäle nach vorne geschickt. Er steht vielleicht etwas offensiver, aber sein König ist momentan ohne Schutz.

```
23.  ...       N2a-3c
24.  K6h-7i    P7ex7f
25.  S6gx7f    S4d-5e
26.  P*7e      P9d-9e
```

Watanabe startet seinen Angriff.

```
27.  B*7d      P*8h
28.  K7ix8h    G7b-8c
29.  P9fx9e    G8cx7d
30.  P7ex7d    R8dx7d
31.  P*7e      R7d-8d
32.  G5h-6g    P*7d
33.  P7ex7d    R8dx7d
34.  P*7e      S6dx7e
35.  S7fx7e    R7dx7e
36.  S7g-7f    R7e-7d
37.  S*7e      R7d-4d
38.  P*7d      R4dx4g+
39.  P*2d      P2cx2d
40.  P7dx7c+
```

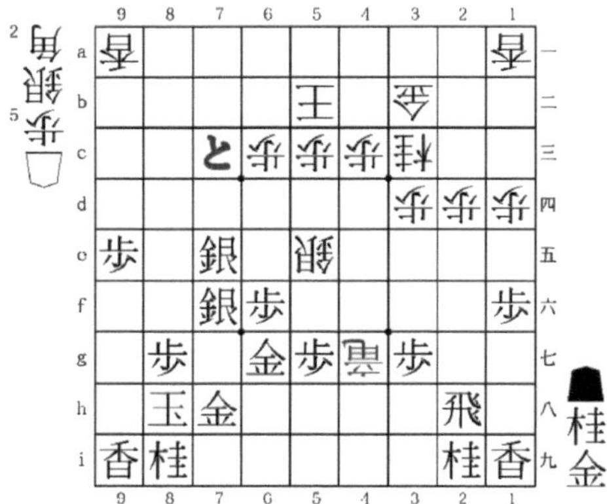

Watanabes Turm ist auf 4g eingedrungen, aber Habu hat einen *Tokin* auf 7c. Außerdem steht Watanabes König vollkommen ohne Schutz da.

```
40.  ...       +R4g-4i
41.  R2hx2d    P*2c
42.  R2dx3d    P4c-4d
43.  P*7i      K5b-4c
```

```
44.  R3d-3e     S*4e
45.  G6g-5f     P*7g
46.  N8ix7g     P*3d
```

Und *Sentes* Turm geht verloren. Sein *Gakoi* ist auch nicht mehr ganz so stabil und *Gote* hat mächtiges Material zum Droppen!

```
47.  R3ex4e     N3cx4e
48.  G5fx5e     R*2h
49.  N*3f       R2hx7h+
```

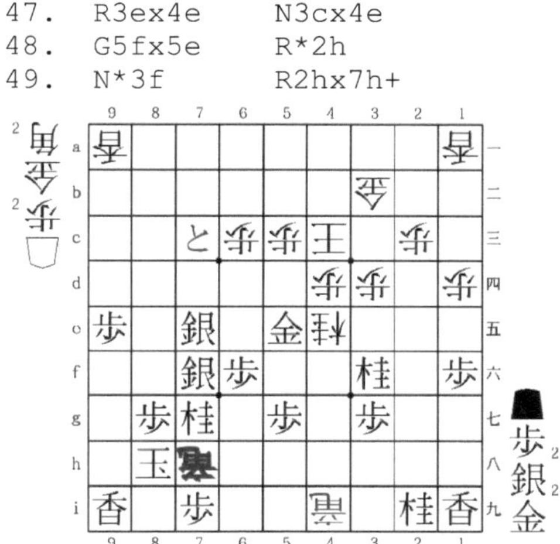

Watanabe attackiert mit einem Rammbock!

```
50.  K8h-9g
```

Habu hat keine andere Chance. Sein König muss fliehen. Folgende Varianten führen zum Matt : 50. K8hx7h G*6h, 51. K7hx6h +R4i-4h, 52. S*5h N4ex5g+, 53..K6h-7h +R4hx5h, 54.K7h-8i B*9h, 55. L9ix9h S*8h und Matt oder
50. P7ix7h B*7i, 51. K8h-9h G*9g, 52. K9h-8i B7i-8h+ und Matt.

```
50.  ...        N4ex5g+
51.  G5ex4d     +R4ix4d
52.  S*5b       K4c-5d
```

Watanabes König befindet sich nun in der Mitte des Brettes. Gibt es ein Matt?

```
53.  P7ix7h     +R4d-4i
54.  G*6e       K5d-4e
55.  R*4d       K4e-5f
56.  R4dx4i     G*4h
57.  S*3h       G4hx4i
58.  R*5e       K5f-4f
59.  S3hx4i     G*4e
60.  P*4g       +N5gx4g
61.  P*4h       +N4gx3g
62.  N2ix3g     K4fx3g
63.  R5ex4e
```

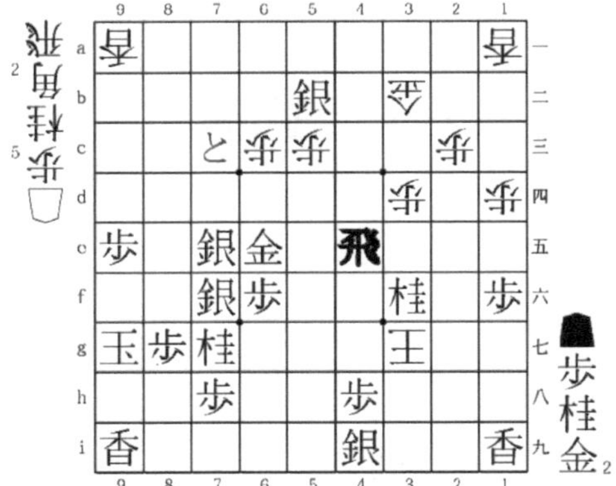

Watanabe scheint verloren zu haben. Die Lage seines Königs ist hoffnungslos. Aber er gibt seine Stellung noch nicht auf.

```
63.   ...        R*8i
64.   G*3h       K3gx3f
65.   G*4f       K3f-2f
```

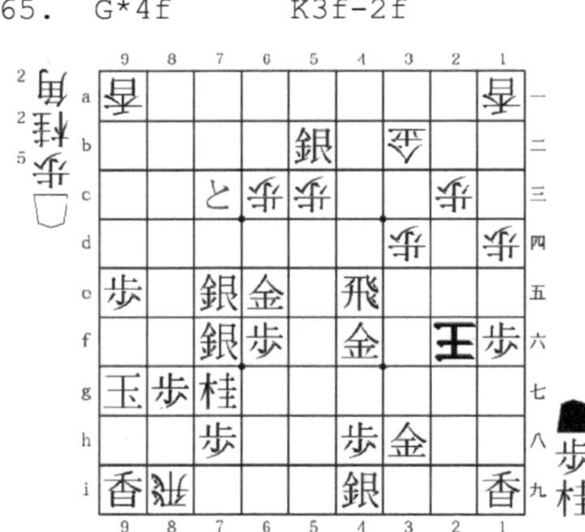

Ist hier ein Matt? Ein Drop des Bauern auf 2g bietet Schach und wäre sogar Matt. Aber ein Bauerndrop, der Matt setzt, ist kein erlaubter Zug im Shogi. Watanabe steht am Rand des Abgrunds.

```
66.   L9i-9h     R8ix4i+
67.   P*3i       S*2i
68.   G3h-2h     +R4ix3i
69.   0-1
```

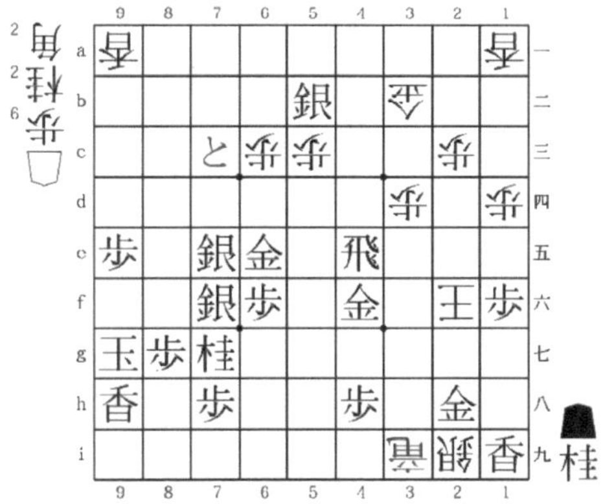

Habu gibt auf, weil er materiell schlechter steht und keine Chance sieht, Watanabe mattzusetzen. Er könnte versuchen, mit seinem König ebenfalls die drei Grundreihen seines Gegners zu erreichen (Impasse) , wonach dann das vorhandene Material über Sieg und Niederlage entscheidet. Hier ist nun jedoch Watanabe im Vorteil.

Watanabe gelingt es, den ersten Matchball Habus abzuwehren und eine 0:4 Niederlage zu verhindern.

Partie 4

Sente: Habu Yoshiharu
Gote: Watanabe Akira

Siebte Partie des 21. Ryu-O-Wettkampfes am 17./18.12.2008

Nach sechs Partien steht es 3:3. Die siebte und letzte Partie muss entscheiden, wer den Titelkampf gewinnen wird.

```
1.   P7g-7f     P8c-8d
2.   S7i-6h     P3c-3d
3.   P6g-6f     S7a-6b
4.   P5g-5f     P5c-5d
5.   S3i-4h     S3a-4b
6.   G4i-5h     G4a-3b
7.   G6i-7h     K5a-4a
8.   K5i-6i     P7c-7d
9.   G5h-6g     S6b-5c
10.  P2g-2f     P8d-8e
11.  S6h-7g     P5d-5e
12.  P5fx5e     B2bx5e
13.  P2f-2e     S4b-3c
14.  P6f-6e     B5e-7c
15.  S7g-6f     B7c-8d
16.  B8h-7i     K4a-3a
17.  B7i-4f     R8b-9b
18.  P7f-7e     P7dx7e
19.  P8g-8f     P8ex8f
20.  P*8b       N8a-7c
21.  P8b-8a+    R9b-5b
22.  +P8ax9a    S5c-5d
23.  P6e-6d     G6a-6b
24.  L*5i       P*5e
25.  P2e-2d     P2cx2d
26.  +P9a-9b    S5d-6e
27.  S6fx5e     S6e-7f
28.  P6dx6c+    G6bx6c
29.  S5e-6d     R5b-6b
30.  L5i-5b+    R6bx5b
31.  S6dx6c     R5b-5a
32.  P*2c       G3b-4b
33.  G*6b       L*6e
34.  P*6f       R5a-5c
35.  P6fx6e     S7fx6g+
36.  G7hx6g     G*5h
37.  K6i-7h     N7cx6e
```

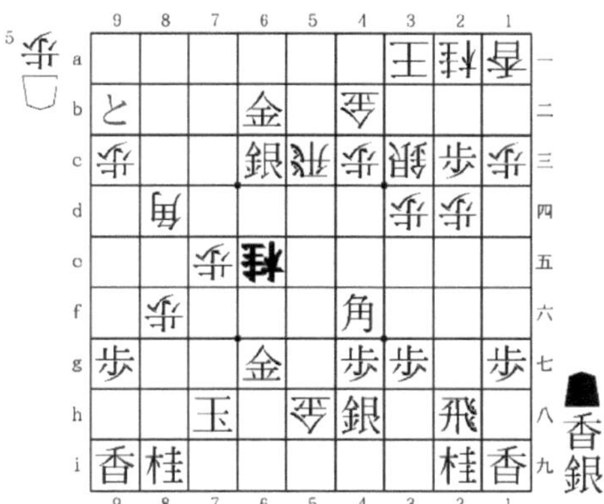

Nun stehen beide Könige unter Druck. Habu hat noch einen Silbernen General und eine Lanze auf der Hand, Watanabe dagegen 5 Bauern.

```
38.  G6g-6f     G5hx4h
39.  L*5d       B8dx6b
40.  L5dx5c+    B6bx5c
41.  R*6a       L*4a
42.  S6c-5d+    B5c-3e
43.  R6ax6e+    B3ex4f
44.  P4gx4f     B*8g
45.  K7h-6g     B8gx6e+
46.  G6fx6e     R*6i
```

Nun hat Watanabe die Initiative ergriffen. Habus König ist auf der Flucht.

```
47.  K6g-5f     P*6d
48.  B*6f
```

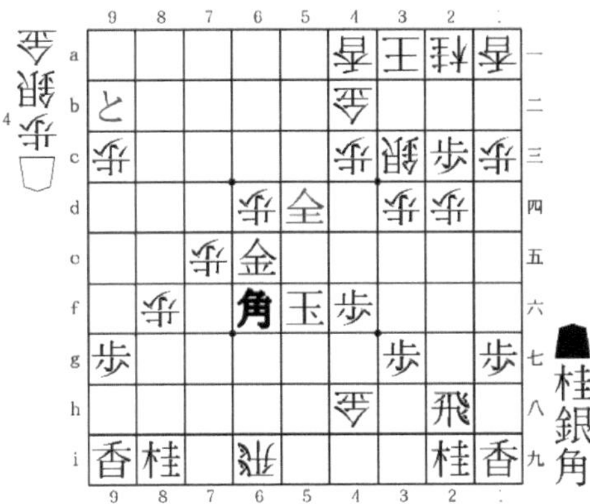

Dieser Läufer schaut auch in Richtung des feindlichen Königs, ist also kein reiner Verteidiger.

48. ... R6i-5i+
49. N*5g P*5e
50. K5fx5e P6dx6e
51. K5ex6e G*7c
52. B*2b

Das Spiel geht hin und her. Beide Könige sind in Gefahr, beim kleinsten Fehler mattgesetzt zu werden.

52. ... K3a-3b
53. B2bx1a+ P*5e
54. R2hx2d

Watanabe darf den Turm nicht schlagen wegen 54. ... S3cx2d, 55. +B1a-2b und Matt

54. ... P*6d
55. K6ex5e S*4d
56. +S5dx4d S3cx4d
57. +B1ax4d G*6e
58. K5e-5d S*6c
59. K5d-4e P4cx4d
60. B6fx4d

Ist die unmittelbahre Gefahr für Habus König nun vorüber? Beide Spieler befinden sich schon seit einigen Zügen in der *Byoyomi*-Phase, in der jeder Spieler spätestens nach einer Minute seinen nächsten Zug ausführen muss. Die nervliche Anspannung in diesem entscheidenden Spiel muss unerträglich sein.

60. ... N2a-3c
61. K4e-3f B*4g
62. K3f-2f +R5ix2i
63. L*2g P1c-1d
64. N5gx6e P*2e

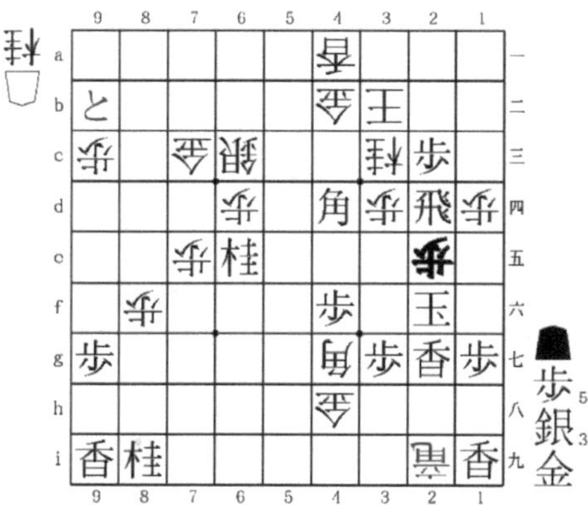

Watanabe startet die nächste Welle seines Angriffs.

65. K2f-1f +R2ix2g

```
66.  K1fx2g    L*2f
67.  B4dx2f    P2ex2f
68.  K2gx2f    B*3e
69.  K2f-2g    B4g-3h+
70.  K2g-1h    B3ex2d
71.  0-1
```

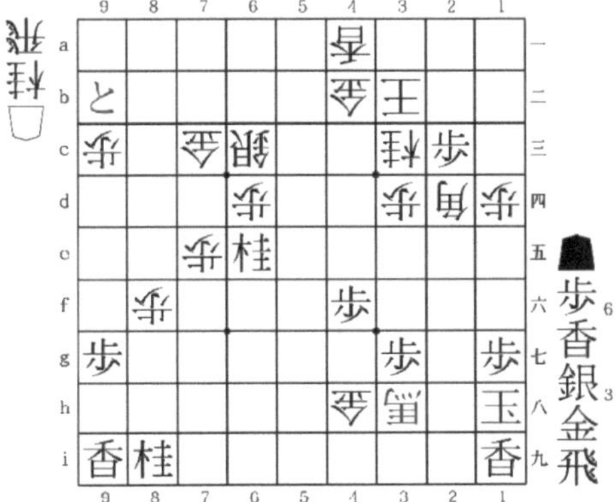

Habu gibt auf. Er kann das Matt seines Königs nicht verhindern (z.B. droht bei 71. R*2i +B3hx2i, 72. K1hx2i R*3i, 73. K2i-2h R3i-3h+ und Matt) und kann selber Watanabes Königs nicht mattsetzen.

Watanabe konnte mit diesem Sieg den 21. Ryu-O-Titel mit 4:3 knapp für sich entscheiden.

Partie 5

Sente: Tanigawa Koichi
Gote: Habu Yoshiharu

4. Partie des 46. Osho-Wettkampfs 1996

```
1.   P7g-7f        P3c-3d
2.   P2g-2f        P8c-8d
3.   P2f-2e        P8d-8e
4.   G6i-7h        G4a-3b
5.   P2e-2d        P2cx2d
6.   R2hx2d        P8e-8f
7.   P8gx8f        R8bx8f
8.   R2dx3d        B2b-3c
9.   R3d-3f        R8f-8d
10.  R3f-2f        S3a-2b
```

Tanigawa und Habu spielen beide Static Rook.

```
11.  P*8g          K5a-5b
12.  S3i-4h        P9c-9d
13.  P1g-1f        P1c-1d
14.  P9g-9f
```

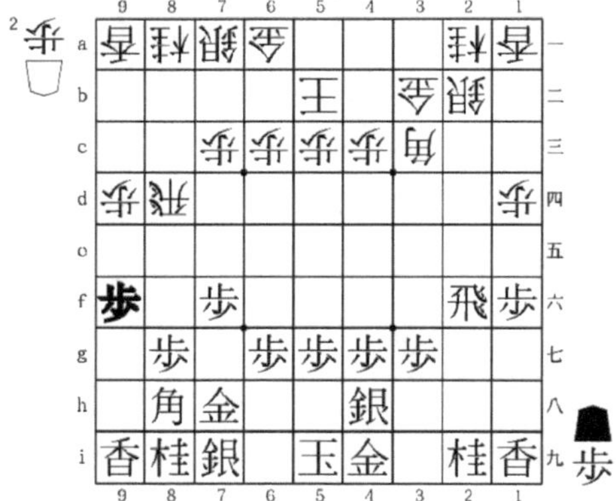

Alle 4 Bauern auf der ersten und neunten Linie sind gezogen, um dort dem Gegner keinen weiteren Raum zu überlassen.

```
14.  ...           G6a-7b
15.  K5i-6i        S7a-6b
16.  G4i-5i        R8d-3d
```

Habus Turm schwenkt auf die dritte Linie. Er will dort den Kampf eröffnen.

```
17.  N2i-1g        P*3h
18.  B8hx3c+       N2ax3c
```

```
19.  N1g-2e        B*4d
20.  B*5f
```

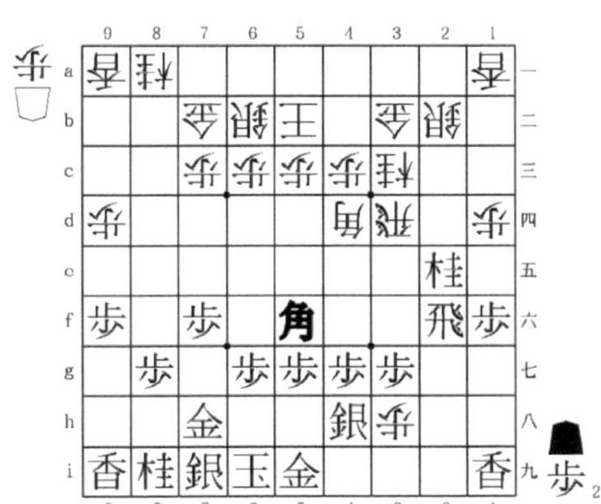

Eine komplizierte Stellung. Beide Türme sind bedroht. Nach Abtausch beider Türme könnten unangenehme Drops auf der Grundreihe des Gegners drohen.

```
20.  ...           R3d-3e
21.  P*2c          S2b-3a
22.  N2ex3c+       R3ex3c
23.  R2f-2e        N*6d
24.  B5f-4e        B4dx9i+
25.  N8i-7g        P3h-3i+
26.  S4hx3i        P*2d
27.  R2ex2d        R3cx3g+
```

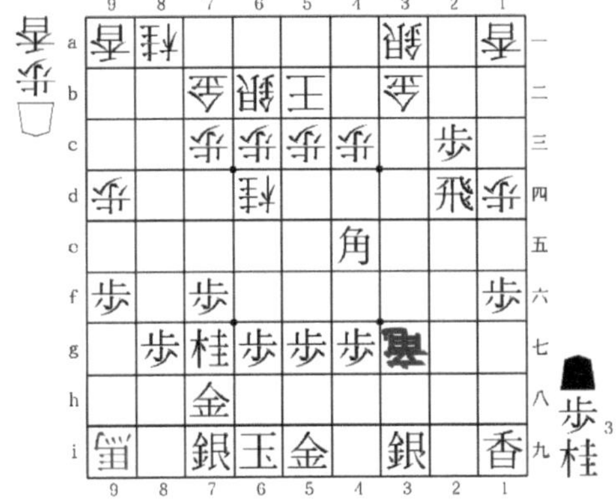

Habu ist es gelungen mit Turm und Läufer einzudringen und beide Steine zu befördern. Wird Tanigawa kontern können?

```
28.  R2d-3d        +R3gx4g
29.  B4e-1h        L*3c
30.  R3dx6d        L3cx3i+
```

Habu lehnt den gegnerischen Turm ab und sammelt weitere Kräfte um den gegnerischen König.

```
31.  R6d-3d        +L3i-4i
32.  G5i-5h        +L4i-4h
33.  G5hx4g
```

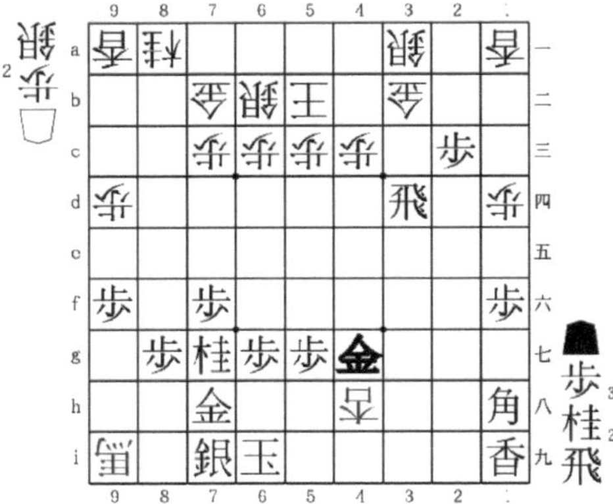

Habu opfert seinen beförderten Turm. Sieht er eine Mattkombination?

```
33.  ...           S*5h
34.  K6i-6h        +L4hx4g
```

Es droht nun G*6i und Matt.

```
35.  G7h-8h        G*6i
36.  K6h-7h        +L4gx5g
```

Die nächste Mattdrohung auf 6h.

```
37.  P8g-8f        +L5gx6g
38.  K7h-8g        G6ix7i
```

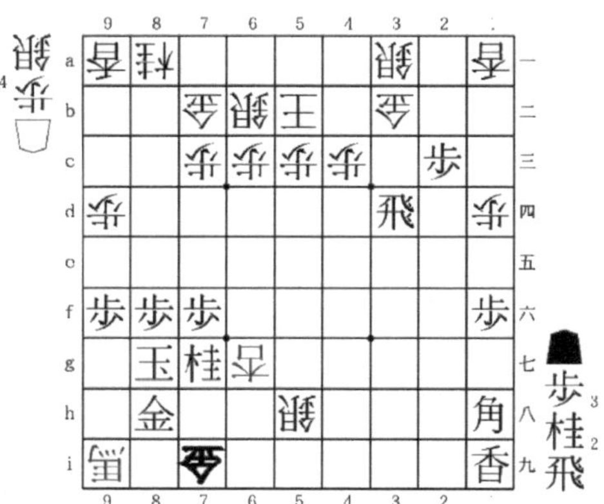

Und nun droht zum Beispiel 39. S*9h G8hx9h, 40. +L6gx7g K8g-9g, 41. +B9ix9h K9gx9h, 42. G*8g K9h-9i, 43. G8g-8h und Matt.

39.	N*6d	P6cx6d
40.	B1hx7b+	+B9ix8h
41.	K8gx8h	G7i-7h
42.	0-1	

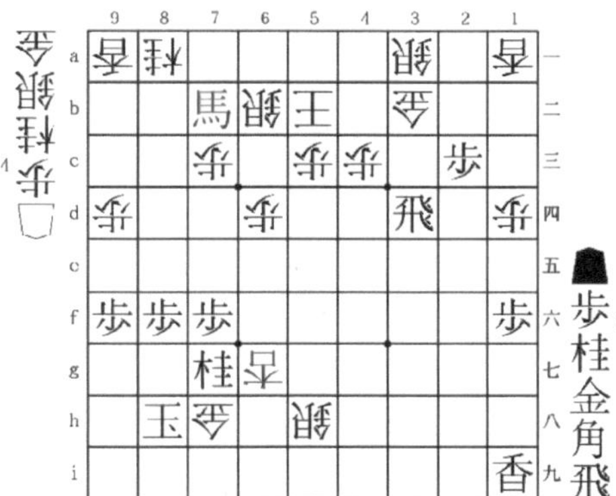

Tanigawa gibt auf. Es droht 42. K8h-9g G*8g, 43.K9gx8g +L6gx7g, 44. K8g-9h G7h-8h, 45.K9h-9g G8h-8g und Matt.

Mit diesem Sieg gelang Habu eine historische Leistung. Er errang den Osho-Titel und war damit gleichzeitig Titelhalter aller sieben großen Turniere (Osho, Kio, Meijin, Kisei, Oi, Oza, Ryu-O).

Partie 6

Sente: Masuda Kozoh
Gote: Oyama Yasuharu

7. Partie des 30. Meijin-Wettkampfs 1971

Masuda und Oyama waren große Rivalen in den 60er und 70er Jahren des letzten Jahrhunderts und standen sich neunmal allein beim Kampf um den Meijin-Titel gegenüber.

```
1.   P7g-7f      P3c-3d
2.   P7f-7e      P8c-8d
3.   R2h-7h
```

Sente spielt Ranging Rook und greift direkt auf der 3. Linie an.

```
3.   ...         P8d-8e
4.   K5i-4h      S7a-6b
5.   K4h-3h      P6c-6d
6.   P7e-7d      G6a-7b
7.   P7dx7c+     G7bx7c
8.   R7h-7f      K5a-4b
9.   G6i-7h      P4c-4d
10.  S7i-6h      G4a-5b
11.  P9g-9f      G7c-8d
12.  K3h-2h      P*7e
13.  R7f-3f      G5b-4c
14.  S3i-3h
```

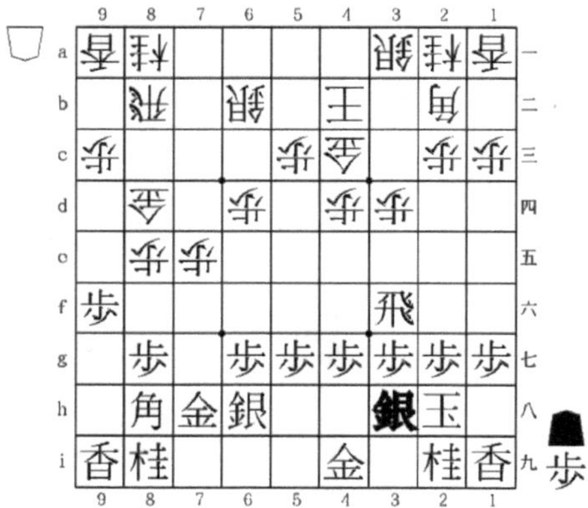

Sente wählt das *Mino Gakoi*. Sein Turm ist sehr beweglich und kann auf verschiedene Linien Druck ausüben. Er kann aber auch schnell zum Angriffsziel von *Gotes* Steinen werden.

```
14.  ...          G8d-7d
15.  P9f-9e       P1c-1d
16.  P1g-1f       S6b-6c
17.  R3f-9f       K4b-3b
18.  P4g-4f       S6c-5d
19.  P5g-5f       G4c-4b
```

Oyama möchte damit seinem Silbernen General Platz machen.

```
20.  S6h-5g       P8e-8f
```

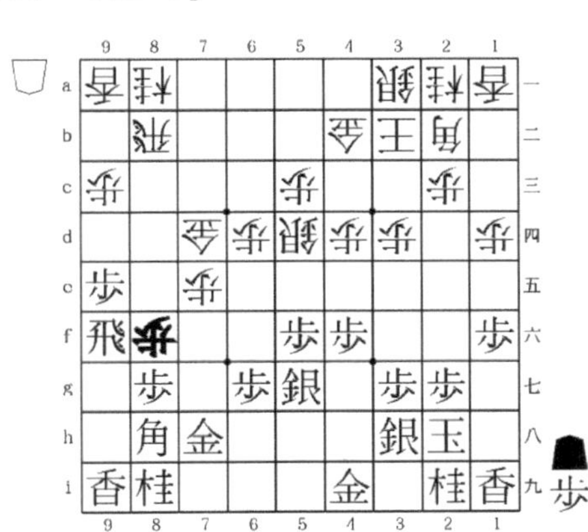

Oyama attackiert. Falls der Turm mit 21. R9fx8f schlägt, folgt 21. … G7d-8e, 22. R8f-6f P6d-6e und der Turm geht verloren.

```
21.  P8gx8f       P7e-7f
22.  S5g-6f       S5d-4c
23.  G7h-8g       P9c-9d
24.  G8gx7f       P9dx9e
25.  R9f-9g       P*7e
26.  G7f-7g       B2b-1c
27.  B8h-7i       P4d-4e
```

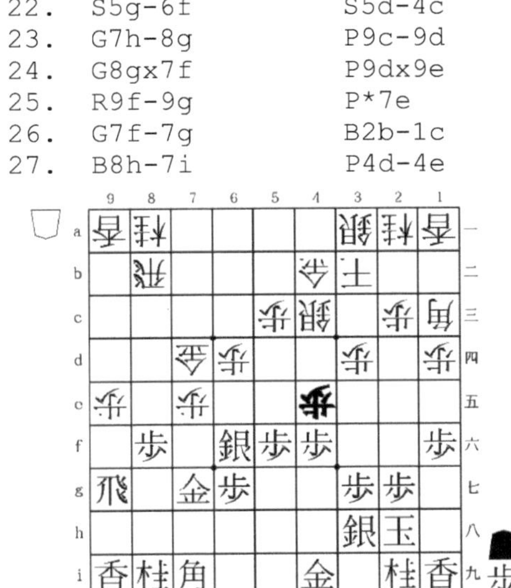

Oyama hat nun schon drei eigene Bauern auf der 5. Reihe stehen.

```
28.  P1f-1e        P4ex4f
29.  P1ex1d        B1c-2d
30.  S6f-5e        P*1g
31.  P*4d          S4c-5b
32.  B7ix4f        B2dx4f
33.  S5ex4f        L1ax1d
34.  S4f-4e        B*7i
35.  R9g-9h        P*8h
36.  S4ex3d        B7i-2d+
```

Der beförderte Läufer ist auch als Verteidiger stark.

```
37.  B*2e          N2a-3c
38.  B2ex1d        +B2dx3d
39.  R9hx8h        N8a-7c
40.  L1ix1g
```

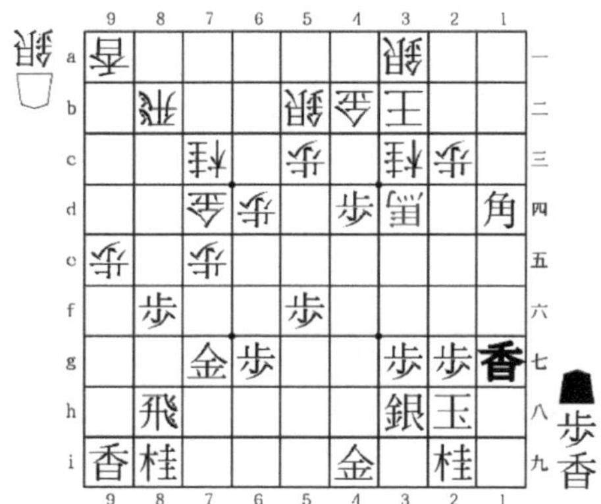

Die Aufräumphase ist beendet, *Sente* hat sieben Bauern und eine Lanze auf der Hand, *Gote* hat einen Silbernen General in petto.

```
40.  ...           N7c-6e
41.  G7g-6f        N6e-5g+
42.  P*1c          +B3dx4d
43.  P1c-1b+       S*2e
44.  +P1b-2a       S2ex1d
45.  +P2ax3a       K3bx3a
46.  L1gx1d        P5c-5d
47.  P*4e          +B4dx4e
48.  S*3f          +B4e-4d
49.  P*4e          +B4d-6b
50.  P*7f          P*3e
51.  S3f-4g        +N5gx4g
52.  S3hx4g        P*4f
53.  S4g-3h
```

Noch konnte keiner der Kontrahenten einen entscheidenden Durchbruch erzwingen. Wer startet den nächsten Versuch?

```
53.  ...        P3e-3f
54.  L*4d       N3cx4e
55.  G6f-5e     P5dx5e
56.  L4dx4b+    K3ax4b
57.  N*5d
```

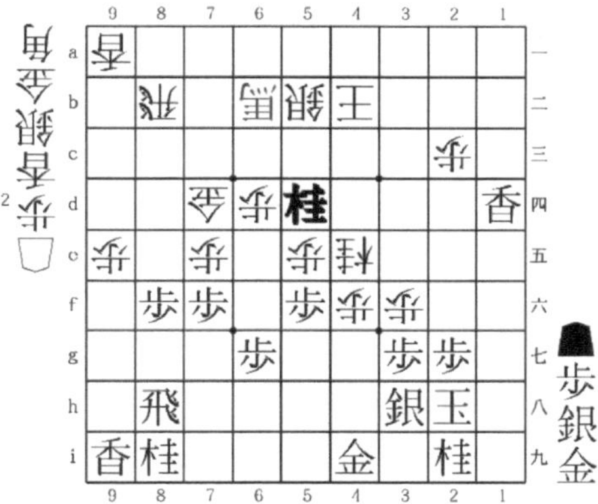

Eine schöne Gabel von Masuda. Er erobert seinen Läufer zurück.

```
57.  ...        K4b-5c
58.  N5dx6b+    K5cx6b
59.  B*3e       B*5c
60.  S*4d       B5cx4d
61.  B3ex4d     S*5c
62.  B4d-3c+    L*3a
63.  +B3c-1e    P3fx3g+
64.  N2ix3g     L3ax3g+
65.  S3hx3g     P4f-4g+
```

Beide Spieler nähern sich nun dem gegnerischen König.

```
66.  B*5a       K6b-6a
67.  S3g-2f     P*1f
68.  G*3f       N*4d
69.  0-1
```

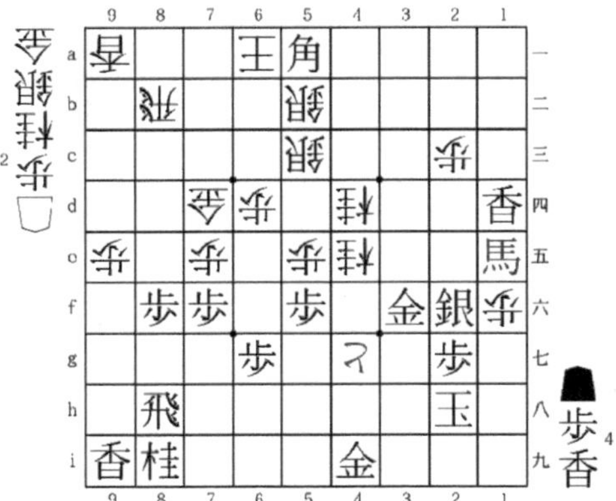

Masuda gibt auf. Es könnte folgen 69. G3f-2e N4d-3f, 70.K2h-3i S*4h, 71. G4ix4h G*2h, 72. K3i-4i N3fx4h+, 73. R8hx4h N4e-5g=, 74. K4i-5i G*6i und Matt.

Partie 7

Sente: Bonanza
Gote: Watanabe Akira

Spiel Mensch – Computer am 21.03.2007

Lange Zeit verbot der japanische Shogiverband seinen Profis, gegen Computerprogramme anzutreten. Und so war das Interesse sehr groß, als es eine öffentliche Partie zwischen Watanabe Akira und dem Programm Bonanza geben sollte.

```
1.   P7g-7f        P8c-8d
2.   P6g-6f        P3c-3d
3.   R2h-6h        S7a-6b
4.   K5i-4h        P5c-5d
5.   K4h-3h        K5a-4b
6.   K3h-2h        K4b-3b
7.   S7i-7h        G6a-5b
8.   L1i-1h        S6b-5c
9.   K2h-1i
```

Bonanza wählt das *Anaguma Gakoi*, während Watanabe seinen König im *Funa Gakoi* sichert.

```
9.    ...          B2b-3c
10.  S7h-6g        K3b-2b
11.  S3i-2h        G4a-3b
12.  S6g-5f        S5c-4d
13.  P4g-4f        P8d-8e
14.  B8h-7g        G5b-4b
15.  G4i-3i        L1a-1b
```

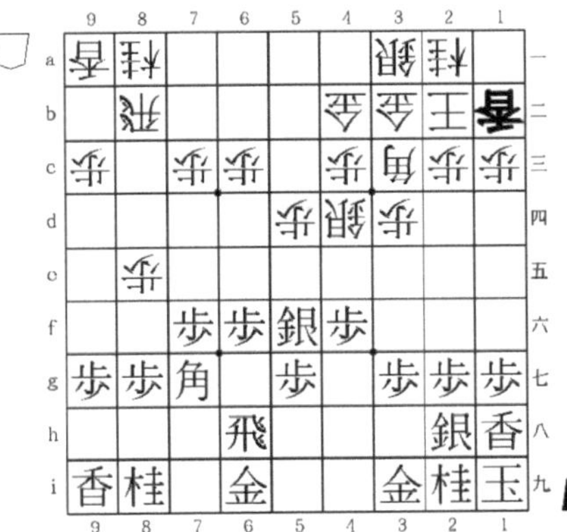

Watanabe bereitet sich nun vor, ebenfalls seinen König im *Anaguma Gakoi* zu sichern.

```
16.  P4f-4e        S4d-5c
17.  S5f-4g        K2b-1a
18.  S4g-3f
```

Bonanza plant, mit seinem Silbernen General über 2e den Bauern auf 3d anzugreifen.

```
18.  ...           P2c-2d
19.  P2g-2f        S3a-2b
20.  G6i-5h        S2b-2c
21.  G5h-4h        P1c-1d
22.  S3f-2g        G3b-2b
23.  G4h-3h        G4b-3b
```

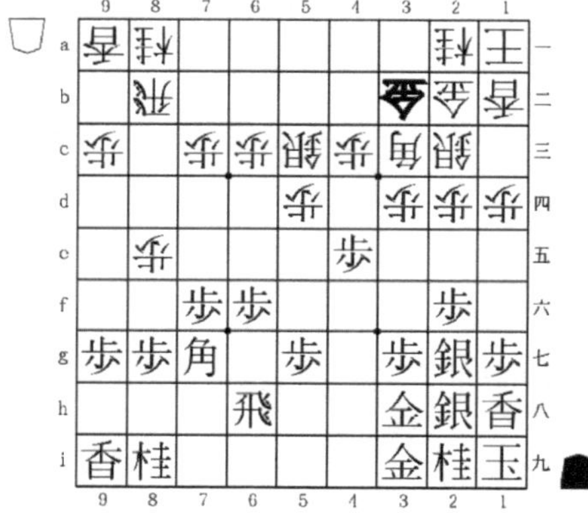

Beide Könige sind in ihren *Anaguma Gakois* sicher untergebracht. Bis hierher hat das Spiel noch einen ruhigen Verlauf gehabt. Irgendeine Seite wird jedoch bald den Kampf eröffnen müssen.

```
24.  P6f-6e        B3cx7g+
25.  N8ix7g        G3b-4b
26.  B*6f          G4b-3b
27.  B6f-7e        B*4b
28.  P5g-5f        P7c-7d
29.  B7e-5g        B4b-3c
30.  B5g-4f        R8b-8c
31.  R6h-6g        P8e-8f
32.  P8gx8f        R8cx8f
33.  B4fx9a+       R8f-8i+
```

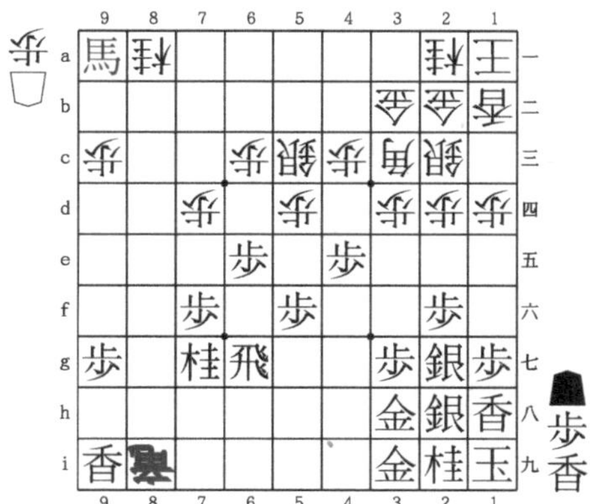

Die ersten Steine beider Kontrahenten sind in das gegnerische Lager eingedrungen. Bonanza hat erst einmal einen materiellen Vorsprung.

```
34.  P4e-4d       S5cx4d
35.  R6g-4g       +R8ix9i
36.  P6e-6d       S4d-3e
37.  P3g-3f       L*4f
38.  R4g-3g
```

Watanabe attackiert nun die Königsstellung und opfert seinen Silbernen General.

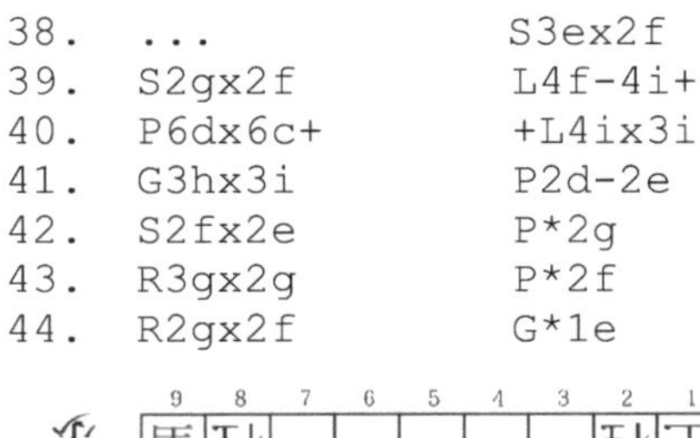

```
38.  ...          S3ex2f
39.  S2gx2f       L4f-4i+
40.  P6dx6c+      +L4ix3i
41.  G3hx3i       P2d-2e
42.  S2fx2e       P*2g
43.  R3gx2g       P*2f
44.  R2gx2f       G*1e
```

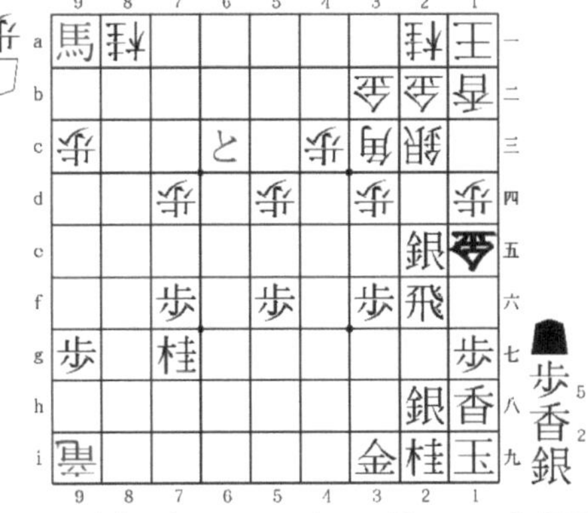

Bonanza könnte nun seinen Turm mit R2f-2g retten, würde dann aber nach 45. R2f-2g P*2f, 46. R2g-6g G1ex2e seinen Silbernen General verlieren.

```
45.  P*2d         G1ex2f
46.  P2dx2c+      G3bx2c
47.  P*2d         P*2g
48.  P2dx2c+      +R9ix3i
```

Beide Seiten nähern sich dem gegnerischen König. Bei wem reicht das vorhandene Material und ... wer ist schneller?

```
49.  +P2cx2b      B3cx2b
50.  S2hx3i       G*2h
51.  S3ix2h       P2gx2h+
52.  +B9ax2h      P*2g
53.  +B2hx2g
```

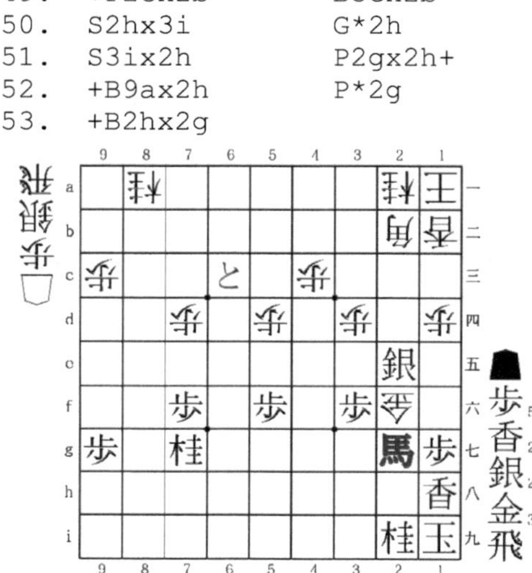

Bonanza muss nehmen, denn sonst droht Matt (53. ... P2gx2h+, 54. K1ix2h S*2g, 55. K2h-3i R*3h, 56. K3i-4i B*6g, 57. K4i-5i R3h-5h+ und Matt)

```
53.  ...          G2fx2g
54.  S*3i         S*3h
55.  G*2h         G2gx2h
56.  S3ix2h       P*2g
57.  0-1
```

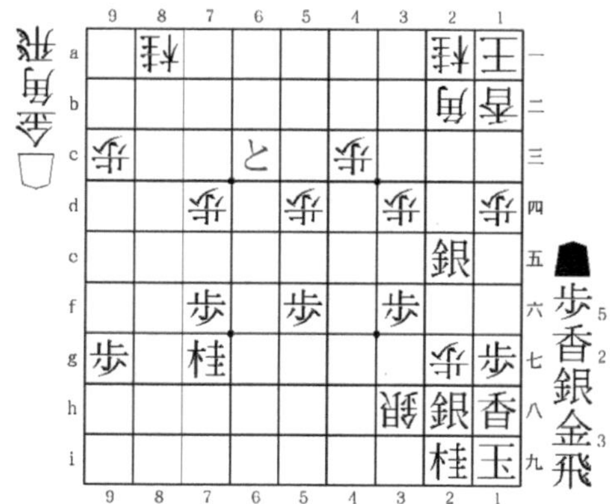

Bonanza gibt auf. Es könnte folgen: 57. S2hx2g S3hx2i+, 58. K1ix2i R*4i, 59. S*3i N*3g, 60. K2i-3h G*4g, 61. K3h-2h B*1i, 62. K2hx1i R4ix3i+, 63. P*2i +R3ix2i und Matt.

Anhang

Danksagung

Die Veröffentlichung dieses Buches war nicht möglich ohne die Unterstützung vieler Menschen.

Deshalb möchte ich an dieser Stelle sagen...

'Danke'
an Eva Vogtmann für die Überlassung ihrer Fotos aus Japan und
an Bernhard C. März für die Erlaubnis, sein Programm BCM Games für die Erstellung der Diagramme zu nutzen,

'Merci'
an Fabien Osmont, Eric Cheymol und der Fédération Française de Shogi (Shogi France) für die Fotos des ersten Wettkampfs des Ryu-O-Turniers 2008 in Paris,

'Bedankt'
an Reijer Grimbergen für das Interview,

'Thank You'
an Gene Davis für das Einverständnis, seine ‚Papiervorlage' von Shogibrett und Shogisteinen abdrucken zu dürfen,
an Larry Kauffman für das Interview und
an Jeff Rollason für die Überlassung des Programms Shotest Shogi 3D

'Arigatou'
an Manabu Terao für die Erlaubnis, seine Tsumes abzudrucken
und an Tomohide Kawasaki für seine inspirierenden Videos und seine Korrekturvorschläge.

Ganz besonders bedanke ich mich bei meiner Familie für ihr Verständnis für meine verrückte Idee.

Quellenangaben

The Japan Times Online vom 07.01.2007
Tourism section of Tendo City: Tendo and Shogi pieces
'Shogi in the limelight' herausgegeben von The Japan Foundation
Tony Hosking: The Art of Shogi (Shogi Foundation)
John Fairbairn: Shogi for Beginners (Kiseido Publishing Company)
Peter Banaschak: Schachspiele in Ostasien (Iudicium Verlag)
Tomohide Kawasaki: Hidetchi's Shogi Videos (YouTube)

Liste aller Titelhalter der sieben großen Turniere

Jahr	Meijin	Kisei	Oi	Oza	Ryu-O	Osho	Kio
1612	Ohashi S.						
1634	Ohashi S. II.						
1654	Ito S.						
1691	Ohashi S. V.						
1713	Ito S. II.						
1723	Ohashi Soyo II.						
1728	Ito S. III.						
1789	Ohashi S IX.						
1799	Ohashi Soei						
1825	Ito S. VI.						
1879	Ito Soei VIII.						
1900	Ono						
1921	Kinjiro S.						
1937	Kimura Y.						
1940	Kimura Y.						
1942	Kimura Y.						
1947	Tsukada M.						
1948	Tsukada M.						
1949	Kamura Y.						
1950	Kimura Y.						
1951	Kimura Y.						
1952	Oyama Y.					Masuda K.	
1953	Oyama Y.					Oyama Y.	
1954	Oyama Y.					Oyama Y.	
1955	Oyama Y.					Oyama Y.	
1956	Oyama Y.					Masuda K.	
1957	Mazuda K.					Masuda K.	
1958	Mazuda K.					Oyama Y.	
1959	Oyama Y.		Oyama Y			Oyama Y.	
1960	Oyama Y.		Oyama Y			Oyama Y.	
1961	Oyama Y.		Oyama Y			Oyama Y.	
1962	Oyama Y.	Oyama Y.	Oyama Y			Oyama Y.	
1963	Oyama Y.	Oyama Y.	Oyama Y			Futakami T.	
1964	Oyama Y.	Oyama Y.	Oyama Y			Oyama Y.	
1965	Oyama Y.	Oyama Y.	Oyama Y			Oyama Y.	
1966	Oyama Y.	Oyama Y.	Oyama Y			Oyama Y.	
1967	Oyama Y.	Yamada M.	Oyama Y			Oyama Y.	
1968	Oyama Y.	Nakahara M.	Oyama Y			Oyama Y.	
1969	Oyama Y.	Nakahara M. Naitoh K.	Oyama Y			Oyama Y.	
1970	Oyama Y.	Oyama Y. Nakahara M.	Oyama Y			Oyama Y.	
1971	Oyama Y.	Nakahara M.	Oyama Y			Oyama Y.	
1972	Nakahara M.	Nakahara M. Arioshi M.	Naitoh K.			Oyama Y.	
1973	Nakahara M.	Yonenaga K. Naitoh K.	Nakahara M.			Nakahara M.	
1974	Nakahara M.	Oyama Y.	Nakahara M.			Nakahara M.	
1975	Nakahara M.	Oyama Y.	Nakahara M.			Nakahara M.	
1976	Nakahara M.	Oyama Y.	Nakahara M.			Nakahara M.	Ouchi N.
1977		Oyama Y. Nakahara M.	Nakahara M.			Nakahara M.	Katoh H.
1978	Nakahara M.	Nakahara M.	Nakahara M.			Nakahara M.	Katoh H.
1979	Nakahara M.	Nakahara M.	Yonenaga K.			Kato H.	Yonenaga K.

Jahr	Meijin	Kisei	Oi	Oza	Ryu-O	Osho	Kio
1980	Nakahara M.	Yonenaga K. Futakami T.	Nakahara M.			Oyama Y.	Nakahara M.
1981	Nakahara M.	Futakami T.	Nakahara M.			Oyama Y.	Yonenaga K.
1982	Katoh H.	Mori K. Nakahara M.	Naitoh K.			Oyama Y.	Yonenaga K.
1983	Tanigawa K.	Moriyasu H. Yonenaga K.	Takahasi M.	Nakahara M.		Yonenaga K.	Yonenaga K.
1984	Tanigawa K.	Yonenaga K.	Katoh H.	Nakahara M.		Yonenaga K.	Yonenaga K.
1985	Nakahara M.	Yonenaga K.	Takahasi M.	Nakahara M.		Nakahara M.	Kiyozumi K.
1986	Nakahara M.	Kiriyama K.	Takahasi M.	Nakahara M.		Nakamura O.	Tanigawa K.
1987	Nakahara M.	Yonenaga K. Minami Y.	Tanigawa K.	Tsukada Y.		Nakamura O.	Takahashi M.
1988	Tanigawa K.	Tanaka T. Nakahara M.	Mori K.	Nakahara M.	Shima A.	Minami Y.	Tanigawa K.
1989	Tanigawa K.	Nakahara M.	Tanigawa K.	Nakahara M.	Habu Y.	Minami Y.	Minami Y.
1990	Nakahara M.	Yashiki N.	Tanigawa K.	Tanigawa K.	Tanigawa K.	Yonenaga K.	Minami Y.
1991	Nakahara M.	Minami Y. Tanigawa K.	Tanigawa K.	Fukusaki B.	Tanigawa K.	Minami Y.	Habu Y.
1992	Nakahara M.	Tanigawa K.	Goda M.	Habu Y.	Habu Y.	Tanigawa K.	Habu Y.
1993	Yonenaga K.	Habu Y.	Habu Y.	Habu Y.	Sato Y.	Tanigawa K.	Habu Y.
1994	Habu Y.	Habu Y.	Habu Y.	Habu Y.	Habu Y.	Tanigawa K.	Habu Y.
1995	Habu Y.	Habu Y.	Habu Y.	Habu Y.	Habu Y.	Tanigawa K.	Habu Y.
1996	Habu Y.	Miura H.	Habu Y.	Habu Y.	Tanigawa K.	Habu Y.	Habu Y.
1997	Tanigawa K.	Yashiki N.	Habu Y.	Habu Y.	Tanigawa K.	Habu Y.	Habu Y.
1998	Sato Y.	Goda M.	Habu Y.	Habu Y.	Fujii T.	Habu Y.	Habu Y.
1999	Sato Y.	Tanigawa K.	Habu Y.	Habu Y.	Fujii T.	Habu Y.	Habu Y.
2000	Maruyama T.	Habu Y.	Habu Y.	Habu Y.	Fujii T.	Habu Y.	Habu Y.
2001	Maruyama T.	Goda M.	Habu Y.	Habu Y.	Habu Y.	Habu Y.	Habu Y.
2002	Moriuchi T.	Sato Y.	Tanigawa K.	Habu Y.	Habu Y.	Sato Y.	Habu Y.
2003	Habu Y.	Sato Y.	Tanigawa K.	Habu Y.	Moriuchi T.	Habu Y.	Maruyama T.
2004	Moriuchi T.	Sato Y.	Habu Y.	Habu Y.	Watanabe A.	Moriuchi T.	Tanigawa K.
2005	Moriuchi T.	Sato Y.	Habu Y.	Habu Y.	Watanabe A.	Habu Y.	Habu Y.
2006	Moriuchi T.	Sato Y.	Habu Y.	Habu Y.	Watanabe A.	Habu Y.	Moriuchi T.
2007	Moriuchi T.	Sato Y.	Fukaura K.	Habu Y.	Watanabe A.	Habu Y.	Sato Y.
2008	Habu Y.	Habu Y.	Fukaura K.	Habu Y.	Watanabe A.	Habu Y.	Sato Y.
2009	Habu Y.	Habu Y.	Fukaura K.	Habu Y.	Watanabe A.	Habu Y.	Kubo T.
2010	Habu Y.	Habu Y.	Hirose A.	Habu Y.	Watanabe A.	Kubo T.	Kubo T.
2011	Moriuchi T.	Habu Y.	Habu Y.	Watanabe A.	Watanabe A.	Kubo T.	Kubo T.
2012	Moriuchi T.	Habu Y.	Habu Y.	Habu Y.	Watanabe A.	Sato Y.	Goda M.
2013	Moriuchi T.	Habu Y.	Habu Y.	Habu Y.	Moriuchi T.	Watanabe A.	Watanabe A.
2014	Habu Y.	Habu Y.	Habu Y.	Habu Y.	Itodani T.	Watanabe A.	Watanabe A.
2015	Habu Y.	Habu Y.	Habu Y.	Habu Y.	Watanabe A.	Goda M.	Watanabe A.
2016	Sato A.	Habu Y.	Habu Y.	Habu Y.	Watanabe A.	Goda M.	Watanabe A.
2017	Sato A.	Habu Y.	Sugai T.	Nakamura T.	Habu Y.	Kubo T.	Watanabe A.
2018	Sato A.	Toyoshima M.	Toyoshima M.	Saito Sh.	Habu Y.	Kubo T.	Watanabe A.
2019	Toyoshima M.	Watanabe A.	Kimura K.	Nagase T.	Toyoshima M.	Watanabe A.	Watanabe A.
2020	Watanabe A.	Fujii S.	Fujii S.	Nagase T.	Toyoshima M.	Watanabe A.	Watanabe A.
2021	Watanabe A.	Fujii S.	Fujii S.	Nagase T.	Fujii S.	Watanabe A.	Watanabe A.
2022	Watanabe A.	Fujii S.	Fujii S.	Nagase T.	Fujii S.	Fujii S.	Watanabe A.
2023	Fujii S.	Fujii S.	Fujii S.	Fujii S.	Fujii S.	Fujii S.	Fujii S.
2024	Fujii S.	Fujii S.	Fujii S.	Fujii S.	Fujii S.	Fujii S.	Fujii S.
2025	Fujii S.	Fujii S.	Fujii S.	Ito T.	Fujii S.	Fujii S.	Fujii S.

Vorlagen für die erste Shogiausstattung

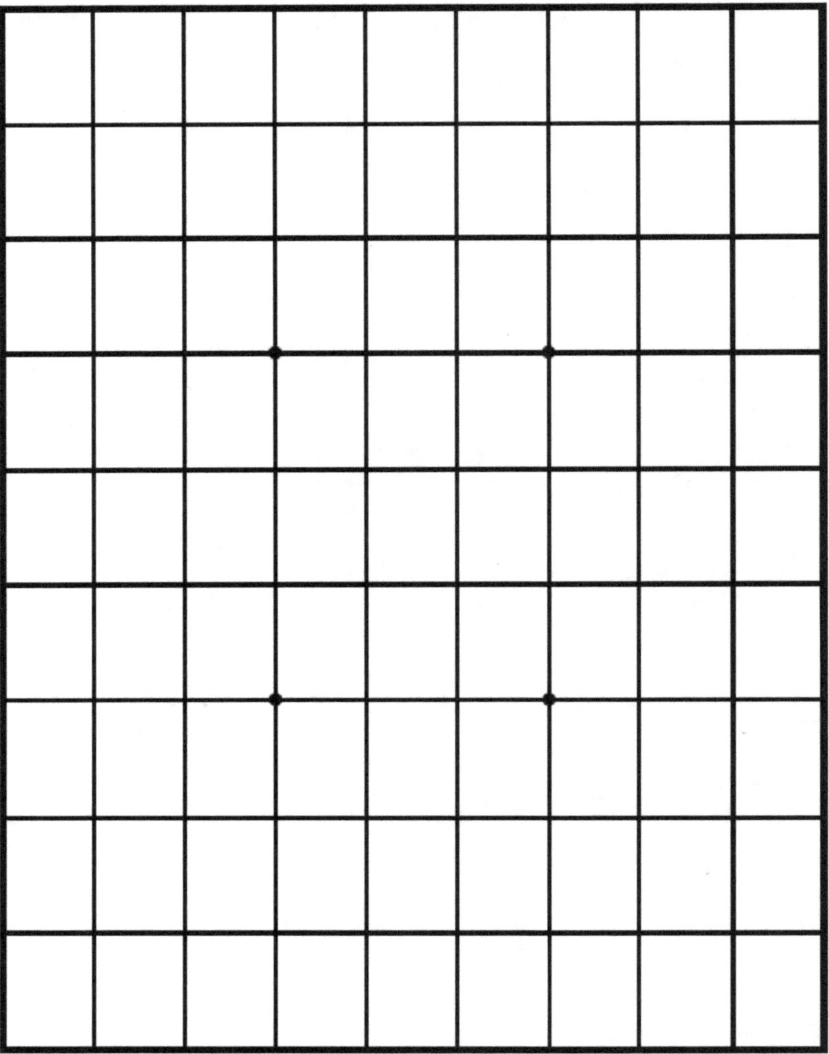

Western Style Shogi Pieces

Instructions:
Print out the pieces and board. Fold the doublesided pieces and tape (or glue) them.

Feel free to pass this pdf around or post it on your website!

B B R R

P P P P P P P P P

P P P P P P P P P

L N S G K G S N L

L N S G K G S N L

Muster für ein Trainingsbuch

Woche	Tsumes	Partien	Theorie	Plan/Bemerkung	Rating
01	25	2	Kapitel ‚Mittelspiel'	20 Tsumes lösen und Kapitel ‚Mittelspiel' studieren	700
02	10	5 (3-2)	Kapitel ‚Mittelspiel'	20 Tsumes, Testpartien gegen SPEAR (Level 5)	700
03	20	6 (4-2)		Internetpartien	760
...					

Stichwortverzeichnis

Notizen

Notizen

Shogi24.com – Alles über die Profi- und Amateurszene

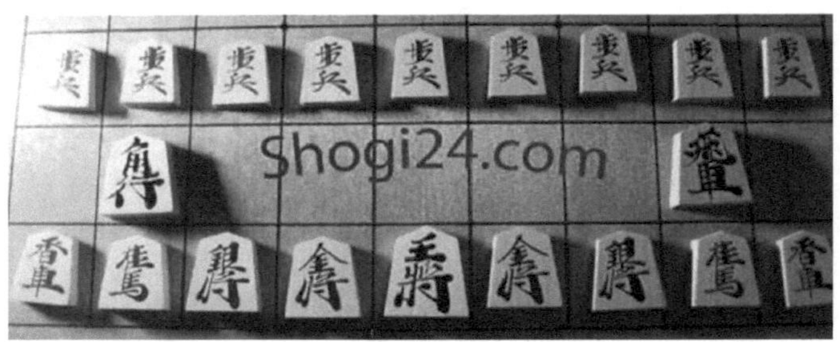

News

2014-06-10 73. Meijin A-Class: Kubo - Sato Y. 0-1
2014-06-02 Perfect start for Habu. He wins the first game of the 85. Kisei title fight against Moriuchi in 106 moves.
2014-05-26 After a hard fight Kimura wins the finale of the 55. Oi challenger's tournament and may challenge title holder Habu.
2014-05-21 Habu wins again and gets the Meijin title after a 4-0 victory against Moriuchi.
2014-05-16 55. Oi Challenger league: Hirose - Chida 0-1; Chida will face Kimura in the challenger's league finale to determine the challenger of Habu.

mit Neuigkeiten

63. Osho

Terminen,

Ergebnissen,

Partienotationen

und vielem mehr ...

Title holder:
Watanabe
Akira

4

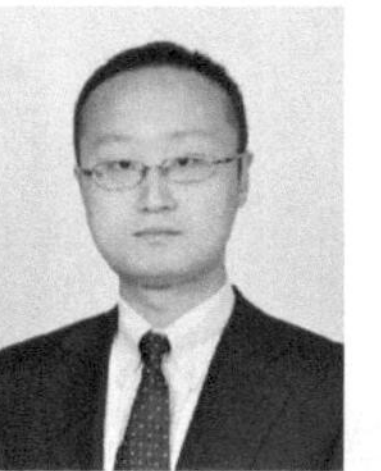

http://www.shogi.or.jp/player/ph_kishi/watanabe-a.jpg

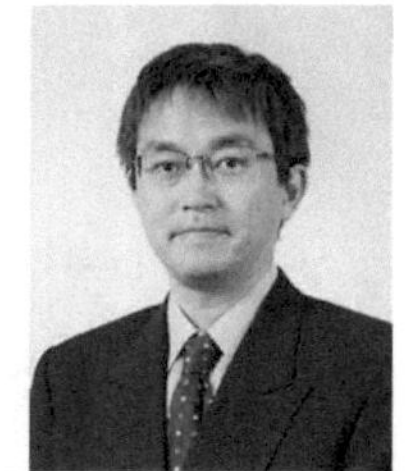

http://www.shogi.or.jp/player/ph_kishi/2013habu.jpg

Challenger:
Habu
Yoshiharu

3

		Watanabe	Habu
12./13.01.2014	Watanabe - Habu 1-0	1	0
23./24.01.2014	Habu - Watanabe 0-1	2	0
29./30.01.2014	Watanabe - Habu 0-1	2	1
18./19.02.2014	Habu - Watanabe 1-0	2	2
27./28.02.2014	Watanabe - Habu 1-0	3	2
12./13.03.2014	Habu - Watanabe 1-0	3	3
26./27.03.2014	Habu - Watanabe 0-1	4	3

RSS-Feed:
http://www.shogi24.com/feed.xml

www.shogi24.com

Printed in Poland
by Amazon Fulfillment
Poland Sp. z o.o., Wrocław